本书由日中文化教育振兴会理事长王智新教授主审并力荐
供日语专业学生与日语爱好者使用

日文读物

日本語の読み物

邵红　若宇◎译

内容提要

本书选材广泛，包括日本神话、传说、趣闻轶事以及名著片段等，编排由易到难。内容通俗有趣，浅显易懂，具有感染力和可读性。注释中单词标有语调，有助读者养成正确发音的习惯，文中出现的汉字均有读音。

责任编辑：赵军　栾晓航　　　　　责任出版：刘译文

图书在版编目（CIP）数据

日文读物/邵红，若宇译 —北京：知识产权出版社，2012.10
ISBN 978-7-5130-1547-9

Ⅰ.①日… Ⅱ.①邵… ②若… Ⅲ.①日语—阅读教学—高等教育-自学参考资料 Ⅳ.①H369.4

中国版本图书馆CIP数据核字（2012）第223549号

日文读物
RIWEN DUWU

邵红　若宇◎译

出版发行：	知识产权出版社
社　　址：	北京市海淀区马甸南村1号
邮　编：	100088
网　　址：	http://www.ipph.cn
邮　箱：	zhaojun99668@126.com
发行电话：	010-82000860 转 8101/8102
传　真：	010-82005070/82000893
责编电话：	010-82000860-8127
责编邮箱：	zhaojun@cnipr.com
印　　刷：	北京中献拓方科技发展有限公司
经　销：	新华书店及相关销售网点
开　　本：	787mm×1230mm　1/16
印　张：	19.75
版　　次：	2013年11月第1版
印　次：	2013年11月第1次印刷
字　　数：	227千字
定　价：	38.00元

ISBN 978-7-5130-1547-9

出版权专有　侵权必究
如有印装质量问题，　本社负责调换。

前　言

　　日语的学习，语音和阅读是基础性的能力训练，对于学生高效地学习到地道的日语，并且厚积而薄发，持续地提升日语水平具有非常重要的作用和价值。在高校从事日语教学近 26 年，如何系统地培养和提升语音和阅读能力一直是我长期以来思考并力图在教学实践中加以解决和改进的问题。多年来一直承担高年级的专业课程教学，发现专业课程的教学工作非常繁重，因为教师除了讲授专业课程内容，积极培养学生的专业兴趣外，矫正和改进学生在语音上的薄弱环节和谬误之处所花费的时间与精力至少占去了整个课程的三分之一强。师生的教与学的效率和付出的努力不成正比。由此我一直寻找合适的机会从零起点带一个教学班，以求系统地针对性地解决上述问题。

　　2010 年秋季，我接手商务日语一年级新生的基础日语教学。在二个月时间内，我采用自己特有的个性化的教学方式，对学生进行了针对性的精细化语音训练，结果超出了我的预期，全班 25 名学生发音基本达标，无一人有怪音现象。在此基础上，我决定继续应用自己个性化的教学方式，实现进一步的的教学目标——培养学生阅读兴趣，系统地提升学生的阅读能力。而适应这一教学目标的配套阅读材料的选择和确定是重要的环节。

　　我开始在图书馆和书店之间穿梭，从青岛到北京、从北京到上海再到日本，结果没有找到一本适合一年级新生的日汉对照读物。我又通过大量的网络搜寻，从国内网站到日本雅虎，也未能如愿。无奈之下，我将一本本小画册的故事输入电脑，加上注音与注解，一篇篇的以邮件形式发给学生，让他们翻译，因为故事通俗易懂，妙趣横生，因此顺利地让学生们接受了这项训练。然而批阅他们返回的译文几乎成为了我的生活全部，每日除了照顾一家饮食和睡眠外，其他时间都在一稿又一稿批阅每一位同学的译文，那个假期结束的时候，

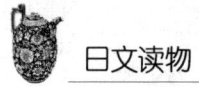 日文读物

我已经精疲力竭……由此，我萌生了将这些有趣的故事翻译出来，汇集成册，献给同行，献给渴望学习的同学们的念头，也由此有了呈现在您面前的这本书。

本书最大特点是通俗有趣，容易让人喜欢上阅读，在网络信息应接不暇的时代，能够牵引人们的阅读注意力的书籍不再像往昔那样多，而本书会让人爱不释手；第二个特点是读来亲切，具有亲和力，书中的题材或是您曾经阅读过、或是您听闻过的中文故事，读来让您有贴近感；第三个特点是"润物无声"，其浅显、易懂，无需费神费力即可轻易读到一个个使您欢欣的小故事；第四个特点是简洁的对话和优美的语言适合初学者认知日语语言，在欢快的阅读过程中，提高语感，受到教益。

我们将此书分为上下篇，包括日本神话、传说、趣闻轶事以及名著片段等，排列顺序遵循了由易到难的规则。为了协助读者养成正确发音的习惯，注释中的单词标有语调，对基本语法与句型做了简单注解，有助于读者对文章的理解与认识。文中出现的汉字均有读音，降低了阅读难度。以上种种均可帮助学习者在潜移默化中加速阅读、沉心阅读。

本书中的大部分文章是在青岛职业技术学院商务日语专业 2010 级一班学生翻译初稿的基础上，经本书译者反复修定的。杨园超先生对部分稿件进行了协助整理和修订，富田皓一博士对原文进行了校对与修订，（日本国社团法人）日中教育文化振兴会理事长王智新教授担当本书的主审，王教授对此书进行了悉心指导与细心订正，在此一并表示衷心的谢意和敬意。特别感谢的是商务日语 2010 级一班 25 名同学，如果没有他们勤奋好学，没有他们的直接参与，就不会有此书的面世。他们给了我出版此书的原动力！

在本书的翻译过程中，译者全力做到认真细致，严谨求是，一丝不苟，但因自身学养与专业水平所囿，难免会有疏忽和纰漏之处，殷切地期待您的批评与指正。

邵 红

2013 年 1 月 6 日

目 录

上 篇

一 女の子	3
二 ハチの話	6
三 星を取る	9
四 だれが早い	11
五 お金がありません	13
六 ジョンさん日本へ	16
七 店は大変	22
八 浦島太郎	25
九 絵姿奥さん	31
十 クリスマスプレゼント	38
十一 象のトンキー	46
十二 一休さん	57
十三 桃太郎	69
十四 桜の花	77
十五 忠実な犬	80
十六 種のない果物	81
十七 世界初の切手	85
十八 世界の移動図書館	88
十九 マッチ売りの少女	92
二十 ほら吹き	97
二十一 かわいいアザラシ	99

二十二　イソップ物語 …………………… 103
二十三　鶴の恩返し ……………………… 106
二十四　お茶のポット …………………… 113
二十五　雪バラと紅バラ ………………… 118
二十六　舌切り雀 ………………………… 126
二十七　ピノキオ ………………………… 134
二十八　花咲か爺さん …………………… 142

下　篇

一　１２支の話 …………………………… 153
二　金太郎 ………………………………… 161
三　人魚姫 ………………………………… 169
四　三匹の仔豚 …………………………… 176
五　孫悟空 ………………………………… 183
六　魚のうろこ …………………………… 191
七　シンデレラ …………………………… 194
八　不思議の国のアリス ………………… 201
九　赤頭巾ちゃん ………………………… 210
十　醜いアヒルの子 ……………………… 218
十一　眠れる森の姫 ……………………… 225
十二　落語について ……………………… 233
十三　まんじゅう恐い …………………… 236
十四　時そば ……………………………… 242
十五　八五郎と熊五郎 …………………… 248
十六　影の恋人 …………………………… 259
十七　日本の神話 ………………………… 274
十八　魔術 ………………………………… 291

上 篇

一 女の子

　大きい家があります。とても大きい家です。大きい家の大きい部屋に女の子がいます。部屋にはものがたくさんあります。絵本もピアノもテレビもあります。人形もあります。

　でも、ひとつだけありません。それは「言葉」。女の子は「言葉」を言いません。そして、笑いません。

　女の子の家にはお父さんもいます。お母さんもいます。でも、女の子はいつも一人です。

　隣の部屋から、お父さんの大きい声。お母さんの大きい声。そして、ドアの音（バタン！）

　古いアパートがあります。とても古いアパートです。お母さんと女の子は今、このアパートにいます。お母さんと女の子の部屋には何もありません。

　女の子は毎日、窓から外を見ます。自転車が走ります。バイクも走ります。おじいさんがいます。おばあさんもいます。子供もいます。猫もいます。

　一人の男の子が毎日、学校に行きます。とても元気な男の子です。「おはよう！」男の子は女の子に毎日、言います。

　でも、女の子は何も言いません。

　ある日、男の子は女の子に言いました。「はい、これ」

　古いアパートの部屋には何もありません。でも、女の子の手には、小さい花があります。

　「ありがとう」今、女の子は「言葉」を言いました。

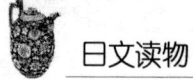 日文读物

注释

1　もの②：东西
2　たくさん⓪：许多，很多
3　絵本（えほん）②：画册，图画书
4　ピアノ⓪：钢琴
5　テレビ①：电视
6　人形（にんぎょう）⓪：偶人，布娃娃
7　でも①：接续助词，但是
8　だけ：副助词，仅，只
9　言葉（ことば）③：语言
10　言（い）う⓪：说
11　そして⓪：而且
12　笑（わら）う⓪：笑
13　いつも①：总是
14　隣（となり）⓪：旁边，邻居
15　から：助词，接体言后，表示起点，相当汉语的"从"
16　ドア①：门
17　音（おと）②：声音
18　古（ふる）い②：旧的，老的
19　アパート②：公寓
20　今（いま）①：现在，此刻
21　毎日（まいにち）①：每天
22　窓（まど）①：窗户
23　外（そと）①：外面
24　見（み）る①：看
25　自転車（じてんしゃ）②：自行车
26　走（はし）る②：跑，奔驰
27　バイク①：摩托车
28　元気（げんき）①：精神，健康
29　小（ちい）さい③：小
30　花（はな）②：花

一、小女孩儿

有一个大房子，非常大的房子。大房子的大房间里有一个女孩儿。房间里有很多东西，连环画、钢琴、电视，还有布娃娃。

但是，唯独缺少一样东西——言语。女孩儿从来不说话，也从来不笑。

女孩儿家里有爸爸，也有妈妈，但女孩儿却一直形单影只。

从隔壁房间传来爸爸的大声说话声，妈妈的大声说话声，还有"砰"的关门声。

有一个旧公寓，非常旧的公寓。现在妈妈和女孩儿住在这个公寓里。妈妈和女孩儿的房间里空无一物。

每天女孩儿都从窗户向外眺望。窗外有自行车驶过，也有摩托车飞驰；有老爷爷，还有老奶奶；有小朋友，还小猫咪。

有一个小男孩儿每天都去上学，非常有朝气的小男孩儿。"早上好！"小男孩儿每天都会对小女孩儿说。但是女孩儿从不说话。

一天，男孩儿对女孩儿说："来，这个给你！"

旧公寓里什么也没有，但现在女孩儿手里有了一朵小花儿。

"谢谢！"这次，女孩开口说话了。

日文读物

二 ハチの話

　「ハチ」は子供の犬です。大学の先生がハチをもらいました。ハチと先生は一緒に遊びます、一緒にご飯を食べます、一緒にお風呂に入ります、一緒に寝ます。先生は毎日大学へ行きます。
　ハチは朝、先生と一緒に駅へ行きます。先生は渋谷駅で電車に乗ります。
　「ハチ、行ってきます」
　「ワンワン」
　ハチはうちへ帰ります。ハチは夕方、渋谷駅へ行きます。先生が電車を降ります。
　「ハチ、ただいま」
　「ワンワン」
　ハチは嬉しいです。ハチと先生は一緒にうちへ帰ります。
　その日もハチは朝、先生と一緒に渋谷駅へ行きました。
　「ハチ、行ってきます」
　「ワンワン」
　先生は大学へ行きました。先生はその日、大学で倒れました。そして、大学から病院へ行きました。でも、ハチはそれが分かりません。電車が来ました。先生は帰りません。また、電車が来ました。先生は帰りません。
　夏が来ました。秋が来ました。冬が来ました。そして、春が来ました。雨が降りました。雪が降りました。風が吹きました。ハチは毎日、夕方、渋谷駅へ行きます。先生を待ちます。先生は帰りません。ハチは十年、毎日駅へ行きました。

今、渋谷駅の前にハチの像があります。
ハチの像：忠犬ハチ公銅像

注釈

1	ハチ②：八（狗的名字），这里指八公	2	話（はなし）③：故事
3	子供（こども）⓪：孩子	4	犬（いぬ）②：狗
5	大学（だいがく）⓪：大学	6	先生（せんせい）③：老师
7	もらう⓪：得到	8	一緒（いっしょ）⓪：一起，一同
9	遊（あそ）ぶ⓪：玩	10	ご飯（はん）①：饭
11	食（た）べる②：吃	12	寝（ね）る⓪：睡觉
13	お風呂（ふろ）②に入（はい）る①：词组，洗澡	14	毎日（まいにち）①：每天
15	行（い）く⓪：去	16	朝（あさ）①：早晨
17	駅（えき）①：车站	18	渋谷駅（しぶやえき）：涉谷车站
19	電車（でんしゃ）⓪に乗（の）る⓪：词组，乘电车	20	行（い）ってきます：问候语，出家门时说的，"我走了"
21	帰（かえ）る①：回家	22	夕方（ゆうがた）⓪：黄昏，傍晚
23	電車（でんしゃ）⓪を降（お）りる②：下电车	24	ただいま②：问候语，进家门时说的，"我回来了"
25	嬉（うれ）しい③：高兴，开心	26	その日（ひ）③：那一天
27	倒（たお）れる③：倒下，病倒	28	そして③：而且
29	病院（びょういん）⓪：医院	30	でも①：接续助词，但是
31	分（わ）かりません：不明白	32	また⓪：还
33	雨（あめ）①が降（ふ）る①：词组，下雨	34	雪（ゆき）①が降（ふ）る①：词组，下雪
35	風（かぜ）⓪：风	36	吹（ふ）く①：刮
37	待（ま）つ①：等待	38	今（いま）①：现在
39	像（ぞう）①：像，塑像	40	忠犬（ちゅうけん）⓪：忠犬
41	ハチ公（こう）：八公	42	銅像（どうぞう）⓪：铜像

日文读物

二、八公的故事

八公是一条小狗，由一位大学老师领养着。八公和老师一起玩耍，一起吃饭，一起洗澡，一起睡觉。老师每天都去大学。

早上，八公和老师一起去车站，老师在涩谷车站坐电车。

"八公，我走了。"

"汪汪……"

然后八公回家。傍晚，八公会去涩谷车站，而老师在那里下车。

"八公，我回来了。"

"汪汪……"

八公很高兴，和老师一起回家。

那天早上，八公依然和老师一起去了涩谷车站。

"八公，我走了。"

"汪汪……"

老师去了大学。那天老师在学校病倒了，并且直接由学校去了医院。但是八公并不知道。电车来了，老师没有回来。电车又来了，老师还是没有回来。

夏天来了，秋天来了，冬天来了，春天又来了。天上下起了雨，飘起了雪，刮起了风……每天傍晚，八公都会去涩谷车站等待老师，但老师没有回来。十年来，八公每天都会去车站。

现在，涩谷车站前有一尊八公像。

八公像上面写着：忠犬八公铜像。

三 星を取る

夜です。庭に子供がいます。空に星があります。たくさんあります。とてもきれいです。子供は空を見ます。
「うわあ、きれいな星！」
子供は星が欲しいです。星が取りたいです。棒で取ります。長い棒です。
「星が欲しい！星が取りたい！」
お父さんが来ます。そして、言います。
「だめだめ、その棒は長くない。短いよ。星は遠いよ。だから、だめだめ。そこはだめ。屋根の上がいいよ」

注釈

1	星（ほし）⓪：星星	2	取（と）る①：取，拿
3	夜（よる）①：晩上	4	庭（にわ）⓪：院子
5	子供（こども）⓪：孩子	6	空（そら）①：天空
7	たくさん⓪：許多	8	とても③：非常
9	きれい①：漂亮	10	～が欲しい②：想要～
11	～たい："动词连用形+たい"，表示"想～"	12	棒（ぼう）⓪：棒子
13	長（なが）い②：长	14	そして③：而且
15	言（い）う⓪：说	16	だめ②：不行
17	短（みじか）い③：短	18	遠（とお）い⓪：远
19	だから①：因此	20	屋根（やね）①：房顶

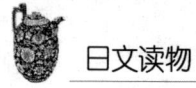
日文读物

三、摘星星

一天夜晚,一个孩子在院子里望着天空。空中有很多星星,漂亮极了。

"哇,星星真好看!"

孩子想要星星,想把星星摘下来,用木棒去摘,长长的木棒。

"我要星星!我要把星星摘下来!"

这时爸爸过来了,说:"不行不行,那根木棒不够长,太短了。星星很远很远,所以不行。那里不行,得上屋顶。"

四 だれが早い

「うぐいす」は春の鳥です。春に鳴ります。うぐいすの声は「ホーホキョ」です。とてもきれいな声です。みんな、早くうぐいすの声が聞こえたいです。

今年も春が来ました。一郎の家に次郎、三郎、四郎、五郎が来ました。五人は一緒にお酒を飲みます。一郎が言いました。

「私は今朝、うぐいすの声を聞きましたよ、今年は私が一番早い!」

次郎が言いました。

「いいえ。それは早くないですよ。私は昨日の朝、聞きましたよ。私が一番早い!」

次に三郎が言いました。

「いいえ。それは早くないですよ。私は一週間前に聞きましたよ。私が一番早い!」

四郎が言いました。

「いいえ。それは早くない。私は一か月前に聞きました。私が一番早い!」

五郎が言いました。

「みんな、早くない、早くない。遅い、遅い。私は去年の春に聞きましたよ」

注釈

1　うぐいす②:莺, 黄莺
2　鳥 (とり) ⓪:鸟
3　鳴 (な) る⓪:鸣叫
4　声 (こえ) ①:声音
5　ホーホキョ:黄莺的叫声
6　とても③:非常
7　きれい①:漂亮
8　みんな③:大家, 都
9　早 (はや) く①:副词, 快
10　聞 (き) こえる⓪:能听到, 听见

日文读物

11　～たい："动词连用形＋たい"，表示"想～"
12　今年（ことし）⓪：今年
13　酒（さけ）⓪：酒
14　飲（の）む①：喝
15　今朝（けさ）①：今天早晨
16　聞（き）く⓪：听
17　一番（いちばん）②：最
18　早（はや）い②：快
19　遅（おそ）い②：慢
20　去年（きょねん）①：去年

四、谁最早

黄莺是春天的鸟儿，它在春天歌唱。它"嚯嚯，嚯"地叫着，非常好听。每个人都想早点听到黄莺的叫声。

今年的春天来了。二郎、三郎、四郎、五郎都来到了一郎家，五个人一起喝起了酒。

一郎说："今天早上我听到了黄莺的叫声，今年我听到得最早！"

二郎说："不对不对，你不够早，我昨天早上就听到了，我才是最早的。"

接着三郎说："不对，你也不够早，我一个星期前听到的，我才是最早的。"

四郎说："不对不对，你还不够早，我一个月前就听到了，我最早。"

五郎说："你们都不早，太晚了，太晚了，我去年春天就听到了。"

五 お金がありません

　これは秋夫と春子のうちです。うちの近くに川があります。そこに船があります。秋夫の船です。毎日、たくさんの人が秋夫の船に乗ります。そして、秋夫はお金をもらいます。これが秋夫の仕事です。

　春子はうちの仕事をします。毎日、掃除をします。洗濯をします。ご飯を作ります。秋夫と春子は二十年前に結婚しました。春子は二十年前、きれいでした。でも、今は若くないです。もうきれいじゃありません。秋夫はもう春子が好きじゃありません。

　ある日、秋夫は春子に言いました。

「あなたはもう、きれいじゃありません。私はもう、あなたが好きじゃありません」

　春子は言いました。

「分かりました。では、私はこのうちを出ます。私の母はまだ元気です。母のうちへ行きます」

　春子はきれいな着物を着ました。化粧もしました。今はとてもきれいです。春子は言いました。

「じゃ、さようなら」

　秋夫は春子を見ました。そして、小さい声で言いました。

「春子はとてもきれいだ！」

　でも、春子は今からお母さんのうちへ行きます。もう、このうちには帰りません。

　―私が悪かった―

日文读物

秋夫は言いました。
「私も川まで一緒に行きます」
二人は川まで行きました。いつも、秋夫の船で春子のお母さんのうちへ行きます。春子は秋夫の船に乗りました。
秋夫は春子に言いました。
「お金をください」
春子が言いました。
「え？私はお金がありません」
秋夫が言いました。
「お金がありません？そうですか。それではだめです。帰りますよ」
秋夫は春子と一緒にうちへ帰りました。秋夫はとても嬉しいです。

注釈

1	近（ちか）く②：附近	2	川（かわ）②：河
3	船（ふね）①：船	4	金（かね）⓪：钱
5	もらう⓪：得到，要	6	仕事（しごと）⓪：工作
7	毎日（まいにち）①：每天	8	掃除（そうじ）⓪：打扫，扫除
9	洗濯（せんたく）⓪：洗衣服	10	ご飯（はん）①：饭，米饭
11	作（つく）る②：做	12	結婚（けっこん）⓪：结婚
13	若い（わかい）②：年轻	14	好（す）き②：喜欢
15	日（ひ）⓪：天	16	言（い）う⓪：说，讲
17	出（で）る①：离开	18	元気（げんき）①：精神，健康，硬朗
19	着物（きもの）⓪：和服	20	着（き）る⓪：穿
21	化粧（けしょう）⓪：化妆	22	とても③：非常
23	きれい①：漂亮	24	小（ちい）さい③：小的
25	声（こえ）①：声音	26	悪かった（わるいの過去形）：不对，错误
27	まで：到	28	一緒（いっしょ）⓪：一起
29	行（い）く⓪：去	30	乗（の）る⓪：乘坐
31	ください③：请给（我）……	32	だめ②：不行
33	帰（か）える①：回去	34	うれしい③：高兴，开心

五、没有钱

这是秋夫和春子的家,家的附近有一条河,河里有一艘船,那是秋夫的船。每天,有很多人要乘秋夫的船,秋夫收乘船费,这就是秋夫的工作。

春子在家里做家务活,每天打扫卫生,洗衣做饭。秋夫和春子是二十年前结的婚,二十年前春子很漂亮,但是如今她已不再年轻,也不再美丽了。秋夫已经不再喜欢春子了。

一天,秋夫对春子说:"你已经不再美丽了,我不喜欢你了。"

春子说:"我知道了,那好,我离开这个家,我妈妈还健在,我回娘家。"

春子穿上了漂亮的和服,并且化了妆,此刻春子非常漂亮。

春子说:"再见。"

秋夫看着春子,小声说:"春子真漂亮啊!"

但是春子现在要回娘家,以后不会再回这个家了。

"是我不好!"秋夫思忖着。

秋夫说,"我陪你一起走到河边吧。"

两个人一起走到了河边。春子一直都是坐秋夫的船回娘家的。春子上了秋夫的船。

秋夫对春子说:"给我钱!"

春子说:"唉,我没有钱。"

秋夫说:"没钱?是嘛,那可不行,回去吧!"

秋夫和春子一起回家了,秋夫非常高兴。

日文读物

六 ジョンさん日本へ

（一）これは誰の本？

　　今はジョンさんは飛行機の中です。ジョンさんは今年の四月から、日本の学校で勉強します。ジョンさんは鞄から漫画の本を出しました。隣の女の人も鞄から漫画の本を出しました。
　　ジョンさんと女の人は言いました。

ジョン　「あっ」
女の人　「あっ」
ジョン　「同じ本！」
女の人　「同じ本！」

ジョンさんが言いました。
「これ、面白いですね。」
女の人も言いました。
「ええ、面白いですね。私も大好きです」
女の人が聞きました。
「仕事ですか？」
「いいえ、四月から、東京で日本語を勉強します」
「東京ですか？ 私の家も東京ですよ」
誰かが言いました。
「あっ、富士山だ！」

「わあ、きれい」

女の人は窓から外を見ました。そして、ジョンさんに言いました。

「富士山ですよ！こちらの席へどうぞ」

「ありがとうございます」

ジョンさんは窓から外を見ました。

「わあ、きれいですね！」

飛行機は日本に着きました。二人は漫画の本を鞄に入れました。そして、飛行機を降りました。

「さようなら」

「さようなら」

女の人は電車で家に帰ります。

電車の中で鞄から漫画の本を出しました。

「あれ？手紙？……あっ、これ、あの人の……。これはあの人の漫画だ！」

ジョンさんは電話のところに行きました。そして、鞄から漫画の本を出しました。

「あれ？手紙がない！」

（二）今日は何月何日何曜日？

今日は六月十一日、木曜日です。ジョンさんは雪さんと歌舞伎を見ます。二人は三か月前、飛行機の中で会いました。

ジョンさんは銀座駅で雪さんと会いました。

二人は歌舞伎座に着きました。ジョンさんは入り口でチケットを二枚出しました。雪さんが聞きました。

「私たちの席はどこですか？」

ジョンさんが言いました。

「九の十五、十六……あ、ここですよ」

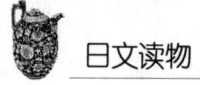 日文読物

二人は席に座りました。
歌舞伎は4時からです。ジョンさんが言いました。
「今、まだ三時半ですから、コーヒーを飲みましょうか」
二人はロビーでコーヒーを飲みました。

ブ———————。
「4時五分前です。雪さん、席に行きましょう」
「九の十五、十六……あれ?」二人の席におじいさんとおばあさんがいます。ジョンさんはおじいさんに言いました。
「あのう、ここは九の十五、十六ですね。私たちの席ですけど……」
おじいさんは言いました。
「九の十五、十六は私たちの席ですよ」
ジョンさんはチケットを見ました。そして、言いました。
「え?私たちも九の十五、十六です」

雪 「え?」

おじいさん 「え?」

おばあさん 「え?」

歌舞伎座の人が来ました。その人は四人のチケットを見ました。
「九の十五、十六……同じですね」
歌舞伎座の人はまたチケットを見ました。
歌舞伎座の人 「あっ!」
歌舞伎座の人は少し笑いました。そして、ジョンさんに聞きました。
歌舞伎座の人 「今日は何月何日何曜日ですか?」
ジョン 「六月十七日、水曜日……。あっ!……ごめんなさい」
雪さんは小さな声で笑いました。
ブ———————。歌舞伎が始まります。

ジョンさんと雪さんは歌舞伎座を出ました。
二人は歌舞伎座の前で大きな声で笑いました。

注釈

1	チケット②：票	2	笑（わら）う⓪：笑
3	歌舞伎座（かぶきざ）⓪：歌舞伎剧场	4	漫画（まんが）⓪：漫画
5	ごめんなさい：对不起，请原谅（有人在家吗）	6	小（ちい）さな①：小，微小的
7	ジョン：约翰（人名）	8	席（せき）①：座位
9	出（で）る①：出去	10	出（だ）す①：拿出
11	おじいさん②：老爷爷	12	おばあさん②：老奶奶
13	入（い）り口（ぐち）⓪：入口	14	大好（だいす）き①：非常喜欢
15	降（お）りる②：下降，下车		

六、约翰到日本

（一）这是谁的书？

现在约翰在飞机上。约翰今年四月开始在日本学校学习。约翰拿出书包里的漫画书，旁边的女人也从包里拿出漫画书。

约翰和女人一起叫了起来。

约翰："啊！"

女人："啊！"

约翰说："一样的书！"

女人说："是一样的书！"

约翰说："这本书很有趣。"

女人说:"是的,很好看,我也很喜欢。"

女人问:"你去工作吗?"

"不,我从四月开始在东京学习日语。"

"东京吗?我的家也在东京。"

有人说:"啊!是富士山!"

"哇,好漂亮。"女人看着窗外,然后对约翰说:"是富士山!请你坐在这个座位上吧。"

"谢谢。"约翰看着窗外说:"哇,好漂亮!"

飞机到达了日本,两个人把漫画书放进包里。之后就下了飞机。

"再见。"

"再见。"

女人坐在了回家的电车上。她把漫画拿了出来。

"哎?信?……啊!这个,那个人的……这是那个人的漫画!"

约翰去了电话亭。从包里拿出了漫画书。

"哎?信没了!"

(二)今天是几月几日星期几?

今天是6月11日,星期四。约翰和小雪去看歌舞伎。两个人是三个月前在飞机上认识的。

约翰和小雪在银座车站见了面。之后来到了歌舞伎剧场,约翰在入口处拿出了门票。小雪问:"我们的座位在哪里?"

约翰说:"九排的15和16……啊,在那儿。"

两个人坐到了位子上。

歌舞伎4点开始,约翰说:"现在是三点半,我们去喝咖啡吧。"

两个人在大厅里喝起了咖啡。

嘟……

"还有五分钟就四点了，小雪，咱们回去吧。"

"九排的 15 和 16……哎？"两个人的座上坐着老爷爷和老奶奶。

约翰对老爷爷说道："嗯……这里是九排 15 和 16，是我们的座位……"

老爷爷说："九排 15 和 16 是我们的座位啊。"

约翰看了看票，然后说："我们也是九排 15、16 啊！"

小雪："哎？"

老爷爷："哎？"

老奶奶："哎？"

歌舞伎剧院的工作人员走了过来。他看了这四个人的门票。

"九排的 15 和 16……都一样啊。"

他又看了看门票。"啊！"歌舞伎院的人笑了起来，对约翰说："今天是几月几日星期几啊？"

约翰："是 6 月 17 日，星期三……啊呀！……对不起！"

小雪小声地笑了。

嘟……歌舞伎开始了。

约翰和小雪从歌舞伎剧院走了出来。

两个人在歌舞伎剧院前大笑了起来。

 日文读物

七 店は大変

大きい店があります。
たくさんの人が店で働きます。太郎も店で働きます。
店は毎日、毎日、たくさん働きます。朝から夜まで働きます。とても疲れます。でも、お金はあまりもらいません。少しだけです。太郎は小さい声で言いました。
「楽しくないなあ、もう働きたくないなあ」
太郎は夜、店で寝ます。ほかの人たちと一緒に寝ます。太郎はうちで一人で休みたいです。
次の日、太郎は店の人に言いました。
「私は病気です。うちに帰ります！」
今、太郎はうちにいます。うちは山の近くにあります。とても静かです。太郎は夜、一人で寝ました。
次の日。太郎は起きました。もう、昼です。太郎は言いました。
「お茶が飲みたいなあ」
でも、お茶がありません。
「ご飯も食べたいなあ」
でも、ご飯がありません。何もありません。太郎は川へ行きます。魚を捕ります。そして、うちへ帰ります。料理をします。料理は大変です。一時間……、二時間……

「いただきます！」
次の日から、太郎は毎日、川へ行きます。山へ行きます。料理をします。

洗濯もします。
とても大変です。楽しくないです。
太郎は言います。
「店はいつも水があります。お茶もあります。ご飯もあります。だから、私は川へ行きません。山へも行きません。料理もしません。掃除もしません。私は店がいいです。私はまた店で働きたい！」

注釈

1	店（みせ）②：店，店铺	2	大（おお）きい③：大的，巨大
3	大変（たいへん）⓪：严重，非常，很辛苦	4	たくさん⓪：许多
5	働（はたら）く⓪：工作	6	～から～まで：从……到……
7	とても③：非常	8	疲（つか）れる③：疲劳
9	でも①：接续词，但是	10	お金（かね）⓪：钱
11	あまり……ない：句型，不太……	12	もらう⓪：得到
13	少（すこ）し②：少	14	だけ：副助词，仅，只
15	声（こえ）①：声音	16	言（い）う⓪：说
17	楽（たの）しい③：快乐，开心	18	～たい："动词连用形＋たい"，表示"想～"
19	夜（よる）①：晚上	20	寝（ね）る⓪：睡觉
21	ほか⓪：其他，以外	22	人（ひと）たち：人们
23	一緒（いっしょ）⓪：一起，一同	24	休（やす）む②：休息
25	次（つぎ）②：其次，第二	26	日（ひ）⓪：天，日
27	病気（びょうき）⓪：疾病	28	今（いま）①：现在，刚才
29	山（やま）②：山	30	近（ちか）く②：附近
31	静（しず）か①：静，安静	32	一人（ひとり）②：一人
33	起（お）きる②：起床	34	お茶（ちゃ）⓪：茶
35	飲（の）む①：喝，饮	36	川（かわ）②：河
37	魚（さかな）⓪：鱼	38	捕（と）る①：捕，抓或捉
39	料理（りょうり）①をする：词组，做饭	40	洗濯（せんたく）⓪：洗衣
41	いただく⓪："食べる"的自谦语和郑重语，"吃"的意思	42	いつも①：总是，平时
43	だから①：所以		

日文读物

七、在商店工作很辛苦吗

有一家很大的商店。

有很多人在店里工作。太郎也在店里干活。

商店每天的工作量非常大,从早到晚地工作,非常累。但是却得不到多少钱,仅仅一点点而已。太郎小声说:"真没劲,真不想干了。"

太郎晚上睡在店里,和其他人睡在一起。太郎想一个人在家里休息。

第二天,太郎对店里的人说:"我生病了,要回家!"

现在太郎在家里了。他家在大山附近,非常安静。晚上太郎一个人睡觉。

第二天,太郎起了床,已经是中午了。太郎说:"我想喝茶。"

但是没有茶。

"我还想吃饭。"

但是没有饭,什么也没有。太郎去了河边,捕了鱼,然后回家做饭。做饭真辛苦,做了一个小时……两个小时……

"吃饭喽!"

从第二天开始,太郎每天都去河边、到山里去,做饭、洗衣服。非常辛苦。也没有什么意思。

太郎说了:"店里什么时候都有水,还有茶,还有饭。所以我不用去河边,也不用上山,也不做饭,也不打扫卫生。我还是喜欢住在店里,我还是愿意在店里工作!"

八 浦島太郎

「浦島太郎」は日本の古い話です。ここは海の近くです。太郎とお母さんのうちがあります。太郎は毎日、海へ行きます。そして、魚を捕ります。

今日も太郎は海へ行きました。海に子供がたくさんいます。子供たちが棒で何かをたたきました。亀です。子供たちは棒で亀をたたきます。

「痛い！痛い！」

亀は泣きました。太郎は子供たちに言いました。

「お金をあげましょう。私にこの亀をください」

「本当？いいよ」

子供たちは亀を太郎にあげました。

「どうもありがとうございました」亀は言いました。そして、海に帰りました。

それから一週間。

太郎は今日も海へ行きます。いい天気です。太郎は今日も魚を捕ります。そこに亀が来ました。亀が言いました。

「あの時はどうもありがとうございました。海の中に楽しいところがあります。私と一緒に行きましょう。さあ、どうぞ」太郎は亀に乗りました。

亀は海の中に入りました。きれいな魚がたくさんいます。

「うわあ、海の中はきれいだなあ」

亀と太郎は大きい城の前に来ました。

「ここは竜宮城ですよ」亀が言いました。

竜宮城はとてもきれいです。太郎は亀と一緒に竜宮城の中へ入りました。そこにはとてもきれいな女の人がいました。太郎は亀に聞きました。

 日文读物

「あのきれいな女の人は誰ですか」
「乙姫様ですよ」亀は答えました。
「あなたが太郎さんですね。さあ、こちらへどうぞ」乙姫様は太郎に言いました。
　竜宮城には美味しい食べ物や酒がたくさんあります。太郎は毎日、乙姫様と遊びました。そして、美味しい食べ物をたくさん食べました。美味しいお酒もたくさん飲みました。毎日とても楽しいです。一週間、二週間……、一か月、二か月……、一年、二年……。
　ある日、乙姫様が言いました。
「太郎さん、元気がありませんね。あまり食べませんね。どうしましたか」太郎は言いました。
「乙姫様、私はもう、うちへ帰ります」
「えっ、どうしてですか」乙姫様は言いました。
「うちに母が一人でいますから」太郎は言いました。
「そうですか。分かりました……。じゃあ、これをどうぞ」乙姫様は太郎に箱をあげました。それはとてもきれいな箱でした。
「ありがとうございます」太郎は箱をもらいました。
「乙姫様、ありがとうございました。さようなら」
「さようなら」太郎は亀に乗りました。太郎のうちの近くです。
　太郎は亀から降りました。そして、言いました。
「亀さん、どうもありがとう。さようなら」
「さようなら」亀は竜宮城に帰りました。
　太郎はうちのほうへ行きました。でも、うちがありません。「あれ？ 私のうちがありません」
　太郎は近くの人に聞きました。

「私(わたし)のうちがありません。私(わたし)の母(はは)もいません。私(わたし)のうちはどこですか。母(はは)はどこですか」

その人(ひと)は言(い)いました。

「分(わ)かりません。百年前(ひゃくねんまえ)、ここにうちがありました。でも、今(いま)はありません」

太郎(たろう)は言(い)いました。

「えっ、百年前(ひゃくねんまえ)?……私(わたし)は百年(ひゃくねん)も竜宮城(りゅうぐうじょう)に……?」

太郎(たろう)には、もう、うちがありません。お母(かあ)さんもいません。太郎(たろう)には、もう、何(なに)もありません……。

あっ、あります。一(ひと)つだけあります。箱(はこ)があります。あのきれいな箱(はこ)です。乙姫様(おとひめさま)からもらいました。

——箱(はこ)の中(なか)は何(なん)でしょう——

太郎(たろう)は箱(はこ)を開(あ)けました。

「わーっ!」煙(けむり)です。

中(なか)から白(しろ)い煙(けむり)が出(で)ました。

太郎(たろう)はもう、若(わか)くありません。白(しろ)い髪(かみ)のおじいさんです。

それから、太郎(たろう)はどこへ行(い)きましたか。それは誰(だれ)も分(わ)かりません。

注釈

1　浦島太郎(うらしまたろう):浦島太郎,日本古代传说中的人物。
2　古(ふる)い②:古老,旧
3　話(はなし)③:故事
4　海(うみ)①:大海
5　近(ちか)く②:附近
6　そして③:而且
7　たくさん⓪:许多
8　魚(さかな)⓪を捕(と)る①:词组,捕鱼
9　棒(ぼう)⓪:棒,杆,棍子
10　何(なに)か①:某些,什么
11　たたく②:拍打
12　亀(かめ)①:龟,乌龟
13　痛(いた)い②:疼痛
14　泣(な)く⓪:哭泣
15　お金(かね)⓪:钱
16　あげる⓪:给,我或者我方给(别人)

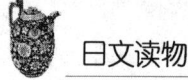

17	ください③:"くださる"的命令形,请给(我或我们)	18	本当(ほんとう)⓪:真的
19	それから⓪:然后,而后	20	一週間(いっしゅうかん)③:一周
21	楽(たの)しい③:快乐,开心	22	ところ⓪:地方
23	乗(の)る⓪:乘	24	入(はい)る①:进入
25	城(しろ)⓪:城,城郭,城堡	26	竜宮城(りゅうぐうじょう)⓪:龙宫
27	聞(き)く⓪:问	28	乙姫(おとひめ)②:龙宫仙女,龙女
29	答(こた)える③:回答	30	様(さま)①:结尾词,接在人名、身份、住处等名词后,表示尊敬之意
31	食(た)べ物(もの)③:食物	32	酒(さけ)⓪:酒
33	遊(あそ)ぶ⓪:玩	34	一(いつ)か月(げつ):一个月
35	ある①:某	36	日(ひ)⓪:天
37	元気(げんき)①:精神,健康	38	どう①:如何
39	どうして①:为何	40	箱(はこ)⓪:箱子
41	もらう⓪:得到	42	降(お)りる②:下,下来
43	百年(ひゃくねん)②:百年	44	だけ:副助词,仅,只
45	開(あ)ける⓪:打开	46	煙(けむり)⓪:烟
47	出(で)る①:出来,出现	48	若(わか)い②:年轻
49	白(しろ)い②:白	50	髪(かみ)②:头发

八、浦岛太郎

《浦岛太郎》是日本古老的传说。在靠近大海的地方,太郎和他妈妈有一所房子。太郎每天都会出海捕鱼。

有一天太郎照常朝海边走去。海边有许多小孩子在用木棒敲打着什么。是乌龟,孩子们在用木棒敲打乌龟。

"疼死我了,疼死我了!"乌龟哭泣着说。

太郎对孩子们说:"我给你们钱,请把这只乌龟给我。"

"真的吗?好啊!"孩子们把乌龟给了太郎。

乌龟说:"太谢谢你了!"然后回到了海里。

一个星期后。

太郎那天又出海了，天气很好，太郎今天还是要捕鱼。这时乌龟出现了，乌龟开口说："上次真是太感谢你了，海里有个非常好玩的地方，和我一起去吧，来，请吧。"

太郎骑在了乌龟背上。乌龟游进了海里，海里有许多漂亮的鱼。

"哇——，海里真美啊！"

乌龟和太郎来到了一个大城堡前。

"这就是龙宫。"乌龟说。

龙宫非常漂亮，太郎和乌龟一起进了宫中，那里有一个十分漂亮的女人。

太郎问乌龟："那个漂亮的女人是谁啊？"

"她就是龙宫仙女。"乌龟答道。

"你就是太郎吧，来，这边请。"仙女对太郎说。

龙宫里有很多美酒佳肴，太郎每天都和仙女玩耍，并且吃了许多美味，喝了许多美酒。每天都欢快极了。这样过了一个星期，两个星期，一个月，两个月，一年，两年……

一天，仙女说："太郎啊，你怎么无精打采的，也不多吃点儿，你怎么了？"

太郎说："仙女，我，我要回家。"

"哎，为什么呢？"仙女问道。

"因为家里只有妈妈一人。"太郎答道。

"哦，原来如此，我知道了，这个请你收下。"仙女给了太郎一个很漂亮的箱子。

"谢谢"，太郎收下了箱子，"仙女，真太感谢你了，再见！"

"再见。"

太郎骑上了乌龟，回到了太郎家附近。太郎从龟背上下来，说："乌龟，谢谢你，再见。"

"再见"。乌龟回龙宫去了。

太郎向家里走去,可是房子已经不见了。"啊?我家怎么没有了?"

太郎向附近的人打听:"我家不见了,我妈妈也不见了,我家在哪儿?妈妈哪儿去了?"

那个人回答说:"不知道,一百年前这里确实有过一幢房子,但是现在没有了。"

太郎说:"啊,一百年前?我在龙宫待了一百年?"

太郎已经无家可归了,母亲也不在了,如今太郎一无所有。

啊,不,有啊,还有一个箱子,龙宫仙女给的那个漂亮的箱子。

箱子里会有什么呢?

太郎打开了箱子。

"哇!"是烟,从箱子里喷出了一股白烟。

太郎已经不再年轻了,他变成了白发苍苍的老翁。

后来,太郎去了哪里,就再也没有人知晓了。

九 絵姿奥さん

あるところに男の人とその奥さんが住んでいました。奥さんはとてもきれいな人でした。男はこのきれいな奥さんが大好きでした。毎日、奥さんの顔を見て、「きれいだなあ、きれいだなあ」と言っていました。

男は結婚する前はよく働きました。でも、結婚してからは、毎日、毎日、家で奥さんを見ていました。全然働きません。奥さんはとても困りました。

ある日、奥さんは紙に絵を描いて、男に渡しました。そして、言いました。「これは私の顔の絵です。この絵を畑に持っていって、働いてください」

男は畑に行くと、その絵を木の枝につけました。それからは毎日、畑に行って、野菜や米を作りました。男は少し働いて、奥さんの絵を見ます。「きれいだなあ」また、少し働いて、絵を見ます。

「きれいだなあ」

いつも奥さんの絵と一緒です。

ある日、男が畑で働いていると、強い風が吹きました。ヒューッ!「あ、大変だ!」男は大きな声を出しました。絵は空高く飛んでいきます。ヒューッ!ヒューッ!絵は遠くへと飛んでいきます。

奥さんの絵は殿様の城の庭に飛んでいきました。庭にいた殿様が飛んできた絵を見ました。「きれいな人だなあ」

殿様は家来に言いました。

「この人をすぐここに連れてきなさい!」

それから、家来は毎日、その絵を持って、たくさんの村に行きまし

た。そして、村の人に「この絵の女はどこだ?どこにいる?」と聞きました。でも、誰も分かりません。

ある日、男の家に家来が来ました。そこには絵と同じ顔の女の人がいました。「あ、この女だ!」家来は奥さんに言いました。

「城で殿様が待っている。すぐに城に来なさい」

男と奥さんはびっくりしました。奥さんは言いました。「嫌です、私は行きたくありません」でも、家来は言いました。「だめだ。今すぐ来なさい」

奥さんは急いで男に桃の種を渡しました。「この種を植えてください。三年後に桃ができます。殿様の城にそれを売りに来てください」

家来は奥さんを城へ連れていきました。男は奥さんがいなくなって、とても悲しいです。でも、奥さんからもらった桃の種を植えて、毎日、毎日、水をやります。

そして三年後……。

大きな桃ができました。男はその桃を持って、殿様の城に行きました。そして、「もも〜、おいしいもも〜」と大きな声で言いました。

城にいた奥さんはこの声を聞くと、大きな声で笑いました。「あはははは……」

殿様はびっくりしました。そして、うれしくなりました。奥さんは城に来てから三年間、一回も笑わなかったからです。殿様は「あの桃を売っている男を連れてきなさい」と、家来に言いました。

家来が男を連れて、城の庭に入っていると、殿様は「ここでもう一回言いなさい」と言いました。

男は前よりもっと大きな声で「もも〜、おいしいもも〜」と言いながら、庭を歩きました。

「あはははは……」奥さんは前よりもっと大きな声で笑いました。殿様は

それを見て、とてもうれしくなりました。「おい、次は私がする」

殿様は男の着物を着ました。男は殿様の着物を着ました。殿様は桃を持って、「もも〜、おいしいもも〜」と大きな声で言いました。

「あはははは……」奥さんは前よりもっともっと笑いました。殿様はそれを見て、もっともっとうれしくなりました。そして、「もも〜、おいしいもも〜」と言いながら、外へ出ていきました。

すると、門のところにいた家来が「汚い男だ。城の中に入ってはいけない」と言って、門を閉めました。

汚い着物を着た殿様が「私は殿様だ!」と何回言っても、家来は門を開けませんでした。殿様の着物を着た男ときれいな奥さんは殿様の城で、いつまでも一緒に楽しく暮らしました。

注釈

1	絵姿（えすがた）②：画像		2	奥（おく）さん①：夫人，太太
3	ある①：某		4	ところ⓪：地方
5	住（す）む①：住，居住		6	とても③：非常
7	きれい①：漂亮		8	大好（だいす）き①：非常喜欢
9	顔（かお）⓪：脸		10	言（い）う⓪：说
11	結婚（けっこん）⓪：结婚		12	よく①：好好的，用心的
13	働（はたら）く⓪：劳动，工作		14	でも①：接续词，但是
15	〜てから：句型，之后		16	全然（ぜんぜん）⓪：全然
17	困（こま）る②：为难		18	紙（かみ）②：纸
19	絵（え）①：画儿		20	描（か）く⓪：画（动词）
21	渡（わた）す⓪：交，付		22	畑（はたけ）⓪：旱田
23	持（も）つ①：持，带		24	木（き）①：树
25	枝（えだ）⓪：树枝		26	つける②：粘上，附着
27	それから⓪：然后		28	野菜（やさい）⓪：蔬菜
29	米（こめ）②：大米		30	作（つく）る②：耕种，制作
31	少（すこ）し②：稍微，一点点		32	一緒（いっしょ）⓪：一起，一同

日文读物

33 強（つよ）い②：强，烈
34 風（かぜ）①が吹（ふ）く①：刮风
35 大変（たいへん）⓪：严重，费事儿，辛苦之极
36 大（おお）きな①：大，巨大
37 空（そら）①：天空
38 声（こえ）①を出（だ）す①：发出声音
39 高（たか）く②："高い"的连用形，副词法，高高的
40 飛（と）んでいく：飞远了。"動詞＋ていく"表示某一动作由近往远移动
41 へと："へ"格助词，表示方向，意思为"向"；"と"也是格助词，接在副词等后，表示状态，相当汉语的"……地"
42 遠（とお）く③：名词，远处
43 殿様（とのさま）⓪：老爷
44 城（しろ）⓪：城，城堡
45 庭（にわ）⓪：院子，庭院
46 いた："いる"的过去时，文中的"いた"作定语，表示存在。相当于汉语的"在"
47 家来（けらい）①：仆人
48 すぐ①：马上
49 連（つ）れる⓪：带，领
50 〜なさい："なさる"的命令形，"请"
51 〜てくる："動詞＋てくる"表示某一动作由远往近移动
52 たくさん⓪：许多
53 村（むら）②：村庄
54 聞（き）く⓪：问，听
55 でも①：接续词，但是
56 分（わ）かりません：不明白
57 日（ひ）⓪：天
58 同（おな）じ⓪：相同
59 びっくり③：吃惊
60 嫌（いや）②：讨厌，嫌弃的，不愿意
61 行（い）きたくありません：不想去
62 だめ②：不行，徒劳
63 急（いそ）ぐ②：着急
64 桃（もも）⓪：桃
65 種（たね）①：种子
66 売（う）りに来（く）る：来卖
67 植（う）える⓪：栽，植。种
68 〜てください：句型，"请"
69 できる②：会，能，成熟
70 売（う）る⓪：卖
71 いなくなる：变得没有了，变得不在了
72 悲（かな）しい⓪：悲伤
73 もらう⓪：得到
74 水（みず）⓪をやる⓪：浇水
75 そして⓪：接续词，而且
76 おいしい③：好吃，美味
77 笑（わら）う⓪：笑
78 うれしい③：高兴
79 なる①：变成，成为
80 笑（わら）わなかった："笑わない"的过去时，不笑了，没笑
81 からです：表示原因，"是因为"
82 入（はい）る①：进入
83 〜ている："いる"为补助动词，表示状态
84 〜と：接续词，"一……就……"
85 前（まえ）①：前面，前头
86 より：格助词，表示比较，"比"

87	もっと①：更加	88	～ながら：一边，一边
89	着物（きもの）⓪：和服	90	庭（にわ）⓪を歩（ある）く②：在院子中走动
91	着（き）る⓪：穿	92	外（そと）①：外面
93	出（で）る①：出去	94	すると③：于是
95	門（もん）①：门	96	門（もん）①を閉（し）める②：关门
97	汚（きたな）い③：脏，肮脏	98	～てはいけない：句型，接在动词后，表示不许
99	ても：接续助词，接在动词后，表示假定的逆接条件，"即使"、"即便"	100	開（あ）ける⓪：打开
101	いつまでも①：永远	102	楽（たの）しい③：愉快的，快乐的
103	暮（く）らす⓪：生活		

九、画像夫人

在某一个地方住着一个男人和他的夫人。夫人是个非常漂亮的女人。男人十分喜欢这位漂亮的夫人。每天，他都会看着夫人说："真美啊！真美啊！"

男人婚前很能干，但是结婚后，每天都在家里看着夫人，一点儿活也不干，夫人很是烦恼。

一天，夫人在纸上画了一幅画交给男人，说："这是我脸部画像，拿着这幅画到田里干活去吧。"

男人到田里就把画像挂在了树枝上。从此然后每天到田里侍弄蔬菜和水稻。男人干一点儿活就去看看夫人的画像，说："真漂亮啊！"然后再干一点儿活，再去看画："真漂亮啊！

男人一直守着夫人的画。有一天，男人在田间工作时，刮起了一阵大风，嗖——"啊，不好！"男人大叫一声，画像飞向了高空。嗖——嗖——画越飞越远了。

夫人的画像飞到了老爷的城堡院子里。院子里的老爷看到飞来的画说："真是个美人啊！"老爷对家仆说："快去把这个人带来！"

日文读物

从那以后，家仆每天拿着画像走访了一个又一个的村庄，向村子里的人打听"这画里的女人在哪儿？"但是没有一个人知道。

一天，家仆来到了那个男人的家里，在那里找到了和画中人一样的女人。"啊，就是这个女人！"家仆对夫人说："老爷在城里等着呢，赶快到城里去！"

男人和夫人大吃一惊，夫人说："不，我不愿意去。"但家仆说："不去不行，马上就跟我走！"

夫人急急忙忙把一粒桃种交给了男人，说："把这个种子种下，三年后会结桃子，到时候去老爷的城里卖桃子。"

家仆带着夫人去了城堡。没了夫人，男人非常难过。他种下了夫人给的桃种，并且每天浇水。

三年后。

树上结了很大的桃子，男人拿着桃子去了老爷的城堡，大声喊道："卖桃子啦，好吃的桃子。"

在城堡里的夫人听到叫卖声后大声笑了起来："啊哈哈哈。"

老爷先是一惊，然后高兴起来了，因为夫人自从到城里来了以后，三年中从来没有笑过。老爷对家仆说："把那个卖桃子的男人带来。"

家仆把男人带到城堡院子里，老爷就说："你在这里再喊一次！"

男人在院子里一边走，一边更大声地喊道："卖桃子啦，好吃的桃子。"

"啊哈哈哈"夫人笑声就更大了。老爷看了非常高兴，说："喂，让我来一下！"

老爷穿上了男人的衣服，男人穿上了老爷的衣服，老爷拿起桃子就大喊道："卖桃子啦，好吃的桃子。"

"啊哈哈哈"夫人笑得更开心了。老爷见了也更加地高兴，然后一边喊着"卖桃子啦，好吃的桃子"，一边就走了出去。这时，站在门口的家仆说："这么肮脏的男人，不能让他到城堡里来！"随手就关上了大门。

不论穿着脏衣服的老爷说多少次"我是老爷",家仆也没有把门打开。穿着老爷衣服的男人和漂亮的夫人就在老爷的城堡里幸福地生活在了一起。

 日文读物

十 クリスマスプレゼント

　一九〇五年のアメリカ、ニューヨーク。
　街には背の高いビルがたくさんあります。きれいな店もたくさんあります。大きなアパートはお金持ちや有名な人たちがたくさん住んでいます。でも、こんなニューヨークにもお金持ちじゃない人たちもたくさん住んでいます。そんな人たちはどんなところに住んで、どんなところで働いているのでしょう。
　これはお金のあまりない夫婦、ジムとデラの話です。
　若い二人は古いアパートに住んでいます。部屋は二つだけです。部屋には絵も写真もありません。テーブルの上にも何もありません。一週間八ドルの安いアパートです。
　ジムは一週間に六日間、朝から晩まで働いて、二十ドルもらいます。毎日とても疲れます。ですから、家までゆっくり歩いて帰ります。アパートに着いて、家のドアを開けるとそこにはいつも奥さんのデラが待っています。ジムの大好きなデラが……。
　ジムが帰っていくと、テーブルに温かいスープとパンを置きます。そして、きれいな茶色の目でジムを見ます。ジムもデラを見て、にっこり笑います。デラも笑います。二人でいると、お金がないことも、疲れていることも忘れます。
　十二月の寒い日のことです。ジムは朝、仕事に行きました。デラは家で掃除と洗濯です。それが終わると、デラは財布を持ってきて、テーブルの上にお金を出しました。全部出しました。
　一ドル八十セント。これだけ……。

これではジムにクリスマスプレゼントを買うことができないわ。どうしましょう。クリスマスは明日です。デラは困りました。
　デラは鏡を見ました。鏡の中にはデラの悲しい顔がありました。そして、とてもきれいな茶色の長い髪が……。
　ジムはいつも言っていました。
「僕はデラの髪が大好きだ。本当にきれいだ」
　ジムとデラには大切なものが二つありました。一つはこのデラの髪です。そして、もう一つはジムの金の時計でした。金の時計はジムがお父さんからもらったものです。とてもきれいな時計です。ジムはいつでもどこへでも、この金の時計を持っていきました。
　デラは鏡の中の自分の髪を長い時間見ていました。それから、急いでコートを着て、帽子を被って、外へ出ていきました。デラは「一番街」まで走っていきました。そこにはきれいな店がたくさんあって、みんなクリスマスの買い物をしています。
　デラはある店の前で止りました。

髪を買います

　デラはその店に入っていきました。デラは帽子を取って、店のおばあさんに聞きました。
「私、髪を売りたいんですが……」
　おばあさんはデラのきれいな髪を見て、言いました。
「そうですね。二十ドルだね」
　デラは言いました。
「じゃあ、切ってください」
　デラはゆっくり椅子に座りました。デラは二十ドルをもらって、帽子を被

日文読物

って店を出ました。午後三時でした。
　デラはいろいろな店を見て歩きました。
　—ジムにどんなプレゼントを買いましょう—
　それから、二時間……。
　デラはある店の前で止まりました。店の前のショーウインドーに時計の鎖がありました。
「これがいいわ!」
　それは金の鎖でした。デラは思いました。
　—これをジムの金の時計につけると、とてもいいわ—
　二十ドルでした。デラはすぐにその鎖を買って、急いで家に帰りました。デラは家に着くとクリスマスの料理を作りました。
「できた。これでいいわ」
　デラは鏡を見ました。鏡の中にはとても短い髪のデラがいました。
　—ジムはこの髪を見て何と言うでしょう—
　ジムの大好きな髪を切ったのです。デラは心配になりました。
　午後七時です。足音が聞こえました。ジムです。ジムが帰ってきました。ドアが開いて、古いコートを着たジムが入ってきました。ジムはデラの髪を見ました。ジムがびっくりしました。でも、何も言いません。デラは言いました。
「ジム、ごめんなさい! 私、あなたが好きだった髪を売ったの。私、どうしてもクリスマスプレゼントを買いたかったの。でも、大丈夫。髪はすぐ長くなるわ」
　ジムは静かに言いました。「髪が短くても長くても、僕はデラが好きだよ。さあ、これは僕からのプレゼントだよ」
　デラはジムからのプレゼントをあけました。
　デラは大きな声を出しました。

「あ、あの櫛だわ！あの店の櫛だわ！これ、前からほしかったの。ああ、うれしい！本当にきれい。あ、でも、もう私の髪は……」

プレゼントは長い髪につける櫛でした。デラが前からほしかったものです。デラは毎日、「五番街」の店にあったこの櫛を見ていたのです。デラは悲しくなりました。でも、すぐに元気を出して言いました。「髪はまた長くなるわ！それまで少し待ちましょう。ジム、私のプレゼントも開けて！」

デラはジムにプレゼントを渡しました。ジムはプレゼントを開けました。

金の鎖です。

「ね、きれいでしょう？あなたの時計につけて！とってもいいと思うわ！」とデラは言いました。

ジムはすぐには答えませんでした。それから、静かに言いました。

「デラ、もう、あの金の時計はないんだ……。僕、あの金の時計を売って、そのお金で櫛を買ったんだよ」

テーブルの上には温かいクリスマスの料理と櫛と金の鎖がありました。

今年の二人のクリスマスはとてもいいクリスマスになるでしょう。二人の大切な長い髪も金の時計ももうありませんが、二人にはもっと大切なものがあるからです。

注釈

1　ニューヨーク③：纽约（地名）
2　街（まち）②：街
3　住（す）む①：住，居住
4　金持（かねも）ち③：有钱人，富人
5　話（はなし）③：故事
6　ドル①：美金，美元
7　セント①：分（美国货币单位）
8　温（あたた）かい④：温暖的
9　にっこり③：微笑，莞尔一笑
10　～ことができる：句型，能够
11　困（こま）る②：为难，伤脑筋
12　鏡（かがみ）③：镜子
13　悲（かな）しい⓪：悲伤的，悲哀
14　金（きん）①：金子
15　急（いそ）ぐ②：着急
16　コート①：外套，大衣

17	茶色（ちゃいろ）⓪：茶色，褐色	18	大好（だいす）き①：非常喜欢
19	大切（たいせつ）⓪：重要	20	帽子（ぼうし）⓪をかぶる②：戴帽子
21	一番街（いちばんがい）：一号大街	22	止（と）まる⓪：停止
23	売（う）る⓪：卖，出卖	24	ショーウインドー④：橱窗
25	思（おも）う②：想	26	鎖（くさり）⓪：链，锁链
27	心配（しんぱい）⓪：担心	28	足音（あしおと）③：脚步声音
29	聞（き）こえる⓪：能听到，传来（声音）	30	開（あ）く［自動詞］⓪：开
31	開（あ）ける［他動詞］⓪：打开	32	びっくり③：吃惊
33	渡（わた）す⓪：递，交	34	答（こ）たえる③：回答
35	櫛（くし）②：梳子		

十、圣诞礼物

1905年的美国纽约。

纽约的大街上高楼大厦鳞次栉比，更有许多干净漂亮的商店。巨大的公寓里居住着许多腰缠万贯的富豪和名人大腕。但是，同样在纽约也住着身无分文的穷人。这些人他们居住在什么样的地方，又在怎样的环境下工作呢？

这是一对不怎么有钱的夫妇吉姆和黛拉的故事。

这对年轻人住在陈旧的公寓里，只有两个房间。房间里既没有画像也没有照片。桌子上也是空空如也。这是一间一周8美元的廉价公寓。

吉姆一个星期工作六天，从早干到晚，能赚到20美金。每天累得精疲力竭。为此，吉姆总是慢慢地往回走。到达公寓后，打开家门，第一眼看到的是一直在等候着他的妻子。吉姆最心爱的黛拉……

吉姆一回到家，黛拉就会把热汤和面包放在桌子上。然后用美丽的棕色眼睛看着吉姆。吉姆也看着黛拉，微笑着，黛拉也笑。只要两人在一起，贫穷和疲劳都会被忘得一干二净。

12月寒冷的一天，吉姆一早就去上班了。黛拉在家里打扫卫生、洗衣服。

干完活儿后，黛拉就拿出了钱包，把里面的钱全部倒了出来，放在桌上。

一元八角，全部只有这些……

这些钱根本不够给吉姆买圣诞节礼物的。怎么办，明天就是圣诞节了。黛拉一筹莫展。

黛拉看着镜子，镜中的自己一脸愁云，还有那无比美丽的褐色长发。

吉姆总是说"我非常喜欢黛拉的头发，真的是太漂亮了。"

吉姆和黛拉有两个非常珍贵的东西。一个就是黛拉的这个头发，另一个是吉姆的金表。金表是吉姆从他父亲那里得到的，是块非常漂亮的表。吉姆不管什么时候走到哪里总是把这块金表带在身上。

黛拉对着镜中自己的长发看了很久很久，然后，她急急忙忙地披上大衣、戴上帽子后走了出去。黛拉跑到了"一号大街"，这里有很多漂亮的店铺，大家都在购买圣诞节礼物。

黛拉在一家商店门前停了下来。

收购头发

黛拉进入了那家商店。她摘下帽子，对店里的老太太说："我想卖头发。"

老太太看了看黛拉的头发说："哦，是这样啊，20美元吧。"

黛拉说："好，那就请剪吧。"

黛拉慢慢地坐在椅子上……

黛拉拿到了20美元后，戴上帽子，从那家店里走了出来。时间正好是下午三点。

黛拉又去了好几个商店。

"到底该给吉姆买什么样的圣诞礼物呢？"

之后，两个小时过去了……

黛拉在一个店的前面停了下来，这个店的橱窗里陈列着表的挂链。

日文读物

"这个不错。"

这是纯金挂链,黛拉思忖道:这个如果能挂在吉姆的表上,那就太好了。

这根挂链要20美元,黛拉毫不犹豫地买下了那条挂链,然后步履匆匆地往家赶。一到家,黛拉就做起了圣诞大菜。

"做好了,这样就行了。"

黛拉看着镜子,镜子里映出了剪着短发的黛拉。

"吉姆看到这个头发会说什么呢?"

剪掉了吉姆最喜欢的头发,黛拉开始担心起来了。

晚上七点,传来了一阵脚步声,是吉姆。吉姆回来了。门打开了,吉姆穿着旧外套走了进来。吉姆看见黛拉的头发,很吃惊。但是什么也没说。

黛拉说:"对不起,我把你最喜欢的头发卖掉了。无论如何我都想给你买圣诞礼物……但是没关系,头发很快会长长。"

吉姆很平静地说:"无论你头发长还是短,我都喜欢你,戴拉。哦,戴拉,这是我给你的礼物。"

黛拉打开了吉姆给她的礼物,惊叫起来:"啊,是那把梳子!就是那个商店的梳子!是我早就想要的梳子。啊,太高兴了!真的漂亮。嗯,但是,我的头发已经……"

礼物是装饰在长发上的梳子。黛拉早就想要它了,以前曾每天都要看这"五号大街"商店里的梳子。现在却忧伤起来。不过,她马上振作了起来说:"头发还会长长的。在这之前,你耐心等待一下吧。吉姆,你打开我的礼物看看!"

黛拉把礼物递给了吉姆。吉姆打开了礼物。

是纯金的挂链。

"怎么样,很漂亮吧。挂在你的表上,我觉得肯定很合适!"黛拉说道。

吉姆没有马上回答,然后静静地说:"黛拉,那个金表已经没有了,我把它卖掉了,是用那些钱买了这梳子的。"

桌子上放着热气腾腾的圣诞料理、梳子和纯金挂链。

今年两个人的圣诞节极为不寻常。因为虽然这两个人最重要的长发和金表已经都没有了，但是他们却得到了更为珍贵的东西。

十一 象のトンキー

(一)

　一九二四年の夏です。インドから子供の象が船で日本に着きました。八歳のトンキーです。上野動物園の進一さんがトンキーを迎えに来ました。進一さんが言いました。「トンキー、よろしくね」

　その夜、トンキーは初めて動物園で寝ました。次の朝です。進一さんが言いました。「おはよう、トンキー」トンキーは起きました。

(二)

　進一さんはトンキーにいろいろな芸を教えます。進一さんは言いました。「トンキー、立て」トンキーは立ちます。進一さんは「トンキー、座れ」トンキーは座ります。進一さんはトンキーにじゃがいもをあげます。もう、トンキーはいろいろな芸ができます。とても上手です。

(三)

　一九二五年の春です。花がとてもきれいです。子供たちがたくさん動物園に来ます。トンキーは子供たちの前でいろいろな芸をします。
「わあ、上手だね」
「本当に上手だね」
　子供たちはトンキーが大好きです。トンキーも進一さんや日本の子供たちが大好きです。

（四）

　一九四〇年の冬です。とても寒い冬でした。トンキーは足を怪我しました。トンキーは足がとても痛いです。ですから、何も食べません。何も飲みません。進一さんはお医者さんを呼びました。お医者さんはトンキーの足に注射しました。

「だめだ。入らない……」

　お医者さんはもう何も言いませんでした。そして、帰りました。進一さんはトンキーの足に氷を置きました。体に毛布をかけました。

　その夜、進一さんはトンキーの隣で寝ました。とても寒い夜でした。進一さんは風邪を引きました。

　次の朝、進一さんの部屋に園長が来ました。

「進一さん、風邪を引いたんですか?」

「はい」

「じゃあ、これを食べなさい」

「柿ですか?」

「ええ、柿は体にいいんですよ」

「え!柿は体にいい……?あっ、そうだ!柿だ!」

　進一さんは柿をたくさん買いました。そして、柿のジュースを作りました。

「トンキー、柿のジュースだ!」

　トンキーはジュースを飲みました。全部、飲みました。進一さんはとてもうれしいです。それから、トンキーは毎日、毎日、柿のジュースを飲みました。

（五）

　一九四一年の春です。花がとてもきれいです。トンキーの足はよくなりました。もう大丈夫です。トンキーは進一さんが前よりもっと

日文读物

好きになりました。

(六)

一九四一年十二月八日の朝です。寒い朝でした。動物園の人たちがみんな新聞を読んでいます。そして、話しています。
「戦争だ!」「戦争だ!」
ラジオから、ニュースが聞こえました。
「日本はアメリカと戦争を始めました」

(七)

一九四二年の冬です。
動物園にたくさんのお父さんと子供が来ました。お父さんは戦争に行きますから、その前に子供と一緒に動物園に来たのです。お父さんはトンキーの前で子供の写真を撮りました。

(八)

一九四三年の春です。たくさんのお父さんが戦争で死にました。ある日、お父さんがいない子供たちに手紙が来ました。動物園の園長からです。

四月三日に動物園に来てください!

子供たちは手紙を読みました。そして、四月三日、四百人の子供たちが動物園に来ました。子供たちはトンキーに乗ります。
「わあ!」
「わあ、高いなあ!」
子供たちはとても嬉しいです。園長も進一さんも嬉しいです。トンキー

も嬉しいです。

(九)

一九四三年の夏です。東京都の人が来ました。そして、言いました。

「大きい動物を殺しなさい!」

「え!どうしてですか?」園長は聞きました。

「アメリカの飛行機が町に爆発を落とします。動物にも爆発が落ちます」

「………」

「ライオンや虎が動物園から外に出ます。危ないです」

「……分かりました」園長は言いました。

進一さんは園長に聞きました。

「あのう、……トンキーも殺すんですか?」

「……殺さなければなりません」園長は言いました。

「………」

進一さんもみんなも何も言いませんでした。

動物園の人たちは動物の食べ物に毒を入れました。ライオンも虎も死にました。園長も動物園の人たちもとても悲しいです。次はトンキーです。進一さんはトンキーのところに行きました。

「トンキー、大好きなじゃがいもだよ」

進一さんは毒を入れたじゃがいもをトンキーにあげました。

「トンキー、……ごめん……」

トンキーはじゃがいもを見ました。トンキーはじゃがいもが大好きです。でも、食べません。そして、鼻でじゃがいもを進一さんに投げました。

「痛い!」進一さんはトンキーを見ました。

日文读物

「トンキー、……ごめんよ」
進一さんはもう一回、毒のじゃがいもをあげました。
「痛い！痛い！痛い！」
トンキーは毒のじゃがいもを食べません。
東京都の人が来ました。そして、トンキーを見て言いました。
「早く殺しなさい！」
動物園の人たちは困りました。象が分かります。ですから、進一さんは八月二十五日から、トンキーに食べ物をあげませんでした。トンキーは食べ物が欲しいです。だから芸をします。でも、進一さんは食べ物をあげません。トンキーは進一さんを見ます。そして、いろいろな芸をします。でも、進一さんは食べ物をあげません。

（十）

一九四三年の秋です。九月二十三日。その日も、進一さんはトンキーのところに行きました。トンキーは進一さんを見ました。そして、一つだけ芸をしました。進一さんはトンキーの目を見ました。とても悲しい目でした。トンキーはもう一回芸をしました。
「トンキー、……ごめん……」
ドッシーン！トンキーが倒れました。もうトンキーは起きません。九月二十三日、午前二時四十二分、トンキーは死にました。二十七歳でした。

（十一）

一九四五年の夏です。とても暑い夏でした。八月十五日、日本は戦争に負けました。戦争が終わりました。

注釈

1. トンキー：童木（大象的名子）
2. 象（ぞう）①：大象
3. 次（つぎ）②：下次，下面，其次
4. 芸（げい）①：技艺，技能；杂技
5. 立（た）つ①：站立
6. じゃがいも⓪：土豆
7. できます＝できる②：完成；能，会
8. 大好（だいす）き①：非常喜欢
9. 足（あし）②：脚，腿
10. 怪我（けが）②：受伤
11. 呼（よ）ぶ⓪：叫
12. ですから＝だから①：所以
13. 注射（ちゅうしゃ）⓪：注射
14. だめ②：不行
15. 氷（こおり）⓪：冰
16. 置（お）く②：放置
17. 毛布（もうふ）①：毛毯，毯子 毛布をかける②：盖毯子
18. 風邪（かぜ）⓪を引（ひ）く②：感冒
19. 柿（かき）⓪：柿子
20. 体（からだ）⓪にいい①：对身体有益
21. 写真（しゃしん）⓪を撮（と）る①：照相
22. うれしい③：高兴，开心
23. 殺（ころ）す⓪：杀
24. なさい："なさる"的命令形，请
25. 爆発（ばくはつ）⓪：爆炸，炸弹
26. 爆発（ばくはつ）⓪を落（お）とす［他動詞］②：投炸弹
27. 落（お）ちる［自動詞］②：落下
28. ライオン⓪：狮子
29. 危（あぶ）ない⓪：危险
30. ～なければなりません：句型，必须……
31. 悲（かな）しい⓪：悲伤
32. ごめん⓪："ごめんください"的省略，对不起
33. 投（な）げる②：投
34. 困（こま）る②：为难
35. ほしい②：想要
36. ひとつだけ：词组，仅仅一个
37. 倒（たお）れる③：倒下
38. 負（ま）ける⓪：失败

十一、大象童木

（一）

1924年夏，一头小象坐着船从印度出发来到日本。它就是8岁的童木。

上野动物园的进一先生前来接迎童木。进一先生说:"童木,今后请多关照哟。"

那天晚上,童木第一次住在动物园里。第二天早上,进一先生对童木说:"早上好,童木。"童木已经起床了。

(二)

进一先生教童木各种动作。进一先生说:"童木,站起来!"童木就会站立起来;进一先生说:"童木,坐下!"童木就坐下去。进一先生奖励给童木土豆吃。童木已经学会了很多动作,非常熟练。

(三)

1925年春天。樱花怒放,姹紫嫣红。动物园里来了很多孩子。童木在孩子们面前表演各式各样的动作。

"哇,太好了。"

"真的熟练啊。"

孩子们非常喜欢童木。童木也很喜欢进一先生和日本的孩子们。

(四)

1940年冬天,一个天寒地冻的冬天。童木的腿部受了伤,非常疼痛。因此茶饭不思。于是进一先生叫来了医生,医生给童木的脚打针。

"不行,扎不进去……"

医生就再也没有说什么,扭头回去了。进一先生在童木的脚上放了一些冰块,在它身上盖上了毯子。

那天晚上,进一先生就睡在了童木的旁边。那是一个非常寒冷的夜晚,

进一先生感冒了。

第二天早晨,园长来到进一先生的房间。

"进一,感冒了吗?"

"是的。"

"那么,把这个给吃了吧。"

"柿子?"

"是啊,柿子对身体有好处。"

"嗯!柿子对身体有好处……啊,对了!就是柿子!"

进一先生买了许多柿子,然后做成了柿子汁。

"童木,是柿子汁!"

童木把柿子汁喝了下去,喝得一干二净。进一先生高兴极了。之后,童木每天都喝柿子汁。

(五)

1941年的春天。樱花依然烂漫怒放。童木的腿好了,已经彻底痊愈了。童木比以前更加喜欢进一先生了。

(六)

1941年12月8日的早晨,是个滴水成冰的严寒早晨。动物园的人们都在看报纸。并且七嘴八舌地议论开了。

"打仗了!"

"是啊,开战了!"

收音机里正在播放新闻:

日文读物

"日本与美国开战了！"

（七）

1942年冬季。

动物园里来了许多父亲和孩子。父亲们因为即将去前线了，所以临行前带着孩子们一起来到了动物园。父亲们在童木前面给孩子们拍照。

（八）

1943年春，许多孩子的父亲战死沙场。有一天，这些因战争而失去父亲的孩子们都收到了一封来信，是动物园园长寄来的。

"四月三日，请到动物园来玩吧！"

孩子们把信看了。之后，于4月3日，四百个孩子来到了动物园，孩子们骑在了童木身上。

"哇！"

"哇，好高啊！"

孩子们都开心极了，园长和进一先生都很高兴。童木也很高兴。

（九）

1943年夏天，东京都的人来了，并且对他们说："大动物都得杀掉！"

"啊？为什么？"园长问道。

"因为美国轰炸机要往街上投炸弹了。炸弹也会落到动物身上的。"

"……"

"狮子、老虎如从动物园里逃出去的话，那就很危险了。"

"……我明白了。"园长说道。

进一先生问园长：

"那，……童木也要杀掉吗？"

"……必须得杀。"园长回答道。

"……"

进一先生和大家再也没说一句话。

动物园的工作人员们在动物的食物里投了毒。狮子和老虎都死了。园长和动物园里的工作人员们都很悲伤。接下来就是童木了。进一先生向童木那边走去。

"童木，这是你最喜欢的马铃薯。"

进一先生把下了毒的马铃薯给了童木。

"童木，……对不起……"

童木看了看马铃薯，它非常喜欢马铃薯。但是，没有吃。并且用鼻子把马铃薯卷起来，甩向了进一先生。

"好疼！"进一先生看着童木。

"童木，……对不起！"进一先生再一次把有毒的马铃薯给了童木。

"疼！疼！好疼啊！" 童木又把马铃薯甩给进一先生，它拒绝吃带毒的马铃薯。

东京都的人来了，他们看着童木。

"快点杀掉它！"

动物园的工作人员都非常为难，大象很聪明，它是知道的。正因如此，进一先生从8月25日开始，就不再给童木送食物了。童木想吃东西，就表演动作，但进一先生还是不给它喂食。童木看着进一，做的动作更多了，但是进一仍不改变初衷。

（十）

　　1943年的秋天，9月23日，这一天，进一先生来看童木。童木见进一先生来了，就开始表演，但是只做了一个动作。进一先生看着童木的眼睛，那是多么悲伤的眼神啊。童木又表演了一次。

　　"童木，……对不起……"

　　噗通一声，童木倒了下去，就再也没有站起来。9月23日凌晨2时42分，童木死了。终年27岁。

（十一）

　　1945年夏，非常炎热。8月15日，日本战败，战争结束了。

十二 一休さん

一三九四年、京都に一人の男の子が生まれました。一休さんです。

一休さんは六歳の時、寺に入りました。寺はお坊さんが住んでいる建物です。お坊さんは仏教を教える人です。

一休さんは有名なお坊さんたちに仏教や勉強を教えてもらいました。そして、お坊さんになりました。

一休さんは小さい時から、とても頭がいい子でした。大人が答えることができない難しい問題にも、すぐ答えることができました。面白い話をたくさんしました。

さあ、一休さんはどんなことをしたり、話したりしたのでしょう。

おいしい薬

一休さんは子供の時、安国寺で勉強していました。寺で一番のお坊さんを「おしょうさん」といいます。若いお坊さんたちの先生です。

ある日、一休さんが、和尚さんの部屋の前に来ると、部屋の中から小さい音が聞こえました。

「あ、また和尚様が何かを食べている」

一休さんは静かに部屋の中を見ました。すると、和尚さんが一人で何かを食べていました。

一休さんは言いました。

 日文读物

「和尚様、何を食べているんですか」
　和尚さんはびっくりして、一休さんを見ました。「こ、こ、これは……く、薬ですよ。足の薬です。私は、おじいさんですから、足が痛いんです」
　「え、足の薬ですか。私にもその薬をください。私も足が痛いんです」
　「え、それはできません。これはおじいさんの薬です。若い人が食べると死にますよ」と言って、和尚さんは薬の入れ物を机の下に入れました。
　「それは大変。私は死にたくないです」そう言うと、一休さんは和尚さんの部屋を出ました。そして、笑いました。
　それから、三日後、和尚さんは隣の町に行きました。寺では若いお坊さんたちが掃除をしていました。
　「ガチャン！」和尚さんの部屋から大きい音がしました。そして、「わぁ！」と大きい声が聞こえました。みんなびっくりして、和尚さんの部屋へ行きました。そこには掃除をしていた上建さんが青い顔で立っていました。
　「上建さん、どうしましたか」みんなが聞きました。
　「大変です。これを見てください。私は和尚様の茶碗を割りました」
　そう言うと、上建さんは泣きました。「それは大変だ。困った。困った。これは和尚様の大切な茶碗だ」
　若いお坊さんたちは青い顔で言いました。でも、一休さんだけは笑っています。
　「みなさん、心配しないでください。大丈夫です。一緒にこれを食べましょう」そう言うと、一休さんは机の下から薬の入れ物を出しました。
　みんなは言いました。「それは何ですか」
　「これは和尚さまの足の薬ですよ」
　「えっ、足の薬？私たちは足は痛くありません」
　一休さんは笑いながら、その薬を口に入れました。「甘くておいしいです

よ」

「え？甘いんですか。じゃあ、私も食べます」

「私も食べます」

若いお坊さんたちはそれを口に入れました。

「あ！これは薬ではありませんね。お菓子です」と上建さんが言いました。

お坊さんたちはおいしい物や甘い物はあまり食べません。だから、この水飴をとてもおいしいと思いました。

「おいしい、おいしい。甘い、甘い」お坊さんたちは入れ物の中の水飴を全部食べました。

その時、和尚さんが帰ってきました。上建さんが言いました。「あっ！和尚さまだ。大変だ」

一休さんは言いました。「さあ、みんな、大きい声で泣いてください」

みんなは泣きました。「わーん」「えーん」

和尚さんはびっくりしました。「みんな、どうしたんですか」

一休さんが答えました。「和尚様、ごめんください。この部屋を掃除した時、和尚様の大切な茶碗を割りました。私たちは悲しくなりました。そして、死にたいと思いました。だから、この薬を食べたんです。でも、死にませんでした。もっと食べました。でも、死にませんでした。全部食べました。まだ死にません。ごめんください、ごめんください」

「うーむ」和尚さんは何も言うことができませんでした。

将軍と虎

そのころ、日本で一番強い人は将軍でした。一休さんがとても頭がいい子供だと聞いて、将軍は一休さんに会いたいと思いました。

ある日、将軍は安国寺の和尚さんに言いました。「私は一休さんに会

日文読物

いたい。私の家に連れてきなさい」

和尚さんと一休さんは将軍の家に行きました。将軍の家はとても立派でした。部屋にはきれいな絵がたくさんありました。

「一休さん、お前は頭がいいから、何でもできるだろう。この絵を見なさい」と将軍は言いました。

それは虎の絵でした。「この虎は人を食べるから、とても危ないのだ。一休、この虎を縄で捕まえなさい」

この虎は絵の虎ですから、捕まえることができません。一休さんはどうするでしょう。和尚さんは心配しました。

しかし、一休さんは笑っていました。そして、「分かりました。私が縄で捕まえます」と言って、縄を持って虎の絵の前に立ちました。

「将軍様、私が縄で捕まえますから、早く虎を絵から出してください」

「うーむ」将軍は何も言うことができませんでした。

和尚さんの友達

安国寺の和尚さんのところへ、時々仁兵衛という人が遊びに来ます。仁兵衛さんは 大きい店の主人で和尚さんの友達です。

二人はいつも「碁」をします。「碁」は黒い石と白い石を使う大変面白い遊びです。二人が「碁」を始めると何時間でも「碁」をしています。夜遅くなっても、終わりません。

仁兵衛さんは和尚さんの大切な友達で、お客さんですから、若いお坊さんたちは時々、お茶やお菓子を持っていかなければなりません。仁兵衛さんが「碁」をしに来ると、若いお坊さんたちは寝たくても寝ることができないのです。みんな困っていました。

ある日、仁兵衛さんが寺へ来ると、寺の門の前に大きい紙がありました。

仁兵衛さんはそれを見て言いました。

「これはなんだろう……?」

動物の皮を着ている人は寺の中に入ってはいけません

仁兵衛さんはそれを読んで、「これを書いた人は一休さんだな」とすぐ分かりました。

仁兵衛さんはいつも動物の皮の上着を着ています。仏教では、動物を殺したり、動物の皮を使ったりしてはいけません。仁兵衛さんはこの日も動物の皮の上着を着ていました。

仁兵衛さんは紙を見て、少し考えていましたが、寺の門を入っていきました。和尚さんの部屋の前に一休さんがいました。

「仁兵衛様、門の前の紙を見なかったんですか」

「ああ、見たよ。一休、お前が書いたのだね」

「仁兵衛様、仁兵衛様はいつも動物の皮の上着を着ていますね。動物の皮を寺の中に入ることができません。帰ってください」

仁兵衛さんはにっこり笑いました。

「動物の皮がいけないのか。でも、寺には太鼓があるね」

太鼓には動物の皮を使います。頭がいい一休さんも何も言えないでしょう。困るでしょう。仁兵衛さんはそう思うと、嬉しくなりました。

でも、一休さんは困りませんでした。仁兵衛さんの言葉を聞くと、にっこり笑いました。

そして、太鼓を打つ棒を二本出しました。

「そうですね。太鼓は動物の皮を使っていますね。だから、朝と夜、この棒で打つのです。仁兵衛様も夜までお寺にいると、この棒で打ちますよ」

仁兵衛さんは「あ、そうか。私が夜まで寺にいるから、若いお坊さんた

ちが困っているのだな」と思いました。
「一休、分かったよ。これからは早く帰るよ」
　それから、仁兵衛さんは寺に来て、碁をしても、夜になる前に帰りました。

一休和尚（一三九四〜一四八一年）

　日本人は『一休さんの話』が大好きです。『一休さんの話』は江戸時代（一六〇三〜一八六八年）の頃から人気がありました。この一休さんは本当にいたのでしょうか。
　一休というお坊さんは本当にいました。京都で生まれて、八十八歳で死にました。京都府の南にある京田辺市の寺（酬恩庵）に墓があります。天皇の子供として生まれて、六歳の時に安国寺に入って、お坊さんになる勉強をしました。若い時から詩や字を書くことが上手でした。ちょっと変わった人で、面白いことをたくさんしました。
　『一休さんの話』はたくさんあります。でも、その中には一休さんがしたことではない話も入っています。日本のあちこちで頭のいいお坊さんはした面白いことがたくさん集まって、『一休さんの話』になったのです。

注釈

1　一休（いっきゅう）さん：一休因动画片《聪明的一休》而被世人所知，历史上确有其人。他是日本室町时代的一位禅僧。

2　寺（てら）②：佛寺，庙宇

3　お坊（ぼう）さん⓪：和尚。对僧人亲近而尊敬的称呼。

4　住（す）む①：住，居住

5　仏教（ぶっきょう）①：佛教

6　〜ことができる：句型，能，能够

7　答（こた）える③：回答，答应

8　〜たり、〜たりする：表示两个动作并列，相当汉语"又……，又……"或者不译

9　薬（くすり）⓪：药

10　和尚（おしょう）①：大和尚（对僧侣和住持的敬称）

11	聞（き）こえる⓪：能听到，听见	12	様（さま）①：比"さん"尊敬
13	びっくり③：吃惊	14	足（あし）②：脚；腿
15	痛（いた）い②：疼痛	16	と：接续助词，表示条件。相当汉语"一……就……"或者"如果……就……"
17	入（い）れ物（もの）⓪：容器	18	出（で）る①：出来
19	笑（わら）う⓪：笑	20	音（おと）②がする⓪：觉得有声音
21	青（あお）い②顔（かお）⓪：苍白的脸色	22	立（た）つ①：站，站立
23	出（だ）す①：拿出，交出，提出	24	菓子（かし）①：点心
25	水飴（みずあめ）⓪：糖稀，麦芽糖	26	と：补格助词，用于"言う"、"思う"、"考える"、"聞く"等词后，分别表示"说"、"想"、"考虑"、"听或问"的内容
27	思（おも）う②：想	28	さあ：感叹词，表示劝诱或催促
29	連（つ）れる⓪：带，领	30	立派（りっぱ）⓪：气派，出色
31	お前（まえ）⓪："あなた"的亲昵或粗鲁的说法	32	でも：副助词，"即使"，"无论……也……"。例：いつでも：无论何时；どこでも：无论何地
33	できる②：会，能	34	だろう："でしょう"的简体
35	なさい："なさる"的命令形，请	36	危（あぶ）ない⓪：危险
37	縄（なわ）②：绳子	38	捕（つか）まえる⓪：捉拿，捕捉
39	心配（しんぱい）⓪：担心	40	しかし②：接续词，可是
41	ときどき⓪：有时	42	主人（しゅじん）①：家长；店主；东家；丈夫
43	碁（ご）⓪をする⓪：下围棋	44	遊（あそ）び⓪：名词，游戏
45	ても：接续助词。表示假定的逆接条件，"即使……也……"	46	いかなければなりません："いか"是"行く"未然形。なければなりません(句型)："必须……"
47	上着（うわぎ）⓪を着（き）る⓪：穿上衣	48	考（かんが）える④：考虑
49	にっこり③：微笑，莞尔一笑	50	いけない：词组。不行
51	太鼓（たいこ）⓪：鼓	52	言（い）えない：不能说
53	うれしい③：高兴，开心	54	言葉（ことば）③：语言
55	話（はなし）③：故事	56	として：作为

日文读物

57 変（か）わった：" 変わる"的过去式，在此句中作定语，表示不同寻常，不同凡响

58 その中（なか）：其中

59 集（あつ）まる③：集中

十二、一休

1394 年，一个小男孩在京都出生了，他的名字叫一休。

一休 6 岁的时候，就进了寺庙。寺庙是僧侣们居住的地方，僧侣是传授佛教之人。

一休通过向各位知名的高僧学习佛教和请教如何学习，也成了僧侣。

一休小的时候就是一个聪明机智的孩子，连大人们都回答不出来的问题，他能毫不费劲地给以回答。世间有很多关于他的有趣的故事。

那么，一休做了哪些事情，说了哪些话呢？

好吃的药

一休孩提时代，就在安国寺学习。

寺里第一位僧侣被称作大和尚，他是众年轻僧侣的师父。

有一天，一休来到大和尚房门前，听到里面传出了悉悉索索的声音。

"啊，师父在吃什么东西。"

一休悄悄地朝房间里望去。只见大和尚一个人正在吃着什么。

一休说："师父，您在吃什么啊？"

大和尚吃了一惊，他看着一休说道："这、这、这是……药，是药啊，治脚的药。我年纪大了，有点脚疼。"

"哦，是治脚疼的药啊？请把这个药也给我吧，我的脚也疼。"

"啊，那不行。这是老人吃的药，年轻人吃了会死的。"说着，大和尚就把

装药的罐子放到了桌子底下。

"那可不得了。我可不想死。"说着一休就从大和尚的房间里走了出来。然后笑了。

那以后的第三天，大和尚出门到附近的镇上去了。年轻的僧侣们正在寺庙里打扫卫生。

"咔嚓！"从大和尚的房间里传来了一声巨响。接着又听到了"哇！"一声大叫。大家伙儿都大吃一惊，纷纷向大和尚的房间赶去。只见负责打扫那个房间的上建脸色苍白地呆站在那儿。

"上建，怎么了？"大家一起问道。

"坏了，你们看，我把师父的茶碗给摔坏了。"

说着，上建就哭了起来。

"这下可糟了，太糟糕了。怎么办？这可是师父最心爱的茶碗啊。"年轻的僧侣们一个个都吓得脸色苍白。但是，只有一休一个人在笑。

"大家不要担心，没事的。咱们一起吃这个吧！"说着，一休便从桌子下面拿出来了一个盛放药物的罐子。

大家问道："这是什么？"

"这是大和尚治脚疼的药。"

"啊？治脚疼的药……可我们的脚并不疼啊。"

一休一边笑着一边把药塞进了口中说："这可是又甜又好吃的哟！"

"啊，是甜的？那，我也要吃。"

"我也要吃！"

年轻的僧侣们纷纷把那东西放入口中。

"啊！这不是药，是点心！"上建说道。

因为僧侣们平时并不怎么吃好吃的和甜的东西，所以，大家都觉得这麦芽糖是太好吃了。

日文读物

"好吃,好吃,真甜啊!好甜啊。"僧侣们把罐子里的麦芽糖全吃光了。

就在这时,大和尚回来了。上建说:"啊!师父回来了,糟了糟了!"

一休说:"来吧,大家一起放声大哭!"

"哇——""唉——"大家纷纷哭了起来。

大和尚见状大吃一惊:"大家这是怎么的了?"

一休回答道:"师父,对不起,我们在打扫这个房间时,把师父您最心爱的茶碗打碎了。我们都伤心死了,于是想想还是死了算了,所以就吃了这个药。但是没有死。又多吃了一些,还是没有死;结果把它全吃光了,仍然没有死。对不起啊,真是很对不起!"

"呃——"大和尚噎住了,一句话都说不出来了。

将军和老虎

那个时期,日本最强的人就是幕府将军。将军听说一休是一个非常聪明的孩子,便想着和他见一面。

有一天,将军对安国寺的大和尚说道:"我想见一下一休,把他带到我家里来。"

大和尚和一休来到了将军家中。将军的家十分气派,房间里有许多漂亮的画。

"一休,你很聪明,无所不能。你看这幅画。"将军说道。

那是一幅画着老虎的画儿。"这只虎吃人,很危险,一休,你用绳子把这只虎给绑起来!"

因为这是张老虎的绘画,所以根本无法捕捉。一休该怎样做呢?大和尚心里很是担心。

可是,一休却笑了,而且说,"我知道了,我用绳子把老虎绑起来。"说着便拿着绳子站在老虎的画前。

"将军大人，我用绳子来捆绑它，请赶快把老虎从画中赶出来吧！"

"……"将军顿时哑口无言。

大和尚的朋友

一个叫仁兵卫的人常到安国寺大和尚那里来玩。仁兵卫是一家大商店的老板，也是大和尚的好朋友。

两人总是下围棋。围棋就是用黑白二色棋子进行对弈的非常有趣的游戏。两人只要开始下棋，一下就是几个小时，即便到了深夜，也不会收场。

仁兵卫是大和尚的重要朋友和客人，所以有时年轻的僧侣们必须拿出茶和点心来招待。仁兵卫一来下棋，年轻的僧侣们就是想睡觉也不能睡。大家都感到很为难。

有一天，仁兵卫来到了安国寺，只见寺门前贴着一张大纸。仁兵卫看着说："这是什么啊……"

纸上写着："身着动物皮衣者不得入寺。"

仁兵卫一看立刻明白了"这是一休写的吧。"仁兵卫一直穿着动物皮上衣。在佛教里，是不允许杀戮动物，也不允许使用动物皮毛的。那天仁兵卫穿的也是用动物毛皮做的上衣。

仁兵卫看着门上的纸，稍加考虑了一下，但还是走进了安国寺的门。一休在大和尚房间门前。

"仁兵卫先生，大门上面的纸您没有看到吗？"

"啊，我看见了。一休，是你写的吧？"

"仁兵卫先生，您一直都穿着动物皮上衣。动物的皮毛是不能被带进寺里的。请您回去吧。"

仁兵卫微微一笑。

"动物的皮毛不行吗？可是，寺里有鼓啊。"

鼓是由动物的皮做成的，聪明的一休回答不出了吧，这下会被难住了吧，仁兵卫想着，不由得高兴了起来。

但是，这并没有难住一休，听了仁兵卫的话，一休莞尔一笑，然后拿出了两根击鼓用的鼓棒。

"的确如此，鼓是用动物的皮做成的。所以，早晨和晚上就要用这鼓棒来敲打。仁兵卫先生既然也要在寺中呆到晚上的话，那就要用这个鼓棒敲打了。"

"啊，原来是这样。是因为我在寺中一直要呆到夜晚而让年轻的僧侣们为难的缘故啊。"仁兵卫明白了。

"我知道了，一休。以后我会早点回去的。"

从此以后，仁兵卫每次来寺中下棋，都在天黑前回去。

一休和尚（1394~1481 年）

日本人都非常喜欢《一休的故事》。《一休的故事》从江户时代（1603~1868 年）就家喻户晓了。一休这个人真的存在吗？

在历史上确有叫作一休的僧侣。他出生于京都，一直活到八十八岁。京都府南部京田边市的一所寺庙（酬恩庵）里就有他的墓冢。他是皇子，六岁时被送进安国寺，开始学习作为僧侣的课程。一休年轻时就习得一手好字，擅长作诗。是一位与众不同的禅僧，做了许多有趣的事情。

《一休的故事》有很多。不过，其中参杂着不是他亲身经历的。日本各地聪明睿智的僧侣们做的有趣的事都集中到了一起，形成了《一休的故事》。

十三 桃太郎

　あるところにおじいさんとおばあさんが住んでいました。おじいさんは毎日、山へ木の枝を取りに行きました。おばあさんは川へ洗濯に行きました。
　ある日、おばあさんが川で洗濯をしていると、「どんぶらこ、どんぶらこ」ととても大きな桃が流れてきました。おばあさんはびっくりして言いました。「ありゃまあ、大きな桃だ。持って帰って、おじいさんと一緒に食べましょう」
　そして、桃を家へ持って帰りました。
　夜になりました。山からおじいさんが帰ってきました。おばあさんは「おじいさん、見てください。大きな桃でしょう」と言いました。
　「わあ、本当に大きな桃だ」おじいさんは喜びました。
　おばあさんは「さあ、おじいさん、一緒に食べましょう」と言って、桃を切りました。
　すると、桃の中からかわいい男の子が出てきました。おじいさんとおばあさんはとてもびっくりしました。「わっ！桃から子供が出てきた！」「元気な男の子だ！」
　二人には子供がいませんでした。だから、二人はとても喜びました。おじいさんは言いました。「この子は桃から生まれたから、名前は桃太郎だ」
　桃太郎はおじいさんとおばあさんの子供になりました。桃太郎はご飯をたくさん食べて、大きくなりました。そして、とても強くなりました。その頃、村に悪い鬼たちが来て、村の人たちのお金や大切なものを取っていきました。村の人たちはとても困っていました。

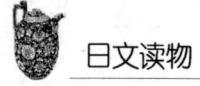
日文読物

　この鬼たちは鬼が島に住んでいました。
　ある日、桃太郎はおじいさんとおばあさんに言いました。「おじいさん、おばあさん、私はもう子供じゃありません。鬼が島へ行って、鬼と戦います。そして、鬼が取ったものを返してもらいます」
　おじいさんとおばあさんは言いました。「危ないから、止めなさい」でも、桃太郎は「大丈夫です」と何回も言いました。おじいさんとおばあさんは「そうか。それでは行ってきなさい」と言いました。おばあさんは黍団子をたくさん作りました。おじいさんは旗を作って、その旗に「日本一」と書きました。桃太郎は黍団子と旗をもらって、「おじいさん、おばあさん、ありがとうございます。では、行ってきます」と言いました。そして、元気に歩き始めました。
　少し歩きました。すると、犬が「ワン、ワン」と走ってきました。犬は桃太郎に聞きました。「桃太郎さん、桃太郎さん、それは何ですか」
　桃太郎は答えました。「これはとてもおいしい黍団子だよ」
　「ひとつください」
　「いいよ、あげますよ」桃太郎は犬に黍団子をあげました。
　「私はこれから鬼が島へ行くよ。そして、鬼と戦うんだ」
　「ワン、ワン。じゃあ、私も一緒に行きます！」
　桃太郎は犬を連れて、また少し歩きました。すると、猿が「キャッ、キャッ」と出てきました。
　「桃太郎さん、桃太郎さん、それは何ですか」
　「これはとてもおいしい黍団子だよ」
　「ひとつください」
　「いいよ、あげますよ」桃太郎は猿に黍団子をあげました。
　「私はこれから鬼が島へ行くよ。そして、鬼と戦うんだ」

「キャツ、キャツ。じゃあ、私も一緒に行きます!」
桃太郎は犬と猿を連れて、また少し歩きました。すると、雉が「ケーン、ケーン」と飛んできました。
「桃太郎さん、桃太郎さん、それは何ですか」
「これはとてもおいしい黍団子だよ」
「ひとつください」
「いいよ、あげますよ」桃太郎は雉に黍団子をあげました。
「私はこれから鬼が島へ行くよ。そして、鬼と戦うんだ」
「ケーン、ケーン。じゃあ、私も一緒に行きます!」
鬼が島は遠くにあります。
桃太郎と犬、猿、雉は疲れると、黍団子を食べて、また歩きました。
桃太郎たちは海に着きました。鬼が島は海を渡っていかなけばなりません。みんなは船に乗りました。
犬が言いました。「ワン、ワン、桃太郎さん、鬼が島までですか」
その時、雉が大きな声で言いました。「あっ、鬼が島だ!」
鬼が島が見えました。雉は「私が見てきます」と言って、鬼が島へ飛んでいきました。
雉は帰ってくると、「ケーン、ケーン。鬼たちは酒を飲んだり、歌を歌ったりしています」
船が鬼が島に着きました。桃太郎と犬、猿、雉は島の中へ入っていきました。鬼たちはお酒をたくさん飲んで、大きな声で笑ったり話したりしています。寝ている鬼もいます。桃太郎は鬼たちを見ると、「私は日本一強い桃太郎だ!」と言いました。そして、刀を出して、鬼たちと戦いました。
犬も猿も雉も鬼たちと戦いました。犬は鬼を噛みました。猿は鬼を引っかきました。雉はくちばしで鬼を突きました。

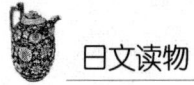

日文读物

「痛い、痛い!」鬼たちは泣きました。桃太郎たちはとても強かったのです。鬼たちはもう、戦うことができませんでした。

一番強い鬼が言いました。「ごめんなさい。ごめんなさい」

「よし、分かった。これからはもう悪いことをしてはいけないよ」と桃太郎が言いました。

鬼は「はい、もう悪いことはしません。村の人たちから取ったものは全部返します」と言いました。

桃太郎と犬、猿、雉は鬼が返したものを持って村へ帰りました。村の人たちはとても喜びました。おじいさんとおばあさんもとても喜びました。そして、桃太郎といつまでも楽しく暮らしました。

注释

1	桃太郎（ももたろう）：日本习惯将第一个儿子命名为太郎。《桃太郎》在日本是一个家喻户晓的民间故事，桃太郎身上具备了善良、勇敢、坚毅等民间故事主角的典型性格特征。	2	ある①：某，"あるところ"、"ある人"、"ある日"
3	住（す）む①：住，居住	4	枝（えだ）⓪：枝子，树枝
5	取（と）る①：取，拿	6	流（なが）れる③：流动，流淌
7	びっくり③：吃惊	8	どんぶらこ①：噗通，咕咚（大物件在水里浮浮沉沉拟声词）
9	ありゃ①：感叹词吃惊或意外时发出的声音。哎呀	10	まあ①：催促语气。喂，来，暂且。本文不译即可。
11	动词连用形＋て＋くる："くる"是补助动词，补充说明前面的动作由远到近移动	12	动词连用形＋て＋いく："いく"是补助动词，补充说明前面的动作由近到远移动
13	喜（よろこ）ぶ③：高兴，开心	14	さあ①：感叹词，表示劝诱，"来吧"，"喂"
15	出（で）る①：出来，出去	16	生（う）まれる⓪：出生。
17	取（と）っていく：拿走。	18	困（こま）る②：为难
19	鬼（おに）が島（しま）③：鬼岛	20	戦（たたか）う⓪：作战
21	返（かえ）してもらう：请……还	22	危（あぶ）ない⓪：危险

23	～なさい："なさる"的命令形，请	24	いってきなさい：去吧。有"去了回来"之意(临行前送别语)
25	旗（はた）②：旗	26	もらう⓪：得到
27	黍団子（きびだんご）③：黍団子。用黍子作的饭团子	28	答（こた）える③：回答，应答
29	あげる⓪：我给，我方给	30	これから④：然后
31	連（つ）れる⓪：带，领	32	すると⓪：接续词，于是
33	猿（さる）①：猴子	34	キャツ：猴子叫声。
35	ケーン：野鸡叫声。	36	雉（きじ）⓪：野鸡
37	飛（と）んできました：飞来了。	38	遠（とお）く③：远方（名词）
39	また②：又，还	40	海（うみ）①を渡（わた）っていかなけばなりません：必须渡过海
41	見（み）える②：能看	42	見（み）てくる：去看看再回来
43	～たり、～たりする：句型，表示两个动作并列	44	と：接续助词，表示条件，"一……就……"，"如果……就……"
45	噛（か）む①：咬	46	引（ひ）っかく③：挠，刮
47	くちばし⓪：鸟嘴	48	突（つつ）く②：啄，戳
49	泣（な）く⓪：哭	50	～ことができる：句型，能够
51	～てはいけない：句型，不许	52	いつまでも①：永远
53	暮（く）らす⓪：生活	54	出（だ）す①：拿出，取出
55	だから①：接续词。所以	56	村（むら）②：村庄
57	悪（わる）い②：坏的	58	鬼（おに）②：鬼
59	大切（たいせつ）⓪：重要，贵重	60	返（かえ）す①：还
61	借（か）りる⓪：借	62	疲（つか）れる③：疲劳

十三、桃太郎

　　在某地住着一个老爷爷和一个老奶奶。每天，老爷爷都要上山去采集树枝，而老奶奶则去河边洗衣服。

　　一天，老奶奶在河边洗衣时，突然一个非常大的桃子浮浮沉沉地漂了过来，老奶奶吓了一跳，说："哇，好大一个桃子，拿回去跟老头子一起吃吧。"

　　然后就把桃子带回了家。

天黑了，老爷爷从山上回来了。老奶奶说："老头子，看看，多大的桃子！"

"哇，这桃子可真大！"老爷爷非常高兴。

老奶奶说："来，老头子，咱一起把它给吃了吧！"说着就将桃子切开了。谁知从桃子里出来了一个可爱的男孩儿，把老爷爷和老奶奶吓了一跳。"哇，桃子里有个小孩儿！""是个健康结实的小男孩儿。"

老两口子因为没有孩子，他们是喜出望外。老爷爷说："这孩子是从桃子里蹦出来的，名字就叫桃太郎吧。"

桃太郎成了老爷爷和老奶奶的孩子。桃太郎很能吃，他长成了大孩子，而且身强力壮。那时，村里来了恶魔，把村民的金钱等贵重物品全部掠夺走了。村民们苦恼极了。这些恶魔住在魔鬼岛上。

一天，桃太郎对老爷爷和老奶奶说："我已经不是小孩子了，我要去魔鬼岛和恶魔作战，把他们抢走的东西拿回来。"

尽管老爷爷和老奶奶一再劝阻他说："太危险了，还是算了吧。"但是桃太郎却总说没关系，于是老爷爷老奶奶只好说："那好吧，你去吧。"老奶奶做了许多黍子面饭团，老爷爷做了一面旗，旗上写着"日本第一"。桃太郎带上饭团和旗子说："谢谢爷爷奶奶，我走了。"然后意气风发地出发了。

走了一段路程后，一只小狗汪汪地叫着跑了过来，问桃太郎："桃太郎、桃太郎，那是什么啊？"

桃太郎答道："这是非常好吃的黍面饭团。"

"给我一个吧。"

"好啊，给你。"桃太郎把黍面饭团给了小狗。

"我现在要去魔鬼岛与恶魔作战！"

"汪汪，我也要去！"

桃太郎带着小狗又赶了一段路程。这时，猴子唧唧地叫着钻了出来。

"桃太郎、桃太郎，那是什么啊？"

"这是好吃的黍面饭团。"

"给我一个吧。"

"好啊,给你。"桃太郎把黍面饭团给了猴子。

"我现在要去魔鬼岛与恶魔作战!"

"唧唧,我也要去!"

桃太郎带着小狗和猴子又继续前行。这时,野鸡咯咯地叫着飞了过来。

"桃太郎、桃太郎,那是什么啊?"

"这是好吃的黍面饭团。"

"给我一个吧。"

"好啊,给你。"桃太郎把黍面团子又给了野鸡。

"我现在要去魔鬼岛与恶魔作战!"

"咯咯,我也要去!"

去魔鬼岛的路途非常遥远。

桃太郎和小狗、猴子还有野鸡累了就吃黍面团子,然后再继续前进。

桃太郎他们来到了海边,要想到达魔鬼岛就必须渡过大海。于是他们坐上了船。

小狗说:"桃太郎,还没到魔鬼岛啊?"

这时野鸡大叫一声:"啊,魔鬼岛!"

魔鬼岛出现了。野鸡说:"我先去看看。"说着向魔鬼岛飞去。不久,野鸡回来说:"魔鬼们正在唱歌喝酒呢。"船到了魔鬼岛,桃太郎还有小狗、猴子、野鸡上了岛。魔鬼们喝了许多酒,正在大声地笑着说着,有的还在睡觉。桃太郎见到魔鬼说:"我是日本最强的桃太郎。"说着拔刀与魔鬼打了起来。小狗、猴子、野鸡也参加了战斗。小狗用嘴咬魔鬼,猴子用手挠魔鬼,而野鸡用嘴啄魔鬼。

"疼死我了,疼死我了!"魔鬼哭叫起来。

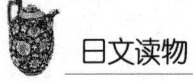
日文读物

桃太郎他们非常厉害，魔鬼们再也抵挡不住了。

最厉害的魔鬼说："对不起，对不起，我们错了。"

"好，从今往后不许你们再做坏事！"桃太郎说。

魔鬼说："是，再也不做坏事了。我们把从村民手里抢来的东西也全部还给你。"

桃太郎和小狗、猴子、野鸡带着魔鬼归还的东西返回了村庄，村民们非常高兴。老爷爷老奶奶更是乐不可支，他们和桃太郎一直都愉快地生活着。

十四 桜の花

　日本には至るところに桜の木が植えてあり、日本人は桜の花が大好きです。春、私たちの目を楽しませてくれる桜は、夏には次の年の花芽の準備にかかります。けれど、すぐに花は咲かず、秋、冬を過ごし、春になって、やっと花が咲くのには、理由があります。開花ホルモンという指令物質が夏には働いていないのです。開花ホルモンは、気温が０度近くまで一度下がり、その後だんだん暖かくなって初めて、「花を咲かせなさい」と桜の木に指令を出します。そのため、ずっと気温が高い南の島には、桜はありません。四季のある地域だからこその花なのです。

　この開花ホルモンは、葉も関係していると考えられています。桜の代表的な種類であるソメイヨシノの場合、花が散ると葉っぱだけの葉桜になります。葉から花芽の成長を遅らせる物質が出ているので、葉がある間、花芽は開きません。冬が終わり、春になりかけるころの桜には、葉が全くなくなり、それからやっと花芽がふくらみます。

　ところで、夏から秋にかけて、台風などで一気に桜の葉が落ちてしまうことがあります。そんなとき、桜は「葉が落ちた。花を咲かせよう」と、春ではないのに、開花することもあるようです。季節はずれの桜の花を見かけたら、葉はどうなっているか、桜の木に聞いてみましょう。はっと驚くような話が聞けるかもしれません。

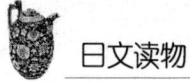日文读物

注释

1. 至(いた)るところ②:到处,处处
2. 木(き)①が植(う)える⓪:种树
3. 大好(だいすき)き①:最喜欢,非常喜欢
4. 動詞+てある:表示存续状态
5. (同上)
6. 楽(たの)しませてくれる:让我们享受。目を楽しませる:悦目,饱眼福
7. 花芽(はなめ)②:花芽,蓓蕾
8. ～にかかる:着手于……
9. 咲(さ)かず:不开花
10. 過(す)ごす②:度过
11. やっと⓪:好不容易,总算
12. 開花(かいか)①:开花
13. ホルモン①:荷尔蒙
14. という:词组,叫作
15. 指令(しれい)⓪:指令
16. 物質(ぶっしつ)⓪:物质
17. 働(はたら)く⓪:劳动,工作
18. 気温(きおん)⓪:气温
19. まで:副助词,到,至
20. 下(さ)がる②:下降
21. その後(ご)③:以后,其后
22. だんだん③:渐渐
23. 暖(あたた)かい④:温暖
24. 咲(さ)かせる⓪:让……花开
25. ～て初(はじ)めて:句型,"在……之后才……"
26. なさい:"なさる"的命令形,请
27. 出(だ)す①:拿出,发出
28. そのため⓪:因此,为此
29. ずっと⓪:一直,远比……更……
30. 四季(しき)②:四季
31. からこそ:句型,正是因为
32. 葉(は)⓪:叶
33. 考(かんが)えられている:被认为
34. 代表的(だいひょうてき)⓪:代表性
35. 種類(しゅるい)①:种类
36. ソメイヨシノ④:染井吉野樱花
37. である:词组,表示判断。比"だ"、"です"稍显郑重,本文中作定语,修饰后面名词
38. 場合(ばあい)⓪:场合,时候,情形
39. 散(ち)る②:谢,落,凋谢
40. と:接续助词,"一……就……"
41. 葉(は)っぱ⓪:(俗语)叶子
42. だけ:副助词,只,仅
43. 成長(せいちょう)⓪:成长
44. 葉桜(はざくら)②:花落后刚长出嫩叶的樱树
45. 遅(おく)らせる⓪:延缓,推迟
46. 出(で)る①:出现,露出
47. ので:接续助词,表示原因
48. 間(あいだ)⓪:期间
49. 開(あ)く②:开
50. なりかける:快要(变成)
51. ころ①:大概的时期,时候
52. 全(まった)く④:后接否定,全然
53. ふくらむ⓪:鼓起,隆起
54. ところで③:接续词,可是,又是,转换话题时的用语

55	～から～にかけて：句型，"从……到……"	56	台風（たいふう）③：台风
57	一気（いっき）①：一气	58	落（お）ちる②：掉，落
59	動詞+てしまう："しまう"是补助动词，表示完了、尽了	60	～ことがある：句型，有时
61	のに：接续助词，表示转折	62	季節（きせつ）はずれ：反季节
63	見かける⓪：看到，偶尔看到	64	たら：接续助词，对未发生的事项的假设，"如果……话"、"要是"
65	はっと①：猛然，突然想起或吃惊貌	66	驚（おどろ）く③：大吃一惊
67	ような："ようだ"的连体形，修饰体言，"像……"	68	話（はなし）③：话，传说
69	聞（き）ける：能听，值得一听	70	かもしれない①：也许

十四、樱花

在日本，樱花被广泛种植，日本人非常喜爱樱花。令我们赏心悦目的春天的樱花，在夏天就已经开始准备次年的蓓蕾了，但它不会马上开花，而是要经过秋冬两季，再到春天开放。这其中是有一定道理的。一种叫开花激素的指令物质在夏天是不活动的。在气温一旦降到零度左右后再慢慢变暖，开花激素才会对树下达开花指令。因此，一直保持高温的南方岛屿上是没有樱花的。因为樱花是四季分明的地域特有的花种。

有人认为这种开花激素也会影响到叶子。樱花中具有代表性的种类——染井吉野樱花，在花凋谢后就会变成只有叶子的叶樱。由于叶子会分泌延缓蓓蕾成长的物质，所以有叶子时花不会开放。冬季结束逐渐进入春天时，樱树上的叶子会全数落尽，这时蓓蕾才会膨胀起来。

可是，夏秋季中有时台风会把樱树上的叶子全部吹掉。这时樱树会觉得："叶子都落了，开花吧！"虽然不是春天，花也竟然开放。如果看到这种反季开放的樱花，你可以去问问樱树：叶子怎么样了，也许会听到令你大吃一惊的回答。

十五 忠実な犬

男はペットショップに入った。
「純血種の犬が欲しいですが」男は言った。
「こいつはどうですか？とてもきれいですし」
「悪くないようだが、忠実さはどうですか？」
「忠実そのものさ、四度も売られたんですが、そのたび自分で戻ってきた」

注釈

1	忠実（ちゅうじつ）⓪：忠实	2	ペットショップ④：宠物商店
3	入（はい）る①：进入	4	純血種（じゅんけつしゅ）④：纯种
5	欲（ほ）しい②：想要	6	こいつ⓪：这小子，这家伙
7	どう①：怎样	8	〜し：接续助词，"而且还……"
9	ようだ：样态助动词，像	10	忠実さ⓪：忠实性
11	そのもの④：本身	12	さ：终助词，加强语气，调整语调
13	数字＋も：表示数量之多或少	14	売（う）られる：被卖
15	そのたび：每当那时	16	自分（じぶん）⓪：自己
17	戻（もど）る②：返回	18	動詞＋てくる："くる"是补助动词，表示前面动词由远往近移动

十五、忠实的狗

一个男人进了宠物店。"我想要一条纯种的狗。"男人说。

"这条如何？很漂亮的。"

"好象不错。忠实程度如何？"

"堪称忠实的样本。我都卖了它四次了,可每次它都自己跑了回来。"

十六 種のない果物

　野生のバナナには、種のできるものがありますが、私たちがふだん食べているバナナに種はありません。皮をむけば丸ごと食べられます。しかし、バナナを輪切りにしてよく見てみると、中心近くに黒いつぶがあることがわかります。この黒いつぶは、種になるはずの部分ですが、大きくはなりません。また、ぶどうにも種のないものがあり、種のあるものよりも、ずっと食べやすくなっています。どうすれば種のない果物を作ることができるのでしょう。実は、種のない果物は、決して種も仕掛けもないというわけではないのです。

　種のない果物を作る方法は二つあります。一つは、花粉のかわりに薬を使うという方法です。花粉は本来、果実を作るために必要なものです。花粉がめしべの先につくと、そこから花粉管が伸びていき、伸びた管がめしべの根元にある子房の中に入り、種ができはじめます。すると、その刺激で子房のかべなどがふくらみはじめ、果実ができます。

　そこで、花粉を使わずにうまく子房のかべを刺激できれば、種ができずに食べられる果実の部分だけができるというわけです。デラウェアというぶどうは、花粉のかわりに薬を使って、種のないものを作ります。

　種のない果物を作る二つ目の方法は、染色体の数を変えるというものです。染色体とは、細胞の中にあるひものようなもので、植物によってそれぞれ数が決まっています。この数を変えると、植物は種を作らなくなることがあります。種なしスイカは、この性質を利用して作られています。この方法で作ったスイカは、種なしぶどうと違って、種のできかけのようなも

日文読物

のがあります。ただこれはとてもやわらかく「種があったね」と思うぐらいで、食べてもあまり気になりません。

「おいしい果物を食べたいけれど、種を取るのがめんどうだ」という人間の思いが、さまざまな種のない果物を作り出してきました。種を取るのはめんどうでも、種なしの果物を作るための研究は、少しもめんどうではないのが、人間のおもしろいところかもしれません。

みなさんも、いつか研究者になって種なしの果物を作る日が来るかもしれません。

「やった！ついに、種なしの栗ができた」

「わあ。おめでとう」

「でも、イガだけになっちゃった」

「あ、そう」

注釈

1	種（たね）①：种子，核籽	2	野生（やせい）⓪：野生
2	できる②：会，能，产生	4	ふだん①：平常，平素
5	皮（かわ）②：皮	6	むく⓪：剥
7	丸（まる）ごと⓪：完整，整个儿	8	食（た）べられる：能吃
9	輪（わ）切（ぎ）り③：切成圆片	10	と：接续助词，"一……就……"
11	中心近（ちゅうしんちか）く：中心附近	12	つぶ①：颗粒，个头儿
13	はず⓪：应该	14	部分（ぶぶん）①：部分
15	ずっと③：一直，远比……多	16	やすい：结尾词，容易
17	すれば：如果做	18	～ことができる：句型，可以，能够
19	実（じつ）②：实际	20	決（けっ）して⓪：后接否定词语，表示"决（不）"
21	～わけではない：句型，"并非……"	22	仕掛（しか）け⓪：诀窍，招数
23	花粉（かふん）⓪：花粉	24	～のかわりに：句型，代替，相反

25	薬（くすり）⓪：药	26	本来（ほんらい）①：本来
27	果実（かじつ）①：果实	28	めしべ①：雌蕊
29	先（さき）⓪：顶端，头儿	30	つく①：粘附
31	花粉管（かふんかん）⓪：花粉管	32	伸（の）びる②：生长，增长，伸展
33	动词＋ていく："動詞＋てくる"表示某状态从现在开始变化并延续下去	34	管（くだ）①：管子
35	根元（ねもと）③：草木的根，根本	36	子房（しぼう）⓪：子房
37	うまく①：副词，顺利	38	刺激（しげき）⓪：刺激
39	かべ⓪：墙，墙壁	40	ふくらむ⓪：鼓起，膨胀
41	そこで⓪：因此，所以	42	使（つか）わず：不使用
43	できれば：如果可以	44	できず：不能产生
45	デラウェア③：特拉华葡萄	46	という：叫作
47	ぶどう⓪：葡萄	48	染色体（せんしょくたい）⓪：染色体
49	変（か）える⓪：变化	50	〜とは：句型，"所谓……"
51	ひも⓪：带，细绳	52	〜によって：句型，"根据……"、"由于……"
53	それぞれ②：分别	54	種（たね）なし：无核
55	スイカ⓪：西瓜	56	性質（せいしつ）⓪：性质
57	できかけ：生成一半	58	やわらかい④：柔软
59	気（き）⓪になる①：担心，忧虑	60	めんどう③：麻烦
61	いつか①：记不清什么时候	62	やった③：感叹词，太好了
63	ついに①：终于	64	栗（くり）②：栗子，板栗
65	イガ②：栗苞，带刺外壳		

十六、没有核籽的水果

　　野生的香蕉里有带有种籽的，可我们平时吃的香蕉里却没有，剥开皮就可以整个吃掉。但是如果把香蕉切成圆片，仔细观察一下就会发现中心部分有黑色颗粒。这些黑色颗粒原本就是应该变成种籽的东西，可它不会变大。另外，葡萄中也有没有核籽的种类，与有核籽的相比吃起来更方便。怎样才能得到

日文读物

没有核籽的水果呢？其实没有核籽的水果并非决无奥秘可言。

有两种方法可以得到没有核籽的水果。一是以药物取代花粉。花粉本是结生果实所必需物质。花粉一旦落到雌蕊的顶部，花粉管就会从那里伸出，进入位于雌蕊根部的子房，开始生成核籽。进而子房壁等部分因受到刺激而开始膨胀，最终形成果实。

因此，如果能在不使用花粉的情况下有效刺激子房，那么长出的理应只是能吃的果肉部分的果实而无核籽。特拉华葡萄就是用药物取代花粉而培育出来的无籽果实。

第二种得到无籽水果的方法是改变染色体数量。染色体是位于细胞中类似带状的物质，数量取决于植物的种类。一旦改变这个数量，植物便有可能不生成核籽。无籽西瓜就是利用这种性质培养而成的。利用这种方法种植的西瓜与无籽葡萄不同，它有种子的雏形，只不过非常软，只能让人感觉到有核籽的存在，就算吃下去也不会在意。

正是"想吃些美味的水果，但挑籽却太麻烦"的这种心理，促使各种无核籽水果被培育出来。嫌挑籽麻烦却对研究培育无核籽水果一点都不感到麻烦，这一心理或许正是人类的有趣之处。

也许有一天，大家也会成为无核籽水果的研究者。

"成功了！终于培育出无籽栗子了！"

"哇——恭喜恭喜！"

"不过就剩下栗苞了。"

"啊呀，这可怎么办呢？。"

十七 世界初の切手

　世界でいちばん初めに切手ができた国は、イギリスです。それは、今から二百年近く前のことでした。
　当時、イギリスにはすでに郵便の制度はありましたが、手紙の重さと送る距離によって、値段が変わっていました。つまり、重いものを遠くへ送るほどたくさんのお金を払わなければならなかったのです。また、その料金も、受け取った人が払う仕組みでしたから、受け取りを拒否する人もたくさんいました。なかには、空の封筒を送り、家族に受け取りを拒否してもらい、自分が元気なことをただで知らせる人もいたそうです。
　ここに登場したのが、「近代郵便制度の父」と呼ばれるローランド・ヒルです。彼はその時、郵便の仕事をしているわけではありませんでした。しかし、郵便を前払制にして、料金を安く、またどこへ出しても同じ金額にすることを提案したのです。
　こうして、世界で最初の切手である一ペニーの「ペニー・ブラック」と、二ペンスの「ペンス・ブルー」という二種類の切手が作られました。どちらも、当時のイギリスのビクトリア女王の横顔が描かれています。
　この切手は、世界で最初の切手だったため、イギリスの国名は印刷されていませんでした。その後、この新しい郵便制度はヨーロッパ中に、そして世界中に広まりました。しかし、イギリスだけは現在でも、切手に国名を印刷していません。これは、世界の先頭をキッテ、最初に切手を作ったという、誇りがあるからです。
　「ヒルさん、切手を最初に作ったときは、どんな気持ちでしたか」

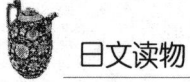

日文读物

「うまく行くかどうかわからないので、どきどキッテしました」

注釈

1	世界初（せかいはつ）：世界上最早	2	切手（きって）⓪：邮票
3	初（はじ）め⓪：初次	4	できる②：出现
5	今（いま）から：从现在起	6	当時（とうじ）①：当时
7	すでに①：已经	8	重（おも）さ⓪：重量
9	郵便（ゆうびん）⓪の制度（せいど）①：邮政制度	10	送（おく）る⓪：邮寄
11	距離（きょり）①：距离	12	～によって：句型，"根据……"
13	つまり①：就是说，即	14	ほど：句型，越……越……
15	払（はら）う②：支付	16	～なければならない：句型，"必须……"
17	料金（りょうきん）①：费用，使用费	18	受（う）け取（と）った人：接收人
19	仕組（しく）み⓪：组织，体制	20	受（う）け取（と）り⓪：收，领
21	拒否（きょひ）①：拒绝，否决	22	空（から）②の封筒（ふうとう）⓪：空信封
23	家族(かぞく)①に受（う）け取（と）り⓪を拒否（きょひ）してもらい：让家人拒绝接受	24	元気（げんき）①：精神，健康
25	ただ①：仅，免费	26	知（し）らせる⓪：通知
27	そうだ：传闻助动词，"听说"	28	登場（とうじょう）⓪：出场，上场，新品上市
29	呼（よ）ばれる：被称为	30	近代（きんだい）①郵便（ゆうびん）⓪制度（せいど）①の父（ちち）①：近代邮政制度之父
31	ローランド・ヒル：罗兰・希尔	32	～わけではない：句型，"并非……"
33	前払（まえばら）い制（せい）：预付制	34	同（おな）じ⓪：相同
35	金額（きんがく）⓪：金额	36	～にする：选择……
37	提案（ていあん）⓪：提案	38	こうして⓪：如此，这样
39	最初（さいしょ）⓪：最初	40	ペニー①：便士
41	ペニー・ブラック：黑便士	42	ペンス①：两个便士
43	ペンス・ブルー：两个蓝便士	44	二種類（にしゅるい）：二种

45	作(つく)られる：被制作	46	ビクトリア女王(じょおう)：维多利亚女王
47	横顔(よこがお)⓪：侧面(像)	48	描((か)かれる：被画
49	国名(こくめい)⓪：国名	50	印刷(いんさつ)⓪：印刷
51	世界中(せかいじゅう)：整个世界	52	広(ひろ)まる③：扩大，蔓延
53	現在(げんざい)でも：即使现在	54	先頭(せんとう)⓪：前头，前列
55	キッテ⓪：邮票	56	誇(ほこ)り⓪：自豪
57	気持(きも)ち⓪：心情	58	うまく行(い)く：词组，顺利
59	かどうか：是否	60	どきどキッテしました：因担心、兴奋或恐惧等原因心跳的厉害

十七、世界上最早的邮票

世界上最早出现邮票的国家是英国，距今约200年前。

当时英国已经有了邮政制度，邮费因书信的重量及目的地远近而异，就是说邮递的物品越重，目的地越远，所需的费用就越多。同时，根据规定，邮费应由收信方缴纳，因而有很多人拒收信件。其中据说还有人邮寄空信封让家人拒收，不费一分一厘就让家人知道自己近况良好。

这时，被称作"近代邮政制度之父"的罗兰·希尔登场了。他当时并未从事邮政工作，但是提出了预付邮费、降低费用、均一邮资制的建议。

由此，世界上最早的邮票——一便士的"黑便士"和二便士的"蓝便士"这两种邮票诞生了。二者都印有当时英国维多利亚女王的侧面肖像。

由于此邮票是世界上最早的邮票，因此上面没有印着英国国名。后来，这项新的邮政制度传遍欧洲，传遍世界。但唯独英国至今没有将国名印在邮票上，这是出于领先世界发明邮票之荣誉。

"希尔先生，最初发明邮票时感受如何？"

"不知道到底可行不可行，紧张得心里直打鼓。"

日文读物

十八 世界の移動図書館

　たくさんの本が置いてある図書館。好きな本をさがしたり、何かを調べたりすることができて、本当に便利です。図書館のある場所から遠くに住んでいる人のためには、図書館の本を積んだバスが、決まった日に来てくれるところもあります。これを移動図書館といいます。

　移動図書館は、世界中にあります。たいていは、バスに本を積んだ「図書館バス」ですが、なかには、かわった移動図書館もあります。たとえば、モンゴルという国では、ラクダが本を積んでさばくの道を行く、「図書館ラクダ」があるそうです。ヨーロッパの北では、トナカイのそりに本をのせていく「図書館トナカイそり」があって、雪や氷の上をすいすいと本を運んでくれるそうです。タイという国では、ゾウの背に本を積んだ「図書館ゾウ」がいるそうです。ゾウは、どんなに木がおいしげったジャングルの道も平気で進んでいき、山奥の村の学校に本を届けてくれるそうです。

　国が広いところでは、ヘリコプター図書館もあるそうです。しかし、もちろんヘリコプターの上から本をばらまくわけではありません。

　また、インドネシアでは、日本の人たちの寄付も使って、オートバイで本を運ぶ、「バイク図書館」もできました。どうしてかというと、インドネシアでは、大きい津波があって、村も道もめちゃめちゃにされてしまったからです。しかし、バイクなら、じゃまなものがふさいでいる道も通りぬけていくことができるのです。

　世界には、貧困や戦争のために、生きるだけで精一杯という暮らしを送っている人たちがいます。しかし、そういうところにこそ、図書館を作ろう

という人がいるのです。図書館ができると、人々は、食べ物にもこまっていても、いえ、生きるのにぎりぎりの厳しい生活だからこそ、喜んで本を借りに来るというのです。そして、それらの人々は、こう言います。

「図書館は、人間らしく生きるための、命の灯台だ」と。この話、「本、灯台（ほんとうだい）」！

注釈

1	世界（せかい）①：世界	2	移動図書館（いどうとしょかん）：移动图书馆
3	置（お）いてある：已放置好	4	さがす⓪：找，寻求
5	調（しら）べる③：调查	6	〜ことができる：句型，能够
7	図書館（としょかん）のある場所（ばしょ）：有图书馆的场所	8	から：格助词，从，由，自
9	遠（とお）く③：远处，远方	10	積（つ）む⓪：堆积
11	決（き）まる⓪：规定，固定，始终不变	12	日（ひ）⓪：天
13	来（き）てくれる：为我（们）而来	14	ところ⓪：时候，场合
15	たいてい⓪：大概，大都	16	変（か）わる⓪：特别，出奇
17	モンゴル①：蒙古	18	という：词组，叫作
19	ラクダ⓪：骆驼	20	さばく⓪：沙漠
21	そうだ：传闻助动词，据说	22	ヨーロッパ③：欧洲
23	トナカイ②：驯鹿，麋鹿	24	そり①：雪橇
25	のせる⓪：摆上，放上	26	すいすい①：（在水中、空中）轻快而心情舒畅地前进，进展顺利，畅通无阻
27	タイ①：泰国	28	ゾウ①：大象
29	おいしげる③：草木茂盛	30	ジャングル①：丛林，密林
31	平気（へいき）⓪：冷静，不在乎，不介意	32	進（すす）む③：前进
33	山奥（やまおく）③：深山里	34	村（むら）②：村子，村庄
35	届（とど）けてくれる：给我们送来	36	ヘリコプター③：直升飞机
37	もちろん②：当然	38	ばらまく③：散发
39	〜わけではない：句型，并非……	40	インドネシア③：印度尼西亚
41	寄付（きふ）①：捐助，捐赠	42	オートバイ③：摩托车

43	バイク①：摩托车,机动自行车	44	できる②：会,能
45	というと：词组,说起	46	津波 (つなみ) ⓪：海啸
47	めちゃめちゃ⓪：乱七八糟	48	される③："する"的被动态
49	なら：判断助动词"だ"的假定形,如果……,假如……	50	じゃま⓪：妨碍
51	ふさぐ⓪：盖,闭,塞	52	通 (とお) りぬける⑤：穿过
53	～ことができる：句型,能够	54	貧困 (ひんこん) ⓪：贫困
55	戦争 (せんそう) ⓪：战争	56	生 (い) きる②：活着
57	だけ：仅仅	58	精一杯 (せいいっぱい) ③：竭尽全力
59	暮 (く) らし⓪を送 (おく) る⓪：生活,过日子	60	こそ：只有,唯有,只能
61	作 (つく) ろう："作る"的意志形,想建造	62	と：接续助词,"一……就……"
63	こまる②：为难	64	ても：接续助词,即使
65	ぎりぎり⓪：极限,毫无余地	66	厳 (きび) しい③：严格,严峻
67	だからこそ：句型,正因为	68	喜 (よろこ) ぶ③：高兴
69	借 (か) りる⓪：借	70	人間 (にんげん) ⓪：人类
71	らしい：助动词,好像	72	命 (いのち) ①：生命
73	灯台 (とうだい) ⓪：灯塔		

十八、世界的移动图书馆

　　在存有大量书籍的图书馆里,我们可以找到自己喜欢的书,或随意查阅一些数据,非常方便。在一些地区甚至还有专门为那些居住在距图书馆较远的人,定期运行载有图书馆藏书的巴士。这就是移动图书馆。

　　移动图书馆遍布世界各地,一般多是载有书籍的"巴士图书馆",但其中也有一些特别的移动图书馆。例如,听说在蒙古就有驮着图书穿行于大漠之中的"骆驼图书馆";北欧有在雪地或冰面上轻快地运送图书的"麋鹿雪橇图书馆";泰国有用大象驮书的"大象图书馆",即便是繁茂的热带丛林,大象也

能轻易穿行其中，把图书送到深山老林里的山村学校。

听说幅员辽阔的国家甚至还有直升飞机图书馆，但并不是直接从直升机上把图书散发下来的。

另外，印度尼西亚利用日本人的捐赠，成立了用摩托车运输的摩托车图书馆。之所以会出现这种情况，是因为印度尼西亚的村庄及道路都被汹涌的海啸给破坏殆尽，而摩托车可以轻易避开障碍顺利通过被堵塞的道路。

世界上有不少人由于贫困和战乱，就连最基本的生存都难以得到保障。而有一些人却就是要在那种地方建立图书馆，因为只要建成图书馆，即使人们还在为食物发愁，不，正因为生活极度窘迫，他们才会欣然前来借书。并且，这些人会说："图书馆是教人有尊严地活下去的生命灯塔。"此话一点不假。

十九　マッチ売りの少女

　ひどく寒い日でした。雪も降っており、すっかり暗くなり、もう夜――今年さいごの夜でした。この寒さと暗闇の中、一人のあわれな少女が道を歩いておりました。頭に何もかぶらず、足に何も履いていません。家を出るときには靴を履いていました。ええ、確かに履いていたんです。でも、靴は何の役にも立ちませんでした。それはとても大きな靴で、これまで少女のお母さんが履いていたものでした。たいそう大きい靴でした。かわいそうに、道を大急ぎで渡ったとき、少女はその靴をなくしてしまいました。二台の馬車が猛スピードで走ってきたからです。片方の靴はどこにも見つかりませんでした。もう片方は浮浪児が見つけ、走ってそれを持っていってしまいました。その浮浪児は、いつか自分に子どもができたら、ゆりかごにできると思ったのです。

　それで少女は小さな裸の足で歩いていきました。両足は冷たさのため、とても赤く、また青くなっておりました。少女は古いエプロンの中にたくさんのマッチを入れ、手に一たば持っていました。一日中、誰も少女から何も買いませんでした。わずか一円だって少女にあげる者はおりませんでした。

　寒さと空腹で震えながら、少女は歩き回りました――まさに悲惨を絵に描いたようです。かわいそうな子！ひらひらと舞い降りる雪が少女の長い金色の髪を覆いました。その髪は首のまわりに美しくカールして下がっています。でも、もちろん、少女はそんなことなんか考えていません。どの窓からも蝋燭の輝きが広がり、鵞鳥を焼いているおいしそうな香りがしま

した。ご存知のように、今日は大みそかです。そうです、少女はそのことを考えていたのです。

　二つの家が街の一角をなしていました。そのうち片方が前にせり出しています。少女はそこに座って小さくなりました。引き寄せた少女の小さな足は体にぴったりくっつきましたが、少女はどんどん寒くなってきました。けれど、家に帰るなんて冒険はできません。マッチはまったく売れていないし、たったの一円も持って帰れないからです。このまま帰ったら、きっとお父さんにぶたれてしまいます。それに家だって寒いんです。大きなひび割れだけは、わらとぼろ切れでふさいでいますが、上にあるものは風が音をたてて吹き込む天井だけなのですから。

注釈

1	マッチ売りの少女：《卖火柴的小女孩》是丹麦著名童话作家安徒生的一篇著名的童话，发表于1846年。主要讲了一个卖火柴的小女孩在富人合家欢乐、举杯共庆的大年夜流落于街头的故事。	2	マッチ①：火柴
3	少女（しょうじょ）①：少女	4	ひどく①："ひどい"的副词法，太甚，很
5	おる①："いる"的自谦语	6	すっかり③：精光，彻底
7	寒（さむ）さ①：寒冷程度	8	暗闇（くらやみ）⓪：漆黑，黑暗，暗处
9	あわれ①：悲伤，悲哀，可怜	10	道（みち）⓪を歩（ある）く②：走在路上
11	かぶらず："かぶる"的否定，不戴，没有戴	12	履（は）く⓪：穿
13	家（いえ）②を出（で）る①：离开家，出门	14	確（たし）か①：的确
15	でも：接续词，但是	16	役（やく）に立（た）つ：有用处，起作用
17	大（おお）きな①：大	18	たいそう①：很，甚，非常

日文读物

19	かわいそう④：可怜	20	大急（おおいそ）ぎ③：很急，非常急
21	道（みち）⓪を渡（わた）る⓪：横过马路	22	なくす⓪：丧失，失去，丢掉
23	馬車（ばしゃ）①：马车	24	猛（もう）①：猛，凶猛
25	スピード⓪：速度	26	片方（かたほう）②：一只，一方
27	見（み）つかる⓪：被发现，能找出，找到	28	浮浪児（ふろうじ）②：流浪儿
29	見（み）つける⓪：发现，找出	30	できたら：如果可以
31	ゆりかご⓪：摇篮	32	裸（はだか）⓪：裸体
33	両足（りょうあし）⓪：双脚	34	エプロン①：围裙
35	一（ひと）たば：一把，一束	36	わずか①：仅仅
37	だって①：副助词，表示没有例外，就连	38	あげる⓪：给
39	震（ふる）える⓪：哆嗦	40	〜ながら：句型，"一边……一边……"
41	歩（ある）き回（まわ）る⑤：绕来绕去	42	まさに①：正好，无疑，的确
43	描（か）く⓪：画（动词）	44	ようだ：样态助动词，像
45	ひらひら①：飘动，飘落	46	舞（ま）い降（お）りる④：飘落
47	金色（こんじき）⓪：金色	48	覆（おお）う⓪：覆盖
49	首（くび）⓪：脖子	50	まわり⓪：周边
51	カール①：卷发	52	下（さ）がる②：下垂
53	なんか：等等，之类	54	蝋燭（ろうそく）③：蜡烛
55	輝（かがや）き⓪：光辉，辉耀	56	広（ひろ）がり⓪：展宽，扩展
57	鵞鳥（がちょう）⓪：鹅	58	焼（や）く⓪：烧，烤
59	香（かお）り⓪：气味，芳香	60	そうな：样态助动词"そうだ"的连体形，像
61	〜がする：觉得	62	ご存知（ぞんじ）②："存知"敬语，您知道
63	ように：样态助动词"ようだ"的连用形，像	64	大（おお）みそか③：除夕，大年三十
65	そのうち⓪：不久，过几天，过一会儿	66	せり出（だ）す③：向上推，向前突出
67	引（ひ）き寄（よ）せる④：拉到近旁	68	ぴったり③：紧密，严实，刚好合适
69	くっつく③：紧贴着，紧挨着	70	どんどん①：连续不断，接二连三

71	なんて①：什么的，……之类的话	72	～てくる："動詞＋てくる"表示某一现象自然出现
73	まったく⓪：完全，全然	74	売（う）れる⓪：畅销，好卖
75	たった③：只，仅	76	帰（かえ）れる：能回去，能回来
77	このまま④：就这样，就按现在的这样	78	きっと③：一定，必定
79	ぶたれる："ぶつ"的被动态，被打	80	それに⓪：而且
81	だって①：也，即便是	82	ひび割（わ）れ⓪：裂口，发生裂缝
83	わら①：稻草，麦秆	84	ぼろ切（ぎ）れ③：破布
85	ふさぐ⓪：堵，塞	86	音（おと）②をたてる②：发出声音
87	吹（ふ）き込（こ）む③：刮进，灌进，吹入	88	天井（てんじょう）⓪：天花板

十九、卖火柴的小女孩

　　天寒地冻的日子，还下着雪，夜幕降临了，这是今年最后一天的夜晚了。在这又冷又黑的晚上，一个可怜的小女孩在大街上行走着。她头上什么都没戴，脚上什么都没穿。她从家里出来的时候还穿着一双鞋呢，是的，确实是穿在脚上的。但是那双鞋子一点都不起作用。那是一双宽大的鞋子，以前一直是小女孩她妈妈穿着的鞋子。是一双非常硕大的鞋子。可怜的是当她在急急忙忙地横穿马路时，把那鞋给跑丢了，因为有两辆马车飞快地朝她冲了过来，吓得她把鞋都跑掉了。一只怎么也找不着了，另一只让一个流浪儿发现后，飞快地跑过来捡走了。也许他想将来自己有了孩子后，可以拿它当摇篮。

　　小女孩只好光着脚丫子在大街上行走，一双小脚冻得红一块青一块的。她的旧围裙里兜着许多火柴，手里还拿着一把。这一整天，谁也没买过她一根火柴，谁也没给过她哪怕一分钱。

　　可怜的小女孩，她又冷又饿，哆哆嗦嗦地来回走着。简直就是一幅悲惨的画面！天空中飘然落下的雪花盖在了小女孩金黄的长发上，那头发打成卷儿

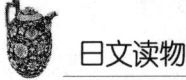 日文读物

披在肩上,看上去很美丽,不过她根本没有注意这些。每个窗子里都透出蜡烛的光亮,街上飘着一股烤鹅的香味,因为今天已经是大年夜了,是啊,小姑娘可忘不了这个。

街上一角有两户人家,其中一户往前凸出一点,小女孩就在这家的墙角里坐下来,蜷着腿缩成一团。她觉得更冷了。她不敢冒然回家,因为她没卖掉一根火柴,不能带一分钱回家,如果就这样回家的话,爸爸一定会打她的。再说,家里跟街上一样冷。虽然那个大裂缝已经用稻草和破布堵住了,但是,头顶上只有空空荡荡的天花板上,寒风呼啸着直往里灌。

二十 ほら吹き

ある三匹のネズミが一緒にほらを吹いていた。
一匹が言った。「俺は毎日ねずみ薬（ねずみを殺す薬）を健康食品として食べてるんだぜ」
もう一匹のネズミは言った。「それがどうした。俺は毎回ネズミ捕りを使って体を鍛えているんだぜ」
最後の一匹は二人の話を聞いた後、笑いながら言いました。「おまえらはあの妊娠してる猫が見えるか？あれはオレが不注意で作ってしまった傑作さ」

注釈

1	ほら吹（ふ）き②：说大话，吹牛	2	ある①：某
3	三匹（さんびき）：三只	4	ネズミ⓪：老鼠
5	ほら①を吹（ふ）く①：吹牛	6	言（い）う⓪：说，讲，道
7	俺（おれ）⓪：俺，咱	8	ねずみ薬（ぐすり）：老鼠药
9	殺（ころ）す⓪：杀死，致死	10	薬（くすり）⓪：药，药品
11	健康食品（けんこうしょくひん）⑤：保健品，营养品	12	として：作为
13	どうした①：怎么了	14	毎回（まいかい）⓪：每次，每回
15	ネズミ捕（と）り：捕鼠夹	16	使（つか）う⓪：使用
17	最後（さいご）①：最后	18	体（からだ）⓪を鍛（きた）える③：锻炼身体
19	二人（ふたり）③：二人，俩人	20	話（はなし）⓪：说话，传说，故事
21	聞（き）く⓪：听，听到，听说	22	笑（わら）う⓪：笑
23	～ながら：一边……一边……	24	おまえ⓪：你
25	ら：们	26	妊娠（にんしん）⓪：怀孕
27	猫（ねこ）①：猫	28	見（み）える②：能看到，能看见
29	不注意（ふちゅうい）②：不经意	30	で：格助词，表原因
31	作（つく）る②：创造，制造	32	傑作（けっさく）⓪：杰作
33	しまう⓪："動詞＋て＋しまう"表示完了、意外		

 日文读物

二十、吹牛

三只老鼠在一起吹牛。

其中一只说:"俺每天拿老鼠药(专杀老鼠的药)当保健品吃!"

另一只老鼠说:"那又怎么样!俺每次都用捕鼠器锻炼身体!"

最后一只听了两只老鼠的话后笑着说:"喂,你们看见那只怀孕的猫了吧,那可是俺不经意中搞出的杰作啊!"

二十一　かわいいアザラシ

　アザラシは、よく見るとかわいらしい動物です。ある動物学者は、アザラシの顔はネコにそっくりだと言いました。しかし、ドイツ語では「海の犬」という名前ですし、日本語では「海の豹」と書きます。アザラシは、見方によって、いろいろな動物に似ているのかもしれません。

　日本では、ときどき迷いアザラシがニュースになります。たいていは、生まれて間もなくの赤ちゃんや小さな子供のアザラシです。アザラシの子供は泳ぐのがまだ下手なので、天候が悪くなると流されて、親とはぐれてしまうのです。

　しかし、大人になったアザラシは泳ぐのが得意で、ゾウアザラシは息をしないまま、二時間も潜り、二〇〇〇メートルの深さのところまで行くことがあります。

　アザラシとアシカはよく似ていますが、いくつか違いがあります。第一は顔です。アザラシには耳穴しかありませんが、アシカは耳が出ています。第二は、陸上の歩き方です。アザラシは動きが遅く、体を上下に動かして芋虫のように進みます。しかし、アシカは動きがはやく、前と後ろのヒレを使って岩でも簡単によじ登ります。第三は泳ぎ方です。アザラシは腰から後ろを動かして泳ぎますが、アシカは前ヒレを使って泳ぎます。

　かわいらしい顔で人気のアザラシですが、水族館でアシカのショーがあっても、アザラシのショーはめったにありません。その理由は、アシカの方が陸上で動きやすい体をしているからです。アザラシは、ずんぐりした体型をしているため、陸上を歩くのが下手で、アシカのような離れ業はできませ

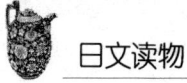
日文读物

ん。アザラシに、なぜアシカのように上手に歩けないのか聞いてみると、こう言うかもしれません。

「問題は足か……」

注釈

1 かわいい③：可爱
2 アザラシ②：海豹
3 よく①：仔细，好好地
4 見（み）る①：看
5 かわいらしい⑤：可爱
6 動物（どうぶつ）⓪：动物
7 ある①：某
8 顔（かお）⓪：脸
9 動物学者（どうぶつがくしゃ）：动物学家
10 そっくり③：非常像，一模一样
11 言（い）う⓪：说
12 しかし②：但是
13 ドイツ語（ご）⓪：德语
14 海（うみ）①：大海
15 という：词组，叫作，这一
16 名前（なまえ）⓪：名字
17 豹（ひょう）①：豹
18 書（か）く①：写
19 見方（みかた）によって：根据看法
20 いろいろ⓪：各种各样
21 似（に）る⓪：相像，相似
22 〜かもしれません：可能，也许
23 ときどき⓪：时时，偶尔
24 迷（まよ）う②：迷惑，迷失
25 ニュース①：新闻
26 たいてい⓪：大体
27 生（う）まれる⓪：出生
28 間（ま）もなく②：没多久，不久
29 赤（あか）ちゃん①：婴儿
30 小（ちい）さな①：小
31 子（こ）ども⓪：孩子
32 泳（およ）ぐ②：游泳
33 下手（へた）②：笨拙，不善于
34 天候（てんこう）⓪：天气，气候
35 悪（わる）くなる：变坏
36 流（なが）される：被冲走
37 親（おや）②：父母
38 はぐれる③：走散，失散
39 大人（おとな）⓪：大人，成人
40 得意（とくい）②：得意，拿手，擅长
41 ゾウアザラシ④：海象，象海豹
42 息（いき）①をしないまま：不呼吸地
43 潜（くぐ）る②：潜水
44 メートル⓪：米（计量单位）
45 深（ふか）さ②：深度
46 ところ⓪：地方
47 まで：到，至
48 行（い）く⓪：去
49 〜ことがある：句型，有时
50 アシカ⓪：海狮
51 違（ちが）い⓪：区别，不同
52 耳穴（みみあな）：耳孔

53	しかありません：句型，只有	54	耳（みみ）②：耳朵
55	陸上（りくじょう）⓪：陆上	56	歩（ある）き方（かた）：行走方式
57	動（うご）く③：动	58	遅（おそ）い②：迟缓
59	体（からだ）⓪：身体	60	上下（じょうげ）①：上下
61	動（うご）かす③：使……动	62	芋虫（いもむし）②：青虫，芋虫
63	ように："ようだ"的连用形，修饰用言，"像……"	64	進（すす）む⓪：前进
65	はやく①：快	66	前（まえ）①：前面
67	後（うし）ろ⓪：后面	68	ヒレ②：鳍
69	使（つか）う⓪：利用，使用	70	岩（いわ）②：岩石
71	でも①：接续助词，即使	72	簡単（かんたん）⓪：简单
73	よじ登（のぼ）る④：攀登上去	74	泳（およ）ぎ方（かた）：游泳方式
75	腰（こし）⓪：腰	76	人気（にんき）⓪：人气，受欢迎
77	水族館（すいぞくかん）④：水族馆	78	ショー①：表演
79	めったにありません：几乎（不）	80	理由（りゆう）⓪：理由
81	方（ほう）①：这一方，那一方	82	動（うご）きやすい：容易行动
83	体（からだ）⓪をしている：长着……身体	84	から：因为
85	ずんぐり③：又短又粗的，又矮又胖的	86	体型（たいけい）⓪：体型
87	ため⓪：因为	88	陸上（りくじょう）⓪を歩（ある）く②：在陆地上行走
89	ような："ようだ"的连体形，修饰体言，"像……"	90	離（はな）れ業（わざ）⓪：绝技，超群的技艺
91	できません：不能	92	歩（ある）けない：不能走
93	聞（き）いてみる：问一问	94	と：接续助词，如果……
95	こう①：如此，这样	96	問題（もんだい）⓪：问题

二十一、可爱的海豹

仔细看的话，海豹也是一种可爱的动物。有的动物学家说海豹的脸非常像猫。但是，在德语里它却被称作"海狗"，而在日语里它被写作"海豹"。或

许由于眼光不同，它会被看起来像多种不同的动物。

在日本，时不时会有迷途海豹的新闻报道，大多是刚刚出生不久的幼仔或小海豹。由于小海豹还不擅游泳，遇到天候不好的时候就会被海水冲走，与亲人失散。

但是，成年海豹非常善于游泳。象海豹可以闭气潜水两个小时，下潜至水深达2000米处。

海豹与海狮很相像，但也有一些差异。首先是脸部。海豹只有耳孔，而海狮则有突出的耳朵。其次是在陆地上的行走方式。海豹动作迟缓，像青虫一样上下摆动身体行进。但海狮动作迅速，即使是岩石也可以用前后鳍轻易地攀登上去。第三是游泳方式。海豹靠摆动腰部以下来游泳，而海狮则用前鳍游泳。

虽然海豹因可爱的脸而大受欢迎，但在水族馆里有海狮的表演，却很少会有海豹的演出。其理由是海狮有着适合在陆地上活动的身体，而海豹却由于体型粗短，不擅于在陆地行走，无法像海狮一样做出高难度动作。如果问海豹为什么不能像海狮一样自如行走的话，或许它会说：

"问题在脚上吧……"（日语中海狮的发音和"脚上"相同）

二十二 イソップ物語

　きつねが井戸に落ちましたが、どうしても上がれなくて、困っていました。そこへ、喉が渇いて困っている山羊がやってきました。そして、井戸の中に、きつねが入っているのを見つけると、その水はうまいかと聞きました。きつねは、困っているのに平気な顔をして、水のことをいろいろ褒めたて、山羊に下りて来るように勧めました。山羊は、水が飲みたいばかりに、うっかり下りていきました。
　さて、山羊は、喉の渇きが治まったので、上に上がる方法を、きつねに相談しました。すると、きつねは、うまい方法を思いついたと言って、「あなたの前足を壁に突っ張って、角を前にやってくださいよ。そうすれば、私が背中に乗って飛び出し、そして、あなたを引き上げましょう」と言いました。
　そこで、山羊は、今度もきつねの言うとおりにしました。きつねは、山羊の足の方から跳び上がって、その背中に乗り、そこから、角を踏み台にして、井戸の口まで上がりました。そして、そのまま行ってしまおうとしました。山羊が、きつねに、約束が違うじゃないかと、文句を言うと、きつねは、ふり返って言いました。
　「ねえ、山羊さん、あなたにもう少し知恵があれば、そんな所へ下りなかったでしょうね」

 日文读物

注釈

1　イソップ物語:《伊索寓言》是古希腊民间流传的讽喻故事。是世界上最早的寓言故事集，也是世界文学史上流传最广的寓言故事之一。

2　物語（ものがたり）③:故事，物语

3　きつね⓪:狐狸

4　井戸（いど）①:井

5　落（お）ちる②:掉落

6　上（あ）がる⓪:上去

7　困（こま）る②:为难

8　そこへ⓪:恰好，就在那时

9　喉（のど）①:喉咙

10　渇（かわ）く②:口渴

11　山羊（やぎ）①:山羊

12　やってくる④:来

13　見（み）つける⓪:发现

14　平気（へいき）⓪:镇静，不在乎

15　顔（かお）⓪をする⓪:显出……表情，长得……样子

16　褒（ほ）めたてる④:赞赏

17　降（お）りる②:下去

18　勧（すす）める⓪:劝导

19　ばかりに:句型，只是因为……

20　うっかり③:不注意，不留神

21　渇（かわ）き③:口渴

22　治（おさ）まる③:止住，消失

23　相談（そうだん）⓪:商量，商讨

24　すると③:于是，于是乎

25　思（おも）いつく④:（突然）想到

26　前足（まえあし）⓪:前脚

27　壁（かべ）⓪:墙壁

28　突（つ）っ張（ぱ）る③:顶上，支上

29　角（つの）②:犄角

30　背中（せなか）⓪:后背

31　乗（の）る⓪:登上

32　飛（と）び出（だ）す③:跳出

33　引（ひ）き上（あ）げる④:拉上去

34　そこで③:于是，因此，所以

35　今度（こんど）①:这次

36　跳（と）び上（あ）がる④:跳上去

37　踏（ふ）み台（だい）⓪:跳板，垫脚石

38　約束（やくそく）⓪:约定

39　違（ちが）う③:错，不同

40　文句（もんく）①を言（い）う⓪:发牢骚

41　ふり返（かえ）る④:回头

42　知恵（ちえ）②:智慧

二十二、伊索寓言

狐狸掉进井里，怎么也爬不上去，很是为难。这时，正巧有一只口渴难耐的山羊跑了过来。山羊发现狐狸在水井里后，就问道这井水好喝吗？狐狸虽然处于危险境地，却装作若无其事的样子对井水大加赞赏，还劝说山羊下井。山羊因为一心想要喝水，竟稀里糊涂地下到了井底。

且说，山羊解了口渴之后，便和狐狸商量爬上井来的方法。于是，狐狸说，我想出了一个巧妙的办法："请先将你的前蹄支撑在井壁上，再把犄角往前顶，那样，我先踩你的后背跳出去，然后再拉你上去。"

于是，山羊这次又按照狐狸说的去做了。狐狸从山羊的蹄子旁边跳了上去，骑到了它的背上，然后又把羊犄角作为踏板，爬上了井口。就此想扬长而去。这时，山羊向狐狸抱怨说："你怎么说话不算数？！"

狐狸回过头来说："哎，山羊先生，你要是再聪明一点的话，就不会下到那种地方去了。"

日文读物

二十三 鶴の恩返し

　昔ある村に、貧しいけれど働き者の若者がいました。田畑が雪にすっぱり覆われる冬の間、若者は山で木を切りました。夕方、若者が山から下りてくると、空から真っ白な一羽の鶴が落ちてきました。
　雪の中で羽をばたつかせて苦しそうにもがいています。
「どうしたんだろう……」
　そばに駆け寄ると羽の付け根に矢が刺さっています。
「だれがこんな酷いことを……」
　若者は鶴を驚かせないように、そっと羽から矢を抜いてやりました。水筒の水で傷を洗い、手拭いを割いて縛っている若者を鶴はじっと見詰めていました。
「さあ、これで大丈夫だよ。気を付けてお帰り」
　すると、鶴は空に羽ばたきました。クウークウ……。嬉しそうに鳴きながら、鶴は山の向こうへ飛び去っていきます。若者も嬉しくなって、家に帰りました。
　何日か過ぎた夜。
　トン―トン……。
　若者の家の戸を、だれかが叩いています。戸を開けると若い娘が立っていました。頭も着物も雪で真っ白です。
「外は寒いからお上がりなさい」若者が言うと、娘はほっとしたように家の中に入りました。
「道に迷ってしまって……。どうか一晩泊めてください」

若者はびっくりしましたが、喜んで娘を泊まらせ、火のそばに座らせ、自分の粗末な晩御飯を勧めました。大雪で町に薪を売りに行けず、なにも買えなかったのです。すると、娘は言いました。

「私が何か作ります」

そして包みから食べ物を出すと、料理を作ってくれました。娘は親を亡くし、会ったこともない町の知り合いを訪ねるところだと言います。

ところが次の日も、その次の日も大雪で、とても出かけられません。娘は、少ない食べ物で上手に料理を作り、掃除や縫い物をして過ごしました。

やっと雪が止んで、明るいお日様が顔を出しました。

「どうか私をずっとここにおいてください」

こうして娘は、若者と暮らし始めました。

ある日、娘は若者に頼みました。

「布を織りたいので、機織小屋を作ってください」

「いいとも」

若者は家の裏に小屋を建ててあげました。

「布を織り上げるまでは、決して覗かないでくださいね」

そう言うと娘は若者が町で買ってきた糸を手に、小屋に入りました。

機織の音が聞こえます。キイーバッタン……。

三日目の夜、娘は織り上がった布を若者に差し出しました。つやつやと光る真っ白な美しい布です。

「これを町に持っていけば、きっと売れますよ」

若者はその布を持って、町へ行きました。

「美しい布はいりませんか？どうぞ見てください」

人々が集まってきました。布はとても高く売れました。

そのお金で若者は娘に頼まれた糸の他に、食べ物やお土産を買うこと

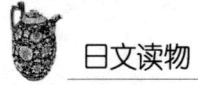 日文读物

ができました。家に帰ると、娘はまた小屋に入りました。
「覗いてはだめですよ」
次に織り上がった布は、殿様が高く買ってくれました。
「次はもっと金を出すぞ」
若者はたくさんの小判をもらって、嬉しくてなりません。
「いい暮らしができそうだ」
「では、もう一度だけですよ」
娘はそう言うと、小屋に入りました。その体がひどく痩せています。やがて、機織の音が聞こえてきました。

キイ、バッタン、キイ、バッタン……。
機織の音が悲しそうに響いてきます。若者は小屋の前へ走りました。
「もう織らなくていい……！」
でも返事はなく、機を織る音がするばかり……。
若者は約束を忘れて、小屋を覗きました。そこに娘の姿はなく、一羽の鶴が白い羽を抜いて、布を織っていたのです。
「おお……っ、鶴が……！」
若者は思わず声を上げていました。すると止まり、鶴は娘の姿になりました。
「私はいつか助けていただいた鶴です。ご恩返しをしたくてやってきたのです。でも鶴の姿を見られては、もうお別れしなければ……」
「許してくれ。どうかいつまでも、ここにいてくれ！」
けれども娘は、悲しそうに首を横に振りました。
クウ、クウ……！夜明けの空に舞い上がる一羽の鶴です。
若者は夢中で追い駆けましたが、鶴の姿は見る見る小さくなり、やがて山の向こうに見えなくなりました。

注釈

1. 鶴の恩返し：《仙鹤报恩》，是日本的传说故事之一。
2. 鶴（つる）①：仙鹤，鹤；恩返（おんがえ）し③：报恩
3. 貧（まず）しい③：贫穷，穷的
4. 若者（わかもの）⓪：年轻人，小伙子
5. 田畑（たはた）①：农田
6. 覆（おお）う⓪：覆盖，掩饰，笼罩
7. 下（お）りる②：下来
8. 落（お）ちる②：掉，落，降
9. 羽（はね）⓪：翅膀，羽毛
10. 苦（くる）しい③：痛苦，难过
11. 駆（か）け寄（よ）る⓪：跑过去
12. 矢（や）①：箭
13. 刺（さ）さる②：刺中
14. 驚（おどろ）く③：惊恐
15. 手拭（てぬぐ）い⓪：毛巾
16. 割（さ）く①：切开，离间，腾出
17. 縛（しば）る②：捆绑，束缚
18. 見詰（みつ）める⓪：注视
19. 飛（と）び去（さ）る③：飞去
20. 戸（と）⓪：门
21. 叩（たた）く②：敲，打，拍
22. ほっと③：叹气的样子，放心的样子
23. 粗末（そまつ）①：粗糙，简陋，怠慢，浪费
24. 勧（すす）める⓪：劝让，拿出食物劝诱对方食用。
25. 薪（たきぎ）⓪：柴
26. 知（し）り合（あ）い⓪：熟识，熟人
27. 訪（たず）ねる③：访问
28. 暮（く）らす⓪：生活，消磨时间
29. 頼（たの）む②：恳求，委托
30. 織（お）る①：编织
31. 機織（はたおり）③：织布，织布工
32. 覗（のぞ）く⓪：偷看
33. 糸（いと）①：线，琴弦，线状物
34. 聞（き）こえる⓪：听得见
35. 差（さ）し出（だ）す③：拿出，寄出
36. 殿様（とのさま）⓪：老爷，先生
37. 小判（こばん）①：金币
38. やがて③：不久，很快
39. 響（ひび）く②：震响，影响，闻名
40. 返事（へんじ）③：回答，回信
41. 約束（やくそく）⓪：约定
42. 姿（すがた）①：姿态，装束；面貌
43. 別（わか）れ③：分别
44. 許（ゆる）す②：原谅，宽恕，允许
45. 夜明（よあ）け③：黎明
46. 舞（ま）い上（あ）がる④：飞舞
47. 夢中（むちゅう）⓪：梦中，热衷，忘我
48. 追（お）い駆（か）ける④：追赶
49. 見（み）る見（み）る①：眼看着
50. 向（む）こう②：对面，那边，对方，今后
51. 木（き）①を切（き）る①：砍柴
52. 気（き）⓪を付（つ）ける②：注意
53. 戸（と）⓪を開（あ）ける⓪：开门
54. 道（みち）⓪に迷（まよ）う②：迷路
55. 顔（かお）⓪を出（だ）す①：出面，露脸
56. 布（ぬの）⓪を織（お）る①：织布
57. 首（くび）⓪を横（よこ）⓪に振（ふ）る⓪：摇头

日文读物

二十三、仙鹤报恩

从前,某村有一位贫穷但很勤劳的小伙子。在田地被大雪覆盖得严严实实的冬季里,小伙子还上山砍柴。傍晚,他刚一下山,就看到空中掉下来一只雪白的仙鹤。

那仙鹤在雪地上拍打着翅膀,痛苦地挣扎着……

"这是怎么了……"

小伙赶紧跑了过去一看,发现一支箭扎在仙鹤翅膀的根部。

"这是谁干的?这么残忍!"

小伙子为了不惊吓到仙鹤,便轻轻地把箭从它的翅膀上拔了下来。然后用水筒里的水清洗伤口,还用手巾把伤口包扎好。仙鹤一动不动地注视着小伙子。

"行了,这样就不要紧了,小心点,回去吧。"

于是,仙鹤拍打着翅膀飞向了天空。嘎嘎……仙鹤高兴地一边叫着,一边朝着山的对面飞去了。小伙也高高兴兴地回到家中。

几天之后的一个夜晚。

"咚咚……"不知是谁在敲小伙的家门。小伙打开门一看,发现一位年轻美丽的姑娘站在门口,头发和衣服上都披着雪花,一身雪白。

"外面太冷了,请进屋吧。"小伙一说,姑娘如释重负似的走进了家门。

姑娘说:"我迷了路,能不能让我在这儿住上一宿?"

小伙很是吃惊,不过还是高兴地让她住了下来。他让姑娘坐在火堆旁,然后又端出自己的简单的晚饭请姑娘用。因为天下大雪没能上街卖柴,家中空空如也。

于是，姑娘说："我来做点什么吧。"

说完从包裹里拿出食物做了起来。姑娘还说，自己父母去世了，想去投靠不曾见过面的城里的熟人。

大雪一天接着一天地下着，连续几日根本无法出门，姑娘在小伙家住着，用不多的食物做了非常可口的饭菜，还打扫房间，缝补衣服。

雪终于停了，太阳公公露出了明媚的笑脸。

姑娘说："请让我一直留在这里吧。"

就这样，姑娘和小伙开始在一起生活了。

有一天，姑娘恳求小伙说：

"我想织布，请替我盖间织布房吧。"

"没问题。"

小伙就在自家房后给姑娘搭了一间小屋。

"我在织布的时候，请你绝对不要偷看。"

说着姑娘就拿着小伙从街上买回来的纱线进屋去了。只听得小屋里响起了"唧、咔吱……"织布的声音。

第三天晚上，姑娘把织好的布交给了小伙，那是光鲜亮丽、洁白如玉的布。

"如果拿到街上去卖，一定能卖掉。"

小伙拿着这布上了街。

"大家请来看，多漂亮的布啊——"

小伙一吆喝，大家都聚集了过来，最后，布以高价卖了出去。

小伙用这些钱买了姑娘要他买的线以外，还买了食物和土特产。

小伙一回到家，姑娘就又进小屋去了，并且叮嘱说："不能偷看呀。"

以后织出来的布都让老爷高价收购了，并且他还说：

"下次我会出更高的价钱。"

小伙赚到很多钱，乐得合不拢嘴说：

日文读物

"这下就能过上好日子了吧。"

"不过，就这么一回了。"

姑娘说完又进了小屋去了。她的身体变得非常瘦弱。不一会儿，织布机的声音又响了起来，唧、咔吱、唧、咔吱……

忽然，织布的声音变得凄凉悲伤起来。小伙急急忙忙地跑到小屋前，喊道："不要织了，已经可以了！"

但是没有人应答，只有织布的声音……

小伙子忘记了约定，偷偷地向小屋里看了一下。那里没有姑娘的影子，只有一只仙鹤拔着自己身上雪白的羽毛在织布。

小伙子情不自禁地大叫了起来；"哎呀……仙、仙鹤……"

于是，仙鹤停了下来，又变成了姑娘的样子，说：

"我就是上次被你搭救过的那只仙鹤，是为报答你的恩情而来。现在我已经被你看到了仙鹤的原形，就不得不和你分开了……"

"请你原谅我吧，请不要离去，永远留在这里。"

但是，姑娘悲伤地摇了摇头。

嘎嘎……黎明的天空中，一只仙鹤直冲云霄。

小伙拼命地追赶着，但是眼睁睁地看着仙鹤的身影越来越小，不一会儿就消失在对面的山间。

二十四　お茶のポット

「こんにちは、私はお茶のポットです。私は陶器でできていますよ。注ぎ口は細くて長くて素敵でしょう。いつでしたか、どなたかがバレリーナの腕のように、ほめてくださいましたわ。取っ手の幅の広さはどう思いますか？なんと申しましても、陶器は私のように上品で、しかもおしゃれでなくては。なにしろ、わたしは、一流の職人さんが、それはそれは丁寧に作ってくださいましたのよ」お屋敷の台所で、お茶のポットはとても自慢に言いました。

でも、聞かされるクリーム入れや砂糖入れは、褒めるよりも、もっと別のことをよく言いました。

「ところで、ポットさんの蓋はどうされました？」

そのことを言われると、ポットは黙ってしまいます。

蓋は前に一度壊されて、つぎはぎにされ、継ぎ目はあるのです。

「そうね。誰でも悪いところに目が行くものよね。でも、なんと言われても、わたしはテーブルの上の女王よ。だって、喉が渇いている人間を助けてあげることができるんですもの。この注ぎ口が女王の証拠よ。クリーム入れも砂糖入れも、言ってみれば家来じゃないの」

そんなある日のことです。

食事のときにだれかがポットを持ち上げた拍子に、床に落としてしまったのです。ポットは床で音を立てて、粉々になってしまいました。

「それから私は、貧しい家の人にもらわれていきました。そこで土を入れられ、球根を埋められましたわ。私は嬉しく思いました。なぜって球根は、

日文读物

私の体の中でグングンと元気に育ち、芽を出したのです。そして、朝を、迎えるたびに大きくなり、ある朝、見事な花が咲きました。花は娘のようなもの。まあ、お礼は申してくれませんでしたが、私は幸福でしたわ。家の人たちは花を見て、その美しさをほめてくれました。だれかを生かすために自分の命を使って、うれしいことです。そのとき初めてそう思いました。でも、家の人たちは「こんなきれいな花は、もっと素敵な植木鉢に植えたほうがいいね」と、花を連れていき、私を庭の隅に放り投げました。でも、私をかわいそうなどと思わないでくださいね。ええ、私は思い出がたくさんあるのですから。これだけは、だれにも壊したり、放り投げたりできませんのよ」

注釈

1　お茶（ちゃ）⓪：茶
2　ポット①：壷
3　陶器（とうき）①：瓷器
4　注（そ）ぎ口（くち）：壷嘴
5　細（ほそ）い②：细的
6　長（なが）い②：长的
7　素敵（すてき）⓪：漂亮
8　バレリーナ③：芭蕾舞演员
9　腕（うで）②：胳膊
10　ほめてくださる：给予赞美
11　取（と）っ手（て）⓪：把手
12　幅（はば）⓪：宽度
13　広（ひろ）さ①：宽度
14　思（おも）う②：认为，想
15　申（もう）す①：说
16　ように：样态助动词"ようだ"的连用形，像……一样
17　上品（じょうひん）③：上等，高贵的
18　しかも②：而且
19　おしゃれ②：时髦
20　なにしろ①：无论怎么说
21　一流（いちりゅう）⓪：一流
22　職人（しょくにん）⓪：工匠
23　それはそれは：非常，可真是
24　丁寧（ていねい）①：细心
25　作（つく）る②：制作
26　屋敷（やしき）③：公馆，宅邸
27　台所（だいどころ）⓪：厨房
28　自慢（じまん）⓪：自满，自夸
29　でも①：接续助词，但是
30　聞（き）かす⓪：让对方听

31	れる：接在动词未然形后，表示被动，"被……"	32	クリーム入れ："入れ"结尾词，容器，盒子，匣子，奶油罐
33	砂糖入（さとうい）れ：糖罐	34	褒（ほ）める②：表扬
35	よりも：比……更……	36	もっと①：更加
37	別（べつ）⓪：别的，另外	38	よく①：好，仔细地，认真地，经常
39	ところで③：接续助词，转换话题	40	蓋（ふた）⓪：盖子
41	どう①：怎样	42	される："する"的被动态
43	言（い）われる："いう"的被动态，被说	44	黙（だま）る②：沉默
45	前（まえ）①：之前，前面	46	一度（いちど）③：一次
47	壊（こわ）される：被破坏	48	つぎはぎ⓪：补丁
49	継（つ）ぎ目（め）⓪：接头	50	誰（だれ）でも：无论谁
51	悪（わる）い②：坏	52	目（め）①が行（ゆ）く⓪：（往某个方向）看
53	ても：继续助词，即使	54	テーブル⓪：桌子
55	だって：继续词，话虽如此，但是，因为	56	喉（のど）①が渇（かわ）く②：口渴
57	助（たす）けてあげる：提供帮助	58	〜ことができる：句型，能够，能
59	もの：终助词，用于表示辩解、申述	60	証拠（しょうこ）⓪：证据，证明
61	いってみれば：如果试着说	62	家来（けらい）①：家臣，家仆
63	拍子（ひょうし）⓪：刚一……时候，一刹那	64	持（も）ち上（あ）げる⓪：用手举起，拾起
65	床（ゆか）⓪：地板	66	落（お）とす②：往下扔，往下投
67	音（おと）②を立（た）てる②：发出声响	68	しまう③："動詞+て+しまう"表示完了，不可挽回
69	粉々（こなごな）⓪：粉碎，粉末	70	もらわれる：被得到
71	〜ていく："動詞+ていく"表示某一动作由近往远移动	72	そこで⓪：于是，因此，所以
73	球根（きゅうこん）⓪：球根，鳞茎	74	土（つち）②を入（い）れる⓪：放入土中
75	埋（う）められる：被埋	76	嬉（うれ）しい③：高兴，开心
77	って：①格助词，表示解说内容，相当于"〜という"。②终助词，表示传闻，据说，说是	78	グングンと①：猛地，突飞猛进的样子
79	育（そだ）つ②：培育，养育	80	芽（め）①を出（だ）す①：发芽

日文读物

81	～たびに：每次，多次	82	見事（みごと）①：美丽，好看，卓越
83	お礼（れい）⓪は申（もう）してくれませんでした：没有感谢我	84	美（うつく）しさ④：美丽的程度
85	ほめてくれました：夸奖我	86	生（い）かす②：救活，活用
87	ために②：因此，因而，所以	88	命（いのち）①：性命
89	植木鉢（うえきばち）③：花盆	90	植（う）える⓪：种植
91	～ほうがいい：句型，最好……	92	連（つ）れる⓪：带，领
93	隅（すみ）①：角落，边上	94	放（ほう）り投（な）げる⑤：抛开不顾
95	だけ：仅，只	96	壊（こわ）す②：弄坏

二十四、茶壶

"大家好！我是茶壶。我是陶瓷制的。我的嘴又细又长又极漂亮吧。曾经有人夸我的嘴像芭蕾舞演员的手臂。你看我的把儿是不是也够宽的。不管怎么说，陶瓷器皿就应该像我这样高贵、时髦。总而言之，我是一流的工匠精雕细琢出来的。"在富人家的厨房里，茶壶这样骄傲地吹嘘着。

但是听到茶壶那样自吹自擂，奶油罐和糖罐不但不赞美它，反而总是提起另一桩事儿。

"茶壶，您的盖子是怎么搞的？"

提到盖子，茶壶就哑了。

它的盖儿以前被摔过一次，又拼接起来，还留有接缝儿呢。

"是啊，有人专门挑剔别人的毛病。不过，不管你们怎么说，我才是饭桌上的女王啊。不是嘛，只有我才能帮助口渴的人，我的嘴儿能证明我就是女王啊。而奶油罐也好，糖罐也好，说白了，你们不过就是仆人罢了。"

然而，有一天发生了这样的事。

　吃饭的时候，有人拿起茶壶的一刹那，把茶壶掉到了地上。"咣"的一声，茶壶摔得粉碎。

　"后来我就被送到了穷人家。在那里我的身体里被装进了土。土里埋了一个球茎。我太高兴了。因为球茎在我的身体里茁壮成长，后来球茎发了芽。每天早晨它都会长得更高，终于有一天早上，球茎开出了美丽的花朵。花就像我的女儿一样。是啊，虽然没有人感谢我，但是我是幸福的。家里人在看花时，都夸它开得绚丽。能够用自己的生命培育别人，这是多么令人高兴的事啊。那时我第一次有了这种感觉。但是有一天家里的人说："这么漂亮的花，该换个好一点的花盆。"终于是他们把花移走了，把我扔到了院子的角落里。但是请不要可怜我。因为，我有很多回忆。只有这些回忆才是谁都无法破坏、无法抛弃的。"

二十五 雪バラと紅バラ

　森のそばの小さな家に、「雪バラ」「紅バラ」と呼ばれる二人の女の子がお母さんと住んでいました。庭の二本のバラが、雪のように白い花と、炎のように赤い花を咲かせています。
　優しい雪バラは庭に飛んできた小鳥に餌をあげます。活発な紅バラは小鳥と一緒に歌います。仲良しの二人に、お母さんはいつも言いました。「なんでも二人で分け合って、いつまでも仲良くするんですよ」
　二人はいつも一緒です。森へ苺を摘みに行くと、動物たちがやってきて、二人と楽しく遊ぶのでした。二人は家の掃除もします。夏の間は、紅バラが棚を磨いて花を飾ります。
　冬が来ました。雪バラは暖炉の火を起して部屋を暖めます。雪の降る夜。暖炉のそばで、お母さんがお話を聞かせていた時です。トン―トン。だれかがドアを叩きました。
　「そとは寒いわ。早くドアを開けてあげなさい」お母さんに言われて、すぐに紅バラはドアを開けます。
　「キャーッ!」なんと、雪で真っ白になった大きな熊が立っていたのです。熊は寒そうに震えています。
　「凍えそうで……。家に入ってください」お母さんはにっこりしました。
　「さあ、中に入って火のそばで温まりなさい。でも立派な毛皮を焦がさないようにね」
　「ありがとう。ああ……、いい気持ち」熊は暖炉の前に寝そべります。

「熊さん、よかったわね」
　雪バラと紅バラは、熊の体に付いた雪を掃ってあげました。
「なんて大きな背中なの」紅バラが熊の背中に飛び乗ります。
　でも熊はちっとも怒りません。雪バラにも乗るように勧めます。二人は優しい熊が大好きになりました。それから熊は毎晩やってきて、朝が来るまで雪バラたちの家で過すようになりました。
「今日は本を読んであげるわ」雪バラが本を読むのを熊は嬉しそうに聞いています。
　暖かな春が来ると、熊は言いました。「とても楽しかった。でも、これからは、悪い妖精を捕まえるために森で暮らすよ。雪が解けたので、あいつは地面の下から僕の宝物を盗みに出てくるんだ」
「僕は体が大きいから？……。僕が近づくと物音で、妖精はすぐに逃げてしまうんだ。でも、きっと捕まえるよ」雪バラと紅バラに見送られて、熊はなんども振り返りながら森へ消えていきました。
　ある日、雪バラと紅バラが森で薪を拾っていると、ウン―ウン唸る声がします。
　近寄ると、倒れた木の上に小さな爺さんがいました。髭の先が木の割れ目に挟まって、抜けなくなってしまったのです。お爺さんは怒鳴りました。
「二人とも早く手伝わんか！」
　でも二人が力いっぱい引っ張っても、どうしても抜けません。雪バラはポケットから鋏を出しました。「すぐに助けてあげます」
　チョキン！髭の先を切りました。お爺さんはかんかんです。「こら！よくも大事な髭を切ったな。覚えてろ！」そして木のそばにあった金貨の袋を担ぐと、ピューッと走り去っていきました。
　ある日、二人は川のそばを通り掛りました。あのお爺さんがバタバタ暴

れています。長い髭が釣り糸に絡まり、それを大きな魚が呑み込んでしまったのです。

「こ、こらっ！放さんか！」お爺さんは今にも水の中に引き摺り込まれそうです。「ヒャー！わあ、放してくれえ！」

「大変！助けなきゃ」

けれども、絡んだ髭はなかなか解けません。雪バラはまた鋏で髭を切りました。

お爺さんはお礼も言いません。石のそばにあった真珠の袋を掴むと、怒鳴りました。「これはわしが見つけたんだ！お前たちにはやらんぞ！」そして石の後ろの穴にヒョイと飛び込んでしまいました。

次の日、雪バラと紅バラは、町にお遣いにいきました。帰り道、野原を通り掛ると、木の根元の穴に金貨や宝石がキラキラと輝いています。二人は見とれました。

そこへ現れたのは、あの小さなお爺さんでした。

「間抜けな熊から取り上げたのさ。分かったら、さっさと行け！」

雪バラははっとしました。「あなたが宝物を盗む悪い妖精なのね？」

「酷いっ！」紅バラもかんかんです。

「フッフッフ。お前たちはこの宝の番をするんだ！」お爺さんが不思議な呪文を唱え始めた時です。いつかの熊が飛び出してきて、妖精を殴り飛ばしました。すると、お爺さんはすうーっと消えてしまいました。なんと二人のそばに、美しい王子様が微笑んでいます。

「僕は呪文で熊にされていたのです。悪い妖精が消えたので、呪文が解けました。」

雪バラも紅バラも大喜びです。しばらくして雪バラと王子様、紅バラと王子様の弟の結婚式が開かれました。お母さんも二人がいるお城で暮ら

すことになりました。

お城(しろ)の庭(にわ)ではお母(かあ)さんが持(も)ってきたバラの木(き)が、白(しろ)と赤(あか)のきれいな花(はな)を咲(さ)かせています。

雪(ゆき)バラと紅(べに)バラはお母(かあ)さんを大切(たいせつ)にして、いつまでも仲良(なかよ)く暮(く)らしました。

注釈

1	雪(ゆき)バラ:白玫瑰	2	紅(べに)バラ:红玫瑰
3	呼(よ)ばれる⓪:被称为	4	炎(ほのお)①:火焰,火苗
5	咲(さ)かせる④:让……开花	6	飛(と)んできた:飞来
7	餌(えさ)②をあげる⓪:喂食,投饵	8	仲良(なかよ)し②:关系
9	なんでも①:什么都	10	分(わ)け合(あ)う⓪:分享,分摊
11	いつまでも①:到什么时候也,永远	12	仲良(なかよ)くする:搞好关系
13	苺(いちご)⓪:草莓	14	摘(つ)む⓪:采摘
15	棚(たな)⓪:架子	16	磨(みが)く⓪:磨(使干净漂亮)
17	花(はな)②を飾(かざ)る⓪:用花来装饰,打扮	18	暖炉(だんろ)①:暖气,供暖
19	火(ひ)①を起(お)こす②:点火	20	暖(あたた)める④:温,热,烫
21	聞(き)かせる⓪:让……听	22	ドア①を開(あ)けてあげなさい:快去开门
23	言(い)われる:被说	24	なんと①:感叹词,哎呀
25	真(ま)っ白(しろ)③:雪白	26	寒(さむ)そうに:很寒冷似的
27	震(ふる)える⓪:颤抖	28	凍(こご)えそうだ:冻僵似的
29	にっこり③:笑嘻嘻的,莞尔一笑	30	温(あたた)まる④:暖,暖和
31	毛皮(けがわ)⓪:毛皮	32	焦(こ)がす②:烧焦
33	体(からだ)⓪に付(つ)く①:粘在身上	34	掃(はら)ってあげる:给……清扫
35	なんて①:什么的,之类的	36	飛(と)び乗(の)る③:一跃骑上,跳上
37	ちっとも③:一点儿(也不),毫(无)总(不)	38	過(すご)す②:过,度过
39	暖(あたた)か③:形容动词,温暖	40	捕(つか)まえる⓪:抓捕
41	ために②:因此,因而,所以	42	雪(ゆき)②が解(と)ける②:积雪融化,化雪

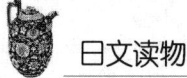
日文读物

43	物音（ものおと）③：声响	44	逃（に）げる②：逃跑
45	見送（みおく）る⓪：送行，送别	46	なんども①：多次，好几次
47	振（ふ）り返（かえ）る③：回头一看	48	薪（たきぎ）⓪を拾（ひろ）う⓪：捡（拾）烧柴
49	唸（うな）る②：呻吟，哼哼	50	～がする：句型，觉得……
51	近寄（ちかよ）る③：靠近	52	倒（たお）れる③：倒下，病倒
53	髭（ひげ）⓪の先（さき）⓪：胡须尖	54	割（わ）れ目（め）⓪：裂缝，裂口
55	挟（はさ）まる③：夹	56	抜（ぬ）けない：拔不出
57	怒鳴（どな）る②：大声斥责，吵嚷	58	力（ちから）⓪いっぱい③：力气足
59	手伝（てつだ）わん："手伝わない"口语形式，不帮助	60	引（ひ）っ張（ぱ）る③：拉，拽
61	ポケット②：口袋	62	チョキン②：咔嚓
63	かんかん⓪：大怒，发火，大发雷霆	64	こら①：感叹词，（愤怒或惊讶时的声音）喂，哎呀
65	担（かつ）ぐ②：背起	66	走（はし）り去（さ）っていく：跑掉了
67	通（とお）り掛（かか）る⑤：偶然路过，碰巧路过	68	バタバタ①：吧嗒吧嗒
69	暴（あば）れる⓪：闹，乱闹	70	釣（つ）り糸（いと）⓪：钓鱼线
71	絡（から）まる③：缠住，缠上	72	呑（の）み込（こ）む⓪：吞下，咽下
73	放（はな）さんか："放さないか"的意思，不放开吗，快放开	74	引（ひ）き摺（ず）り込（こ）まれそうだ：快要被拖进，就要被拖进
75	放（はな）してくれ：放开我	76	助（たす）けなきゃ：不得不帮，必须得帮
77	お礼（れい）⓪を言（い）う⓪：道谢	78	掴（つか）む②：抓，抓住
79	わし⓪：我，俺	80	見（み）つける⓪：发现
81	お前（まえ）たち②：你们这帮家伙	82	やらん："やらない"之意，不做
83	ぞ：副助词，表示强调某种事情	84	飛（と）び込（こ）む③：跳入，跳进去
85	お遣（つか）い⓪に行（い）く⓪：去跑一趟	86	野原（のはら）①：原野，野地
87	根元（ねもと）③：根，根部	88	見取（み）とれる⓪：看迷，看得入迷
89	そこへ⓪：正在这时	90	現（あらわ）れる④：出现，出来
91	間抜（まぬ）け⓪：愚蠢，痴呆	92	取（と）り上（あ）げる⓪：拿起，举起
93	さっさと①：毫不犹豫的迅速的	94	行（い）け：滚

95	はっと①：惊讶状，忽然想起状	96	酷（むご）い②：凄惨，残忍
97	番（ばん）①をする⓪：看守，值班	98	不思議（ふしぎ）⓪：不可思議，奇怪
99	呪文（じゅもん）⓪：咒文	100	唱（とな）え始（はじ）める：开始念
101	殴（なぐ）り飛（と）ばす⑤：暴打	102	微笑（ほほえ）む③：微笑
103	大切（たいせつ）⓪にする⓪：珍惜，珍重，重视		

二十五、白玫瑰和红玫瑰

在森林边的小房子里住着白玫瑰和红玫瑰两个小姑娘还有她们的妈妈。院子里有两棵玫瑰，开着雪一样的白花和火一样的红花。

和善的白玫瑰会喂食给飞到院子里的小鸟，而活泼的红玫瑰会和鸟儿一起歌唱。妈妈常对亲密无间的小姐妹说："无论什么你们都要分享，要永远这样亲密。"

两个人总是在一起，她们进林子里采草莓时，小动物们就会出来和她们尽情地玩耍。她们还会在家里打扫卫生。夏天，红玫瑰会把架子擦得干干净净，然后摆上鲜花。

冬天来了，白玫瑰生起壁炉取暖。一个下雪的夜晚，坐在壁炉旁听妈妈讲故事时，有人咚咚地敲起了门。

"外边很冷，快去开门！"听到妈妈吩咐，红玫瑰迅速地开了门。

"啊！"一头被雪盖得浑身发白的大熊站在门口，冻得瑟瑟发抖。

"都冻僵了，赶快让它进来！"妈妈笑着说。

"来，进来到壁炉边暖和暖和，可别把漂亮的皮毛烧了哦！"

"谢谢，啊，真舒服！"熊在壁炉前躺下了。

"熊先生，这下舒服吧！"

日文读物

　　白玫瑰和红玫瑰掸去了落在熊身上的雪。

　　"好宽阔的后背啊!"红玫瑰一跃骑到了熊背上。

　　熊一点也没有生气,还叫白玫瑰也上来。她们喜欢上了温顺的大熊。从那以后,熊每天晚上都会来,在她们家里待到早上。

　　"今天我来念书给你听吧!"熊高兴地听起了白玫瑰念的故事。

　　温暖的春天来了,熊说:"我过得非常愉快,但是为了抓到邪恶的妖精,从今天起我得去森林里生活了。雪融化了,那家伙会从地下出来偷我的宝贝。"

　　"因为我体形庞大,我一靠近,妖精就会听到声音迅速跑掉。但我一定能捉到它。"在白玫瑰和红玫瑰的目送下,熊三步一回头地消失在了森林里。

　　一天,白玫瑰和红玫瑰在林中拾柴时,听到了哼哼哼的呻吟声。

　　走近一看,有一个小老头儿倒了在树上。他的胡子被树的裂缝夹住了,怎么也拔不出来。

　　老爷爷气急败坏地吼道:"你们两个还不快过来帮忙!"

　　可是她们用尽全力去拉也拉不出来。于是白玫瑰从口袋里拿出剪刀说:"马上就把你救出来!"

　　咔嚓,胡子被剪断了。老爷爷大怒,说道:"喂,你竟然把我宝贝胡子给剪了,你们给我记着!"然后背起树旁的钱袋,嗖地一声跑掉了。

　　一天,她们路过河边时,恰好碰到那个老爷爷在手忙脚乱地乱蹦乱跳,原来他的长胡子和鱼线缠在了一起,被一条大鱼吞了下去。

　　"喂,给我松开!"老爷爷眼看就要被拖进水里了。"哎呀,快放开我!"

　　"不好,赶快帮忙!"

　　可缠在一起的胡子怎么也解不开。白玫瑰又用剪刀剪掉了胡子。

　　老爷爷连声谢谢都不说,拿起石头边的珍珠袋子,怒吼道:"这是我发现的,你们别想要!"然后嗖地跳进了石头后边的洞穴去了。

第二天，白玫瑰和红玫瑰去镇上办事。回来的路上，路过野地时看到树根上的洞里有金币和宝石在闪闪发光，俩人看呆了。

这时，那个小老头出现了。

"这是我从大笨熊那里拿来的，知道了就赶快走开！"

白玫瑰突然明白了。"你就是偷宝贝的奸诈妖精吧？"

"可恶！"红玫瑰也生气了。

"嘛咪嘛咪哄，你们给我看守宝贝。"小老头开始念起了不可思议的咒语。就在这时，熊突然跳了出来，一把打飞了妖精，妖精嗖地一声消失了。而她们的身边竟然出现了一个漂亮王子，满脸笑容可掬。

"我被他诅咒变成了熊，现在邪恶的妖精消失了，魔法也就消失了。"

白玫瑰和红玫瑰非常高兴。不久，白玫瑰和王子、红玫瑰和王子的弟弟举行了婚礼。妈妈也随着他们到城堡里生活了。

妈妈带来的玫瑰花在城堡的院子里开出了白色和红色的花。

白玫瑰和红玫瑰非常孝敬妈妈，永远亲密地生活在一起。

日文读物

二十六 舌切り雀

　ある日、お爺さんが山に薪を取りに出かけました。
　「どれ、そろそろ帰るか」
　薪を背負うと、チュンチュンとお爺さんがお昼を食べた切り株で泣き声がします。見ると小さな小雀が切り株に付いたご飯粒を食べています。
　「迷子になったのかな。お腹を空かせてかわいそうに」お爺さんは小雀を家に連れて帰りました。
　「そんな小雀にやる餌はないよ」お婆さんは怒りました。
　「なあに、わしの飯をやるよ」お爺さんは小雀に、「ちゅんこ」と名前を付けて、かわいがりました。
　「チュンチュンいってらっしゃい」ちゅんこはお爺さんが出かけようとすると、飛んできて挨拶します。お爺さんはかわいくてたまりません。
　「今日は山奥まで行くから、帰りが少し遅くなるよ」
　お昼になっても、意地悪なお婆さんはちゅんこに何もあげません。ちゅんこは我慢していましたが、お中がすいてたまらなくなりました。すると、おいしそうな匂いがしてきます。
　「どれ、洗濯物に糊を付けようかね」
　やってきたお婆さんはびっくりして、ちゅんこが擂り鉢の中の糊を食べているのを見て、
　「こらぁ！大事な糊を食べるとは、この悪戯ものめ！」
　「許してください」ちゅんこは謝りましたが、お婆さんはかんかんです。

「ええいっ！こうしてやる！」と、鋏でちゅんこの舌を切ってしまいました。ちゅんこは鳴きながら飛んでいきました。

夕方、お爺さんが帰ってくると、ちゅんこはどこにもいません。するとお婆さんが言いました。

「あの雀はもういないよ。糊を食べたので、舌を切ってやったら逃げ出しちまったよ」

「かわいそうに……。なんて酷いことを」

お爺さんはその夜、ちゅんこが心配で眠れませんでした。朝になると、お爺さんはちゅんこを探しに出かけました。

「ちゅんこや。どこにいるんだい？」

川まで行くと、牛を洗っている人がいました。

「舌切り雀を知らんかね？」

「三頭の牛の足を洗ってくれたら教えるぞ」

お爺さんは牛の足をザブザブきれいに洗いました。教えてもらった道を行くと、今度は馬を洗っている人がいました。

「六頭の馬の足を洗ってくれたら教えるぞ」

お爺さんは馬の足を、ザブザブきれいに洗いました。

「向こうの山の麓の竹藪へ行けば、きっと雀のお宿が見つかるぞ」

「馬洗いさん、ありがとうよ」

お爺さんは竹藪の中を捜し歩きました。

「雀のお宿はどこじゃ」

「チュン、チュン。お爺さんようこそ！」

ちゅんこが飛んできて雀のお宿に案内します。

「ちゅんこや、会いたかったよ」

雀たちも大喜んで、お爺さんにご馳走を勧めます。ちゅんこの舌の傷も

治っていたので、お爺さんはほっとしました。
「ご馳走をたくさんありがとうよ。そろそろ帰ると」
すると、ちゅんこは、二つの葛篭を前に持ってきました。
「大きな重い葛篭と小さな軽い葛篭です。お土産にどちらかを差し上げます」
「では、軽い葛篭にするよ」
お爺さんは小さな葛篭を背負って家に帰りました。
「山にも行かず、困ったお爺さんだ」
文句を言うお婆さんは、お土産の葛篭を見て、急ににこにこしました。葛篭を開けると、なんと金貨や宝物がどっさり出てきたのです。
「じゃあ、今度は大きな重い葛篭をもらってこよう！」
お婆さんはお爺さんが止めるのも聞かず、出かけました。川に着くと、牛を洗っていた人に無理やり道を聞きました。
馬を洗っていた人に出会うと、お婆さんは言いました。
「雀のお宿を教えないと、馬を蹴散らすぞ」
馬洗いは黙ったまま、竹藪を指差しました。
「雀のお宿はあそこだ」
竹藪にお婆さんが着きました。
「どうぞお上がりください」
「元気そうだから、すぐに帰るから。お土産はどこだい？」
ちゅんこは大きな葛篭と小さな葛篭を見せました。
「私は力持ちだから大きい葛篭をいただくよ」
お婆さんはさっさと大きな葛篭を背負いました。歩いているうちに、段々葛篭が重くなってきます。
「こりゃあ、宝がどっさり入っているに違いない」

けれども山道まで来ると、重くて我慢ができません。お婆さんは道端に腰を下ろしました。

途端に葛籠の蓋が開いて、お化けがぞろぞろ出てきました。

「欲張りな婆さんはお前か！」

「意地悪な婆さんはお前か！」

お婆さんを追い駆けてきます。お婆さんは夢中で家に逃げ帰りました。それからお婆さんは欲張らず、意地悪をきっぱりと止めて、お爺さんと仲良く暮らしました。

注釈

1　舌切（したき）り雀（すずめ）⑤：《断舌雀》是日本童话故事之一。

2　薪（たきぎ）⓪：木柴

3　背負（せお）う②：背，担负，承担

4　チュンチュン：拟声词

5　切（き）り株（かぶ）②：树桩

6　付（つ）く①：沾上，带有，跟随

7　ご飯粒（はんつぶ）④：饭粒

8　迷子（まいご）①：迷路的小孩

9　空（す）く⓪：空，闲，缺，开

10　餌（えさ）②：诱饵

11　ちゅんこ：啾啾（麻雀的名字）

12　怒（おこ）る②：生气

13　意地悪（いじわる）③：坏心眼

14　我慢（がまん）③：忍耐，将就

15　たまらない③：受不了，不得了

16　匂（にお）い②：气味，情趣

17　漬（つ）ける⓪：浸泡，腌

18　擂（す）り鉢（ばち）②：研钵，擂钵

19　こらぁ＝こりゃ：（因惊讶）哎呀

20　大事（だいじ）③：大事

21　悪戯（いたずら）⓪：淘气，恶作剧

22　許（ゆる）す②：允许，宽恕

23　謝（あやま）る③：赔礼，道歉

24　かんかん⓪：怒气冲冲

25　鋏（はさみ）③：剪子，剪刀，剪票钳

26　夕方（ゆうがた）⓪：傍晚

27　ちまった：てしまった

28　なんて①：多么，何等

29　酷（むご）い②：厉害，残酷

30　探（さが）す⓪：找，寻找，寻求

31　教（おし）える⓪：教授，指点，教诲

32　ザブザブ①：溅水声，（泼水声）哗啦哗啦

33　麓（ふもと）③：山麓，山脚下

34　竹藪（たけやぶ）⓪：竹林

35 宿（やど）①：家，旅店
36 馬洗（うまあら）いさん：洗马老板
37 ご馳走（ちそう）⓪を勧（すす）める⓪：劝吃丰盛的饭菜
38 傷（きず）⓪：伤口
39 治（なお）す②：治疗
40 ほっと⓪：轻微叹气，放心
41 葛篭（つづら）⓪：藤条箱
42 差（さ）し上（あ）げる⓪：赠给，我给您
43 文句（もんく）①：语句，牢骚
44 急（きゅう）に⓪：急迫，突然
45 にこにこ①：笑眯眯
46 なんと①：多么，怎样
47 どっさり③：很多，数量多
48 腰（こし）⓪を下（お）ろす②：坐下，落座
49 出会（であ）う②：碰上，遇上
50 蹴散（けち）らす④：踢散
51 指差（ゆびさ）す③：用手指
52 力持（ちからも）ち③：大力士
53 さっさと①：迅速，赶快
54 いただく⓪：领受，拜领
55 段々（だんだん）③：渐渐
56 宝（たから）③：宝贝
57 お化（ば）け②：妖怪
58 ぞろぞろ①：接连不断地
59 欲張（よくば）り③：贪婪
60 追（お）い駆（か）ける④：追赶，紧接着
61 夢中（むちゅう）⓪：专心，着迷
62 きっぱり③：断然，干脆

二十六、断舌雀

一天，老爷爷到山上去砍柴。

"哎啊，差不多该回家了。"

老爷爷刚背起柴火，就听见从自己坐着吃午饭的那根树桩上传来"啾啾"的鸟叫声。仔细一看，原来有一只小麻雀正在啄食粘在树桩上的饭粒。

"哦，迷路了吧，肚子饿得好可怜呢。"老爷爷把小麻雀带回了家。

老婆婆怒气冲天地说："哪有东西给这小麻雀吃。"

"你说什么！把我的饭给它。"老爷爷给小麻雀取名为"小啾啾"，非常宠爱它。

"啾啾，我走了。"每次老爷爷要出门时，小啾啾就飞过来告别。老爷爷对小啾啾十分喜欢。

"今天我要去深山里，回来的可能稍晚一些哦。"

到了中午，坏良心的老婆婆什么也不给小啾啾吃。小啾啾一直坚持着，肚子饿得受不了了。于是，小啾啾闻到了好吃的香味。

"好，把洗好的衣物浆一浆吧。"

老婆婆走过来之后，大吃一惊，她看着小啾啾正在吃擂钵里的浆糊，"啊呀，不得了了，小啾啾把宝贝浆糊吃掉了，真是淘气鬼！"

"请原谅我。"小啾啾虽然道歉了，但是老婆婆还是大发雷霆了。

"好，我让你吃！"老婆婆说着，拿起剪刀把小啾啾的舌头剪下来了。小啾啾叫着飞走了。

傍晚，老爷爷回来了，哪儿也找不到小啾啾。于是，就问老婆婆。老婆婆回答说："那个小麻雀已经没有了，因为它吃了浆糊，我把它舌头剪断了，它逃走了。

"多可怜啊……你竟然干出那么残忍的事！"这天夜里，老爷爷因为担心小啾啾，彻夜未眠，天一亮，就出去找小啾啾了。

"小啾啾呀，你在哪里啊？"

老爷爷走到河边，看见给牛洗澡的人，就问：

"知道一只断了舌头的小麻雀吗？"

"如果你把这三头牛的蹄子洗了，我就告诉你。"

老爷爷哗啦哗啦地把牛的蹄子洗干净。老爷爷按照他指点的路线继续寻找。这次又碰见了一个正在给马洗澡的人。

"如果你把这六匹马的蹄子洗了，我就告诉你。"

老爷爷又哗哗啦啦把马的蹄子洗干净了。

"走到对面山脚下的竹林，你就一定会发现麻雀巢了。"

"洗马人，谢谢你。"

老爷爷在竹林里不断搜寻。

"麻雀巢在哪里呀？"

"啾啾"，"啾啾"，"老爷爷，欢迎你。"

小啾啾飞来了，并带着老爷爷飞回它的雀巢。

"小啾啾，我很想你啊。"

麻雀家族高兴极了，他们招待老爷爷好吃好喝的。因为小啾啾舌头上的伤已经治好了，老爷爷也就放心了。

"谢谢你们的款待，我差不多该回去了。"

这时，小啾啾把两个藤条箱拿到老爷爷的面前。

"这是一个重的大箱子和一个轻的小箱子，您选一个，我把它当作礼物送给您。"

"那么，我就选轻的吧。"

老爷爷背着轻的藤条箱回家了。

"连山上也不去了，你这个糟老头子，真没办法。"

满腹牢骚的老婆婆一看礼品箱，立刻笑逐颜开地打开了箱子，出现在她眼前的竟是一箱子金币和宝物。

"那么，这次我去，要那个大的沉的箱子！"

老婆婆不顾老爷爷的劝阻，一个人出门去了。她到了河边后，胡搅蛮缠向洗牛人打听到了去找小麻雀的路。

见到了给马洗澡的人，老婆婆对他说：

"如果你不告诉我去麻雀巢的路，我就把你的马踢散了。"

洗马人什么也没说，用手指了指竹林。

"小麻雀的巢在那里。"

老婆婆来到了竹林里。

"请进。"小麻雀说道。

"看到你很好我就放心了，我马上要回家，礼物在哪儿呢？"

小啾啾拿出了一个大箱子和一个小箱子。

"因为我力气大，就要那个大箱子吧。"

老婆婆麻利地背起了大藤条箱子。

在往回走的途中，藤条箱越来越重。

"这家伙，里面还不知道装了多少宝物呢。"

但是一走到山路上，就重得再也坚持不住了。老婆婆在路旁坐了下来。

就在那一瞬间，藤条箱盖子开了，妖怪一个接着一个从里面跑了出来。

"贪婪的老太婆是你吗！"妖怪喊道。

"坏心肠的老太婆是你吗！"

妖怪们追赶着老婆婆，老婆婆丧魂落魄地逃回家中。自打那以后老婆婆就再也不贪婪了，也不使坏心眼了，和老爷爷相敬如宾地生活。

 日文読物

二十七 ピノキオ

　木彫りの名人のゼペット爺さんが操り人形を作っています。手と足を付け、顔に口を描くと、なんと人形が喋りだしたのです。「あっかんべー！」それでも子供のいないゼペット爺さんは嬉しくてたまりません。「ピノキオ」と名前を付けました。
　「おまえは、今日からわしの息子だ。いい子になるんだよ」でも、悪戯っ子のピノキオはすぐに表に飛び出しました。
　「待ちなさい、ピノキオ！」ピノキオは街角でお巡りさんにドシン！やっとゼペット爺さんが追い付きます。
　「さあ、家に帰ろう」
　「いやだい！」ピノキオは足をパタパタさせて動きません。お巡りさんはピノキオを虐めていると勘違いして、ゼペット爺さんを牢屋へ連れていってしまいました。
　こっそり家に帰ったピノキオに、コオロギが言いました。「言うことを聞かない子は、立派な人になれないよ」ピノキオは怒ってコオロギを蹴飛ばしました。
　窓の隙間から、冷たい風が吹き込んできます。ピノキオは火鉢に足を乗せ、眠ってしまいました。ジリジリ……。足が焼けています。やがて、ゼペット爺さんが帰ってきました。
　立ち上がったピノキオはすってんころりしました。「わあん！足を作って！お腹もぺこぺこだよう！」
　「よしよし」

ピノキオはゼペット爺さんの分までパンを食べてしまいました。

足を作ってもらったピノキオは元気いっぱいです。「明日から学校へ行くんだよ」優しいゼペット爺さんは、一着しかない上着を売って、ＡＢＣの本を買ってきました。

次の日、学校の近くまで来ると、愉快な音楽が聞こえてきました。操り人形の劇が始まるのです。ピノキオは切符が欲しくて、ＡＢＣの本を売ってしまいました。

ピノキオを見て、舞台の人形たちは大喜んで、ピノキオも踊り出します。劇はめちゃくちゃです。親方は怒ってピノキオを捕まえました。恐い顔をした親方は、本当に優しい人でした。

ピノキオから、ゼペット爺さんが本を買うために上着を売ったと聞いて、感心しています。

「なんて立派な人だろう」

「これをお父さんにあげなさい」

親方はピノキオに金貨を五枚くれました。家に向かう道端にあのコオロギがいました。「嘘つきに気を付けるんだよ」

「あっちへ行け。うるさいぞ」

でもコオロギが言ったとおり、狐と猫がピノキオを騙そうと待ち伏せしてしまったのです。

「金貨を土に埋めて、昼寝をしていれば、金貨の木になると」

「わあ！金貨を埋めるよ！」

ピノキオが目を覚ますと、金貨は狐と猫に盗まれた後でした。泣いているピノキオの前に天女様が現れました。

「本を買うお金を取られたの」ピノキオは嘘をつきました。

すると、ピノキオの鼻がどんどんどんどん伸びていきます。

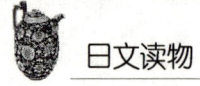

日文读物

「嘘をつくなんて悪い子ね」

「ごめんなさい。もうつきません」

天女様が啄木鳥に削らせて、やっと鼻は元通りです。

道に迷ったピノキオは、働き者の国へ着きました。お腹がぺこぺこですから、食べ物をくださいと強請りました。

「お花に水をやってくれたら、ケーキをあげましょう」

「嫌だよ。水に濡れるもの」

「それなら、腹ペコのままでいなさい」

ピノキオはいやいや水をやりました。でも、その後のケーキのおいしかったこと！水をもらって、花も嬉しそうです。

「これからはいい子になろう！」

元気に歩いていくと、広場に遊びの国へ行く馬車が止まっています。ピノキオは子供たちと一緒に、馬車に乗ってしまいました。

遊びの国では誰も叱ったりしません。ピノキオはお菓子を食べて遊んでばかりです。ある日、鏡を見てびっくりして、ロバの耳が生えていたのです。他の子もみんなロバになっていました。

ロバになったピノキオはサーカスで働かされました。でも玉乗りに失敗して、海に捨てられてしまったのです。ロバの皮が剥がれた時、大きなサメがピノキオをぱくりと食べました。

サメのお腹の中でピノキオが巡り会ったのは、懐かしいゼペット爺さんでした。ゼペット爺さんはピノキオを探しに出かけ、海でサメに呑まれてしまったのです。

「お父さん！ごめんなさい」

二人はサメがあくびをした隙に逃げ出しました。

家に帰ったピノキオは、毎日働いて、ゼペット爺さんを助けました。

ふと気が付くと、天女様が微笑んでいます。

「ピノキオ。いい子になった。ご褒美をあげましょう」

ピノキオは本物の人間の子供になったのです。ピノキオとお父さんのゼペット爺さんは、しっかりと抱き合いました。

注釈

1 ピノキオ：匹诺曹，又称《木偶奇遇记》，是18世纪意大利作家卡洛·科洛迪留给世人的经典童话故事。

2 木彫（きぼ）り⓪：木雕，木刻品

3 ゼペット爺（じい）さん：杰佩托爷爷

4 名人（めいじん）⓪：名家，能手，专家

5 操（あやつ）り人形（にんぎょう）⑤：木偶戏，木偶

6 画（か）く⓪：画，描绘，描写

7 なんと①：多么，何等，竟然，什么，如何

8 喋（しゃべ）る②：说，喋喋不休，能言善辩

9 あっかんべー＝あかんべえ：（用手指翻开下眼皮）作鬼脸

10 名前（なまえ）⓪を付（つ）ける②：冠名，命名

11 悪戯（いたずら）っ子（こ）④：淘气孩子，淘气鬼，淘气包

12 表（おもて）③：屋外，表面，外表

13 飛（と）び出（だ）す③：起飞，跑出去

14 街角（まちかど）⓪：街角，街口

15 お巡（まわ）りさん②：巡警

16 追（お）い付（つ）く③：追上

17 動（うご）く②：动，开动，变动

18 虐（いじ）める⓪：欺负，糟蹋

19 勘違（かんちが）い③：错认；误会，误解

20 牢屋（ろうや）③：牢房

21 コオロギ①：蟋蟀

22 立派（りっぱ）⓪：优秀，出色

23 蹴飛（けと）ばす③：踢，踢开，踢倒，拒绝

24 隙間（すきま）⓪：空隙

25 すってんころり③：扑通一下摔倒，打滚

26 吹（ふ）き込（こ）む③：刮进，吹入

27 火鉢（ひばち）①：火盆

28 ぺこぺこ①：肚子饿扁了

29 元気（げんき）いっぱい：精神饱满

30 一着（いっちゃく）④：一件，一套

31 上着（うわぎ）⓪：上衣，外衣

32 劇（げき）①：剧

33	めちゃくちゃ⓪:杂乱无章，乱七八糟	34	親方（おやかた）③:师父，老板
35	感心（かんしん）⓪:钦佩，佩服	36	道端（みちばた）⓪:路边，路旁
37	嘘（うそ）つき②:说谎，撒谎，爱撒谎的人	38	気（き）⓪を付（つ）ける②:注意，小心
39	待（ま）ち伏（ぶ）せる④:埋伏，隐蔽起来等候，守候	40	昼寝（ひるね）⓪:午睡，午觉，晌觉
41	金貨（きんか）①のき:金币树	42	目（め）①を覚（さ）ます②:睡醒
43	盗（ぬす）む⓪:偷盗，偷空	44	天女（てんにょ）:仙女
45	元通（もとどお）り③:原样，照旧	46	道（みち）⓪に迷（まよ）う②:迷路
47	強請（ねだ）る⓪:勒索，强求	48	ロバ①:驴
49	サーカス①:马戏，马戏团	50	玉乗（たまの）り③:(杂技的)踩球；踩球的人（演员）
51	ぱくる②:张大嘴吃	52	サメ⓪:鲨鱼
53	巡（めぐ）り会（あ）う④:邂逅，巧遇	54	懐（なつ）かしい④:怀念，眷恋
55	呑（の）む①:喝，吞，侵吞	56	逃（に）げ出（だ）す③:逃走，溜掉
57	褒美（ほうび）⓪:奖赏，奖金，奖品	58	本物（ほんもの）⓪:真东西
59	しっかり③:结实，确实，扎实，可靠	60	抱（だ）き合（あ）う③:相抱；相互拥抱

二十七、匹诺曹

木雕名人杰佩托爷爷做了一个木偶，还给它安上了手脚，又在脸上画了嘴巴，谁知那木偶竟然开口说话了，还做着"鬼脸"。 杰佩托爷爷没有孩子，尽管如此他还是乐不可支。给他取名为"匹诺曹"。

"你，今后就是我的儿子了。要做个好孩子啊。"但是，淘气的匹诺曹立刻就冲出门外。

"等一等，匹诺曹！"

匹诺曹在街角上"咚"的撞到了巡警身上！终于杰佩托爷爷追了上来。

"快，回家去！"

"我不！"

匹诺曹"吧嗒吧嗒"跺着脚不走。巡警误以为匹诺曹挨了欺负，就把杰佩托爷爷带到了牢房。

匹诺曹偷偷地回了家，蟋蟀对他说："不听话的孩子，不会成为优秀的人。"匹诺曹生气地把蟋蟀踢飞了。

刺骨的寒风从窗户缝儿里刮了进来。匹诺曹把脚搭在火盆上，睡着了。噼里啪啦……脚被烧着了。不久，杰佩托爷爷回到了家。

站起来的匹诺曹扑通地倒在地上打起了滚，还嚷嚷："哇哇！你给我做新脚！我的肚子饿扁了啊！"

"好吧，好吧。"

匹诺曹连杰佩托爷爷的那份面包也吃光了。

有了新脚，匹诺曹更加精力旺盛。"明天开始去学校吧。"善良的杰佩托爷爷卖掉了自己唯一的一件上衣，给匹诺曹买了一本ABC的英语书。

第二天，匹诺曹走到学校附近，听到了悦耳的音乐声。木偶戏就要开场了。匹诺曹很想有张票，就把英语书卖了。

看到匹诺曹，舞台上的木偶们都很开心，匹诺曹也就跳起舞来。木偶戏演得一塌糊涂。老板很生气地抓住了匹诺曹，相貌可怕的老板，实际上是个很善良的人。

老板听匹诺曹说，杰佩托爷爷为了买书把上衣都卖了，非常钦佩。

"多么优秀的人啊。"

"一定要把这个交给你父亲。"

老板给了匹诺曹五枚金币。匹诺曹回家的时候在路边碰到了那个蟋蟀。

"一定要警惕好撒谎的人啊。"

"一边儿去。烦死了。"

然而，正如蟋蟀所说的，狐狸和猫埋伏起来要骗匹诺曹。

"把金币埋在土里，只要中午睡一觉，就长出金币树来了。"

"哇！那就把金币埋了吧！"

匹诺曹一觉醒来，发现金币被狐狸和猫偷走了。他伤心地哭起来，这时一位仙女在眼前出现了。

"我把买书的钱丢了。"匹诺曹说了谎。

于是，匹诺曹的鼻子一点儿一点儿地变长了。

"撒谎的孩子可不是好孩子。"

"对不起。我再也不撒谎了。"

仙女让啄木鸟来削他的鼻子，好不容易才恢复原样。

迷路的匹诺曹走到了勤劳之国。因为肚子饿得瘪瘪的，就死乞白赖地向人要东西吃。

"如果给花浇完水，就给你蛋糕。"

"不要，会弄湿衣服。"

"那样的话，你就饿着吧。"

匹诺曹很不情愿地浇完了水。但是，劳动之后得到的蛋糕真的很好吃。有了水的滋润，花都很开心的样子。

"今后我要做个好孩子！"匹诺曹精神饱满地走着，广场上停着去"玩之国"的马车，匹诺曹和小孩子们一起上了马车。在"玩之国"谁都不会挨骂，匹诺曹光吃点心玩游戏。有一天，他一照镜子吓了一跳，因为长了一对驴耳朵。其他的孩子也都变成了驴。

变成驴的匹诺曹不得不在马戏团里工作，但是由于踩球失败，又被扔到了海里。脱掉驴皮的时候，匹诺曹被大鲨鱼一口吞了下去。

在鲨鱼肚子里匹诺曹和想念的爷爷相逢了。杰佩托爷爷是因为出来找匹诺曹，在海里被鲨鱼吞到了肚子里的。

"爸爸，我错了。"

两个人趁着鲨鱼打呵欠的空档逃了出来。

回到家的匹诺曹，每天帮杰佩托爷爷干活。忽然他发现仙女正在向自己微笑。

"匹诺曹，变成好孩子了。这是对你的奖励。"

匹诺曹变成了真正的小孩，他和爸爸杰佩托爷爷紧紧地抱在了一起。

二十八 花咲か爺さん

　ある日、お婆さんが川で洗濯をしていると、白い子犬が入った箱が流れてきました。クゥンクゥン……、震えています。
　「かわいそうに、家においで」
　やがてお爺さんが薪を背負って、山から帰ってきました。子犬は尻尾を振って出迎えます。お婆さんからわけを聞いて、お爺さんも言いました。
　「大事に育ててやろう」
　二人は子犬に「白」と名前を付けて、子供のようにかわいがりました。やがて大きな犬に育った白は、重い荷物を力いっぱい引っ張って、優しい二人を助けるのでした。
　ある時、お爺さんが畑を耕していると、白が袋を咥えて走ってきました。そして、お爺さんを山の方へ連れていこうとします。
　「よしよし。山へ行きたいのか」
　白はどんどん山奥へ入っていきます。やっと立ち止まると、お爺さんを見上げて、「ここ掘れ、ワンワン。ここだよ、ワンワン！」
　「おや、おや、ここを掘るのかい？」
　お爺さんは鍬で土を掘り始めました。するとカチリと音がして、ピカピカ光る大判小判がザクザク出てきたのです。
　袋に入った大判小判を見て、お婆さんもびっくりしました。こんなにたくさんのお金は見たことがありません。

「白は神様のお遣いの犬かもしれませんよ」
優しい二人はお金の使い方を考えました。
「独り占めしたら罰が当たるよ。困っている人にあげよう」
その様子をこっそり隣のお婆さんが覗いていました。隣のお婆さんは飛んで帰ると、お爺さんに教えました。二人もとても欲張りでした。
「白を借りてきて、わしらも大判小判を掘るんじゃ。村一番の金持ちになるぞ！」
欲張りなお爺さんはすぐに白を借りにやってきました。
「力持ちの白に、畑仕事を手伝って欲しいんじゃが」
嘘をついて、白を縄で繋ぐと引っ張っていきました。
次は朝、欲張りなお爺さんは大きな袋を白に結わえ付けて、山奥へ急ぎます。
「さあ　教えろ！大判はここか？小判はここか？」
「ワンワン違うよう」
「ここか！」
欲張りなお爺さんはよく聞きもしないで、土を掘りました。ところが、出てきたのは虫やゴミばかりです。お爺さんは怒って、白を敲きました。かわいそうに、白は死んでしまいました。
優しいお爺さんが白を迎えに来ると、欲張りなお爺さんは平気で嘘をつきます。
「白は急に病気になって死んでしまったよ。埋めたところに、木の枝を挿してきたぞ」
「白や、かわいそうになあ」
優しいお爺さんが教えられた場所に行くと、なんと枝が太い丸太になっていました。

日文读物

「白や、これで臼を作って、家に持って帰るよ」

優しいお爺さんとお婆さんは白を思い出しながら、その臼でお餅を搗きました。ぺったん、キラリ！ぺったん、キリラ！なんとピカピカの大判小判が臼から零れ落ちてきます。

これを知った隣のお婆さんは、すぐに臼を借りにきました。

「うちの臼が壊れたから、貸しておくれ」

そう言って、さっさと臼を持っていってしまいました。

欲張りなお爺さんとお婆さんはちょっぴりお米を入れただけで、お餅を搗き始めました。すると、ぺったん、ガラガラ、ぺったん、ゴロゴロ。臼からゴミやがらくたが飛び出しました。

「こんな臼は灰にしてしまえ！」

怒った二人は臼を割ると、燃やしてしまいました。間も無くやってきた優しいお爺さんは、涙を零しながら灰を笊に集めました。

「白や。天国で幸せになるんだよ」

家に帰る途中、風で灰が舞い上がりました。するとどうしたことでしょう。枯れ木に付いた灰が、花を咲かせたのです。

お爺さんは木に登って、灰を一掴み撒きました。見る見る辺りは花で染まりました。

ワンワン……。空の彼方から、嬉しそうな白の声が聞こえてきます。

そこへ通り掛った殿様は満開の花に大喜びしています。

「これは見事です。日本一の花を咲かせる花咲爺さんじゃ！」

ご褒美をもらって、お爺さんはみんなにご馳走しました。

欲張りなお爺さんとお婆さんもご褒美をもらおうと、灰を集めて殿様の前に行きました。

「私も花を咲かせましょう」

でも、枯れ木に登って灰を撒いても、花は咲きません。かんかんに怒った殿様は、二人を捕まえてしまいました。

「もう欲張りは止めます」

欲張りなお爺さんとお婆さんは何度も謝って、漸く許してもらいました。

注釈

1 花咲爺（はなさかじい）さん：开花老爷爷，是古老的日本民间故事。因为孩子们很喜欢，所以被列为日本五大童话之一。

2 流（なが）れる③：流动，流淌

3 尻尾（しっぽ）③：尾巴

4 振（ふ）る⓪：摇，甩开

5 迎（むか）える⓪：迎接，请

6 大事（だいじ）③：重要，爱惜

7 育（そだ）てる③：培养，生长

8 畑（はたけ）⓪：田地，旱田

9 耕（たがや）す③：耕作

10 袋（ふくろ）③：袋子，口袋

11 咥（くわ）える⓪：叼，衔

12 連（つ）れる⓪：连带，带领

13 山奥（やまおく）③：深山

14 見上（みあ）げる⓪：看着，仰视

15 鍬（くわ）⓪：锹，锄

16 カチリと②：咔嚓

17 音（おと）②がする⓪：觉得有声音

18 掘（ほ）れ①："掘る"的命令形，挖！

19 ピカピカ②：闪闪发光

20 大判（おおばん）⓪：大张纸，金币

21 小判（こばん）①：小金币

22 ザクザク①：沙沙，大把大把

23 零（こぼ）れ落（お）ちる⑤：洒落

24 神様（かみさま）①：神

25 こっそり③：悄悄地，偷偷地

26 罰（ばち）②が当（あ）たる⓪：遭报应

27 欲張（よくば）り③：贪婪，贪得无厌，贪心

28 覗（のぞ）く⓪：从（缝、孔中）窥视，窥探别人的秘密

29 力持（ちからも）ち③：有力气

30 縄（なわ）②：绳子

31 繋（つな）ぐ⓪：绑，系，串起来

32 引（ひ）っ張（ぱ）る③：拉，拽，拉开

33 結（ゆ）わえつける⑤：扎上，系上

34 平気（へいき）⓪：冷静，不在乎

35 臼（うす）①：臼

36 餅（もち）⓪：饼，年糕

37 搗（つ）く①：捣碎

38 ガラガラ①：咯噔咯噔

39	ゴロゴロ①：咕噜咕噜	40	がらくた⓪：破烂儿
41	キラリ②：一闪，一晃	42	割（わ）る⓪：打破
43	零（こぼ）れる③：液体或者细小的东西漏、掉、洒、流出	44	間（ま）も無（な）く②：不久
45	涙（なみだ）①を零（こぼ）す②：流泪	46	一掴（ひとつか）み②：一把，少量
47	辺（あた）り①：周围	48	染（そ）まる③：染上
49	彼方（かなた）①：那里	50	通（とお）り掛（かか）る⑤：偶然路过
51	殿様（とのさま）⓪：老爷	52	満開（まんかい）⓪：盛开
53	喜（よろこ）ぶ③：喜悦	54	見事（みごと）①：好看，漂亮
55	褒美（ほうび）⓪：奖赏	56	ご馳走（ちそう）⓪：款待
57	捕（つか）まえる⓪：抓住	58	謝（あやま）る③：道歉
59	漸（ようや）く⓪：总算，好不容易	60	許（ゆる）す②：容许
61	ちょっぴり③：有点儿，少许		

二十八、开花老爷爷

有一天，老奶奶去河边洗衣服，漂来一只箱子，箱子扑通扑通地在水中摇晃着，里面有一只白色的小狗。

老婆婆说："真可怜啊，跟我回家吧。"

不久，老爷爷背着柴火，从山里回来了。小狗摇着尾巴出来迎接。老爷爷听了老婆婆讲述了事情原委后说："好好地养它吧。"。

二个人给小狗取名叫"小白"，像孩子一样疼爱它。很快小白长大了，能用力拽着重物帮助善良的老人了。

一天，老爷爷从田里耕作回来，小白嘴里叼着袋子，跑了过来，还带着老爷爷往山里走。

"好，好，你想去山里啊。"老爷爷说。

小白渐渐地进入到深山里。好不容易停下脚步，就抬头看爷爷。"挖这里，汪汪。挖这里，汪汪。"小白叫着。

"哎呀哎呀，挖这里？"老爷爷说。

老爷爷又开始用铁锹挖土，于是砰地传来一声响声，大把大把的闪闪发亮的大小金币出来了。

看到袋子里的金银财宝老婆婆吃了一惊，她可从来没有见过这么多的财宝啊。

"小白或许是神派来的狗啊。"

两位善良的老人考虑着如何使用这笔钱。

"如果独占据为己有，会遭报应。送给困难的人们吧。"

这个情况被邻居的老婆婆偷看到了。这个老婆婆飞奔回去告诉了她的老伴。这两个人都非常贪婪。

"把小白借来，我们也能挖到金银财宝了，我就成了村里最有钱的人咯"。

贪婪的爷爷马上去借小白了。

"我想让力大无比的小白帮我们干点田里的活儿。"

这个爷爷撒了个谎，用绳子把小白拽走了。

第二天一大早，贪婪的爷爷把大袋子系在小白身上，急匆匆地向深山里走去。

"哎，告诉我，大金币在这儿？小金币在这儿？"

"汪汪，好像不对。"

"在这里吗？"

贪婪的老爷爷并没有听懂小白的意思，就从这里开始挖。但是，挖出来的全是虫子和垃圾。老爷爷很生气，于是打了小白。小白很可怜地死了。

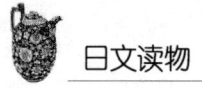

善良的老爷爷来接小白，贪婪的老爷爷若无其事地谎称：

"小白突然得病死了，埋的地方插着一个树枝。"

"啊呀，小白啊，真可怜。"

善良的爷爷按照贪婪的爷爷所说，找到了那个地方，树枝竟然变成了又粗又圆的木头。

"小白啊，我要把这块木头带回家，做成臼子。"

善良的爷爷和婆婆一面想念小白，一面用臼子打年糕。"啪噔"，打一下，"啪噔"，再打一下，打着打着，闪闪发光的金银财宝竟然从臼子里飘落下来。

知道这件事的隔壁老婆婆，马上就来借臼子。

老婆婆说："我家的臼子坏了，把你家的借我用用。"

说完，立刻拿着臼子走了。

贪婪的老爷爷和老奶奶只放了少许的米进去。拿着臼子开始捣。"啪噔"，"咯噔咯噔"，"啪噔"，"咕噜咕噜"，从臼子里飞出了垃圾和破烂儿。

"这么破的臼子！"

怒气冲冲的两个人把臼子打破，烧了。一会儿，善良的老爷爷一边流泪，一边把灰收集在笊篱里。

"小白啊，在天堂要幸福啊。"

在回家的途中，灰烬随风飘舞，您猜怎么的？附在枯树上的灰烬，竟然开了花。老爷爷爬上树，撒了一把灰烬，眼睁睁地看着周围都被花染红了。

"汪汪……"从天堂的那边，听到了小白像是高兴的声音。

就在这时，偶然路过的老爷因盛开的鲜花而容颜大悦。

"太神奇了，这是日本第一个能让枯树花开的开花老爷爷。"

日文读物

爷爷得到了奖励，因而他请大家吃了饭。

贪婪的爷爷和婆婆为了得到奖励，也收集灰土，并拿到老爷面前。

"我也会让枯树开花呀。"贪婪的爷爷说。

但是他爬上已经枯萎了的树上撒灰，花却没有开放。老爷一气之下，把两个人抓起来了。

"再也不这样贪婪了。"原本贪婪的老爷爷说。

贪婪的老爷爷和老奶奶不断谢罪道歉，好不容易才得到了原谅。

下篇

日文読物

一　12支の話(はなし)

　ずっと昔(むかし)、もうすぐお正月(しょうがつ)が来(く)る年(とし)の暮(く)れの事(こと)です。ふと神様(かみさま)が山(やま)の天辺(てっぺん)から麓(ふもと)を眺(なが)めると、動物(どうぶつ)たちが元気(げんき)に遊(あそ)んでいます。

　「そうじゃ。動物(どうぶつ)たちを集(あつ)めてお正月(しょうがつ)を祝(いわ)おう。だが、ただ集(あつ)めるだけではつまらんなぁ。ふふん……、いい考(かんが)えがあるぞ。早(はや)くやってきた動物(どうぶつ)に立派(りっぱ)な役目(やくめ)をあげることにしよう」

　神様(かみさま)は、早速動物(さっそくどうぶつ)たちにお触(ふ)れを出(だ)しました。

　そのお触(ふ)れにはこう書(か)かれていました。

　「元日(がんじつ)の朝(あさ)、私(わたし)のところへ来(く)るように。早(はや)くやってきた順(じゅん)に一番(いちばん)から十二番目(じゅうにばんめ)までの者(もの)を、一年(いちねん)ずつ交代(こうたい)でその年(とし)を守(まも)る動物(どうぶつ)の王様(おうさま)とします」

　それを見(み)て、動物(どうぶつ)たちは大(おお)はしゃぎです。「一番乗(いちばんの)りは僕(ぼく)だ!」猿(さる)が木(き)の上(うえ)から叫(さけ)びます。

　「早起(はやお)きなら僕(ぼく)が一番(いちばん)だよ!」鶏(にわとり)は羽(はね)をバタバタさせます。「早(はや)くお正月(しょうがつ)が来(こ)ないかなぁ」動物(どうぶつ)たちは指折(ゆびお)り数(かぞ)え、お正月(しょうがつ)を待(ま)ちました。

　ところが猫(ねこ)は昼寝(ひるね)をしているうちに、日(ひ)にちを忘(わす)れてしまったのです。鼠(ねずみ)に聞(き)くと、悪戯好(いたずらず)きの鼠(ねずみ)は嘘(うそ)を教(おし)えました。

　「神様(かみさま)のところに行(い)くのは、元日(がんじつ)の次(つぎ)の日(ひ)だよ」

　猫(ねこ)はすっかり安心(あんしん)して、また昼寝(ひるね)を始(はじ)めました。

　大晦日(おおみそか)になりました。夕日(ゆうひ)に赤(あか)く染(そ)まった山(やま)の天辺(てっぺん)を見上(みあ)げて、牛(うし)はのんびり言(い)いました。「わしは足(あし)が遅(おそ)いから、そろそろ出(で)かけよう」ところがのそりのそり歩(ある)き出(だ)した牛(うし)の背中(せなか)にこっそり攀(よ)じ登(のぼ)った物(もの)がいます。

　山(やま)の天辺(てっぺん)に着(つ)いた時(とき)、朝日(あさひ)が昇(のぼ)りました。初日(はつひ)の出(で)です。その時牛(ときうし)の

153

日文読物

　背中から、鼠がちょろちょろ駆け下りて、神様の前に一目散に来ました。
　「神様！新年あけましておめでとうございまーす！」
　「やあ、おめでとう。一番は鼠か」
　鼠のせいで一番になれなくても、のんびりした牛は気にしません。
　「やあ、二番は牛だな。よしよし、よく頑張ったなぁ」
　神様に褒められて、牛は嬉しそうに尻尾を振りました。
　ほかの動物たちは朝早く出発しました。
　ぴょんぴょん、山道を跳ねて来たのは兎です。その後を虎が追いかけます。「ひゃあ！怖いよう。兎が草むらに隠れた隙に、虎はゴールイン、虎が三番、兎は四番になりました。
　空を飛べる龍も、お触れを見ました。「なあに。一番早くて、一番偉いのはこのわしさ。」
　龍は雲の上から、野山を見降ろしました。すると、蛇が体をくねらせて山の天辺へと向かっています。「ややっ！空も飛べない蛇がわしより早いとは！ゆ……、許せん！」龍は雲を蹴散らして、山の天辺にひとっとびで、龍は五番になりました。その後に、到着した蛇は、六番になりました。
　馬は、友達の羊と出発しました。羊はとても臆病です。草薮がガサゴソ音を立てるたびにびくびくしています。
　「僕、狼が恐いんだ。」
　「心配はいらないよ。僕が蹄で蹴飛ばしてやるから」
　それを聞いて、羊は一安心しました。道端の美味しい草を、馬に教えてあげました。
　「馬君。たくさんお食べよ」
　「羊君。これは旨いや」
　二匹は仲良く、山の天辺に着きました。

「馬君。お先にどうぞ」

「そうかい。ありがとう」

こうして馬が七番、羊が八番になりました。

「神様。おめでとうございます」

「やあ、おめでとう。仲良しでよろしい、よろしい」神様はニコニコしています。

鶏は早起きです。ところが前の晩、遅くまで騒いでいて、うっかり寝坊してしまいました。「コケッ、ケッ。こりゃいかん」鶏は大慌て、羽をバタバタさせて、走っていきました。山道に来ると、犬と猿が喧嘩をしています。

「うーっ、わん！よくも木の実をぶつけたな！」

「き、きーっ！尻尾に噛みついたおまえだろ！」

鶏は喧嘩を止めました。「みんなで一緒に行こうよ」

けれども猿は木に駆け上がってしまいました。「やだね！僕は一人で行くよ！」

犬と鶏が山の天辺に着いた時です。びょーん。木の上から、猿が神様の前に飛び降りました。犬と鶏は、慌てて駆け出します。そして同時に神様の前に着きました。

「猿が九番」そして、神様は続けました。「鶏が十番、犬は十一番じゃ」

犬は面白くありません。

「でも、神様、鶏君と僕は、同時に着きましたよ」

すると神様は言いました。「猿の次が犬だと、喧嘩になる。だから、間に鶏を置いたんじゃよ」

神様は二匹が喧嘩したことをちゃんと知っていたのです。猿は恥ずかしくて顔が真っ赤になりました。犬も下を向いてしまいました。その時、もうもうと土ぼこりが近づいてきました。猪がものすごい勢いでかけてきたので

日文读物

す。

「残念。間違えて違う山に行ってしまったんだ」

「あはは。猪が十二番目。これで、全部決まったな」

こうして十二匹が、順番に年を守る動物になりました。

やがて、ほかの動物たちもやってきました。

「神様、おめでとうございます」

「やあ、おめでとう」

神様を囲んで、賑やかなお祝いが始まりました。でも、鼠に、嘘の日を教えられた猫はかんかんでした。だから、いまでも鼠を見ると、すぐ追いかけます。そして今度は寝ぼけないように、しょっちゅう前足で顔をきれいにしているのだそうです。

注釈

1	正月（しょうがつ）⓪：新年	2	暮（く）れ⓪：黄昏时分，日暮，季节末
3	ふと⓪：猛然，忽然，偶然	4	神様（かみさま）①：神仙
5	天辺（てっぺん）③：顶峰	6	麓（ふもと）③：山脚
7	眺（なが）める③：盯着，望着，眺望	8	だが①：可是
9	考（かんが）え③：思想	10	立派（りっぱ）⓪：出色，漂亮
11	役目（やくめ）③：任务，职责	12	早速（さっそく）⓪：立刻，马上
13	お触（ふ）れ⓪：公告	14	交代（こうたい）⓪：轮换
15	バタバタ①：吧嗒吧嗒，拍打	16	大（おお）はしゃぎ：非常吵闹，活蹦乱跳
17	一番乗（いちばんの）り③：打头阵，最先到场	18	指折（ゆびお）り⓪：屈指可数
19	悪戯（いたずら）⓪：淘气，恶作剧	20	すっかり③：完全，全部
21	大晦日（おおみそか）③：除夕	22	夕日（ゆうひ）⓪：夕阳
23	見上（みあ）げる⓪：仰视，抬头看	24	のんびり③：悠闲，逍遥自在
25	のそり②：慢吞吞，晃晃悠悠	26	歩（ある）き出（だ）す④：开始走

27	背中（せなか）⓪：背，脊背	28	こっそり③：悄悄地，偷偷地
29	攀（よ）じ登（のぼ）る④：攀登	30	昇（のぼ）る⓪：上升
31	初日（はつひ）の出（で）③：元旦的日出	32	ちょろちょろ①：咻溜咻溜地
33	駆（か）け下（お）りる④：跑下去	34	一目散（いちもくさん）に③：一溜烟
35	気（き）⓪にする⓪：介意	36	褒（ほ）める②：赞美，赞扬，称赞
37	尻尾（しっぽ）③：尾巴，末尾	38	追（お）いかける④：追赶
39	草（くさ）むら⓪：草丛	40	ぴょんぴょん①：一蹦一跳，一蹦一蹦
41	隠（かく）れる③：躲，藏	42	ゴールイン③：到达终点
43	偉（えら）い②：了不起，伟大，地位高	44	野山（のやま）①：山野
45	見（み）おろす④：俯视	46	くねらす③：弯曲，使弯曲
47	許（ゆる）す②：允许，准许，许可	48	蹴散（けち）らす⓪：踢乱
49	ひとっとび：一个跟头	50	臆病（おくびょう）③：胆小鬼
51	草藪（くさやぶ）⓪：荒草丛	52	音（おと）②を立（た）てる②：发出声音
53	〜たびに：句型，每次	54	びくびく①：提心吊胆，战战兢兢
55	一安心（ひとあんしん）③：总算放心，姑且放心	56	仲良（なかよ）し②：友好
57	よろしい③：好的，可以的	58	ニコニコ①：微笑
59	騒（さわ）ぐ②：吵闹，喧扰	60	寝坊（ねぼう）⓪：睡懒觉
61	喧嘩（けんか）①：吵架，争吵，口角	62	木（き）の実（み）：树木的果实
63	ぶつける⓪：投，掷，碰上	64	噛（か）む①：咬
65	駆（か）け上（あ）がる④：跑起来	66	慌（あわ）てる⓪：急忙，慌张
67	駆（か）け出（だ）す③：跑出去，跑到外面	68	ちゃんと⓪：规规矩矩的
69	恥（はずか）しい④：羞耻，惭愧	70	土（つち）ぼこり③：尘土，尘埃
71	もうもう⓪：弥漫	72	近（つか）づく③：靠近
73	勢（いきお）い③：气势	74	間違（まちが）える④：搞错，弄错
75	猪（いのしし）③：野猪	76	囲（かこ）む②：环绕，围，包围
77	年（とし）②を守（まも）る②：守岁	78	やってくる④：来，来到
79	かんかん⓪：大怒	80	寝（ね）ぼける③：睡糊糊，不鲜艳
81	しょっちゅう①：经常		

日文读物

一、十二生肖的故事

很久以前,新年马上就要到来的时候,神仙忽然从山顶往山脚望去,看到动物们正活蹦乱跳地玩耍着。

"是啊,我得把动物聚在一起庆祝新年。可是,光聚又很无聊。嗯……有好主意了。给早到的动物分派一个诱人的角色。"

神仙立刻向动物们发出了公告,上面写着"大年初一清晨,都来我这里。早到者按照顺序从一至十二,每年交替守岁,还授予动物之王的称号。"

看到公告后,动物们都喧腾起来。

"第一个到的肯定是我!"猴子从树上叫着。

"要论起得早的话,我是第一个!"鸡吧嗒吧嗒地拍打着翅膀。

"新年还不快来啊?"动物们掰着手指头计算着日子,等待着新年的到来。

然而猫在睡午觉时把日期忘了。就问老鼠,喜欢恶作剧的老鼠就对猫说了谎。

"到神仙那儿去是大年初二。"

猫彻底放心后,又开始睡午觉。

除夕到了。抬头望着夕阳染红的山峰,牛悠闲地说:"俺走得慢,差不多该出发了。"可是,开始慢吞吞出发的牛的背上却偷偷的爬上了一个东西。

到达山顶时,朝阳升了起来。那是大年初一的日出。这时,老鼠从牛背上鼠头鼠脑地出溜下来,一溜烟地奔向神仙的面前。

"神仙,新年快乐。"

"啊,新年快乐。第一名是老鼠。"

尽管因为老鼠的缘故没有得上第一名，悠闲自得的牛也并不介意。

"那么，第二名是牛。好好地加油吧。"

牛得到了神仙的表扬，摇着尾巴，像是很高兴。

其他的动物也在清晨早早地出发了。

蹦蹦跳跳，在山路上跳着来的是兔子，后面紧紧追赶的是老虎。"呀，好可怕。"趁着兔子藏到草丛之际，老虎跑到了终点，成了第三名，兔子成了第四名。

飞在空中的龙也看到了公告。"什么，最快、最了不起的应该是俺。"龙从云层上俯瞰山野，看到蛇摆动着身体向着山顶移动。"哎呀呀！不会在空中飞舞的蛇都比我快了！岂能容忍！"龙驱散了云彩，一个跟头，到达了山顶。龙是第五名。之后到达的蛇成了第六。

马和它的朋友羊出发了。羊是一个胆小鬼，每次草丛中发出沙沙的声响，它就吓得心惊胆颤。

"我害怕狼。"

"不用担心。因为我会踢飞它。"羊听了之后，姑且放心了。它把路边美味的野草都告诉了老马。

"老马，你要多吃哦。"

"小羊，这个好吃啊。"

它们俩个很友好地来到了山顶。

"老马，你先请。"

"是吗？那就谢谢了。"

这样，马就是第七，羊是第八。

"神仙，新年快乐。"

"啊，新年快乐。你们很友善，好啊，好啊。"神仙满面笑容。

鸡应该是早起的。然而前一天晚上，吵闹到很晚，不小心睡过了头。"喔，喔。啊呀，这下可坏了。"鸡慌慌张张地边拍打着翅膀边跑，来到山路上之后，

 日文读物

就看到狗和猴子正在吵架。

"汪汪！你干嘛总是拿果实来砸我！"

"吱吱！刚才咬我尾巴的是你吧！"

鸡前来劝架，"大家一块走吧。"

但是猴子跳上树跑了，"不要，我自己去了。"

狗和鸡到达山顶的时候。"吱吱"猴子从树上飞到了神仙的眼前。狗和鸡也急忙跑了过去。而且同时来到了神仙面前。

"猴子第九名。"

然后，神仙继续说："鸡第十名，狗第十一名。"

狗觉得没劲了就说："神仙，我和鸡是同时到达的啊。"

于是神仙说："如果猴子下面是狗的话你们又会吵架。所以，把鸡放在中间。"

神仙对它们争吵之事了如指掌。猴子羞愧得满脸通红，狗也低下了头。正在这时，一股尘土弥漫过来，是野猪以惊人气势扑奔而来。

"真遗憾。我搞错了，去了别的山。"

"哈哈哈，野猪是第十二名。这样，就全部搞定了。

以上十二个动物就成了按照顺序守岁的动物。

不久，其它的动物也来了。

"神仙，新年快乐。"

"啊，新年快乐。"

动物们围在神仙身边，开始热闹地庆祝新年。但是，被老鼠欺骗搞错日期的猫怒不可遏，所以，直到现在猫一见到老鼠，就追赶它，而且据说为了不让自己犯困，还一直用前爪把脸洗得干干净净的。

160

二 金太郎

　昔、相模の国の足柄山に、「金太郎」という男の子がいました。お父さんは亡くなっていましたが、お母さんと二人で、仲良く元気いっぱいに暮らしていました。
　広い広い山が金太郎の遊び場です。崖を上ると、蔓にぶら下って深い谷を飛越えます。駆けっこでも鬼ごっこでも、金太郎にはどんな動物も敵ではありません。
　ある日、山奥へ行くと、樵のお爺さんが木を切っていました。カーン！コーン！「わあ！面白そうだなあ」金太郎は鉞を借りてお手伝いをします。カーン！コーン！金太郎はあっという間に木を切り倒しました。お礼に薪やキノコをいっぱいもらって、山道を帰ってくると、林の中から熊が飛び掛ってきました。金太郎は大きな熊を投げ飛ばしました。
　「乱暴はいけねえよ」
　「うるさい！ここは俺様の山だっ」
　熊はますます怒って、飛び掛ってきます。大きな熊が飛び掛るたびに、金太郎は軽く投げ飛ばしてしまいます。とうとう熊は尻餅をついてしまいました。
　「山はみんなの物だよ」
　金太郎に熊が謝って、熊と友達になりました。
　次の日は、相撲の稽古をします。「ハッケヨイ、ノコッタ」お腹で弾き飛ばそうとする時、たぬきを熊がひょっと土俵の外へ放り投げました。

 日文读物

「今度は僕が相手だよ」金太郎が言いました。

金太郎は動物たちを次々と倒し、強い熊も簡単に投げ飛ばします。それからみんなで、お母さんが作ってくれた御結びを食べました。

急に空が暗くなりました。風がゴォーゴォーと吹き、大雨が降り出しました。嵐が来たのです。金太郎は恐がる動物たちを連れて、洞窟の中で嵐が止むのを待ちました。

やっと嵐が止みました。

「さあ、帰ろう」

でも谷まで辿り着くと、なんと吊橋は嵐のせいで流されていました。ふと見ると、川岸に太い木が立っています。

金太郎は力いっぱい木を押します。

「金太郎、頑張れ」メリメリッ！ついに木が倒れ、谷に橋が架かりました。

「わあ！橋ができた」

「さあ、一人ずつ渡るんだよ」

この様子を岩陰からの山伏が見ていました。

「なんて力持ちな男の子だろう」山伏は金太郎の後をそっとつけていきました。峠の倒れた木に小鹿が挟まれて泣いています。

「すぐに出してあげるよ」金太郎は木を持ち上げて、小鹿を助けてあげました。

「優しい男の子だな……」山伏は感心しました。その山伏は「源頼光」という殿様に仕える「臼井貞光」でした。山伏に姿を変えて立派な家来を探していたのです。

貞光は金太郎の家にやってきました。

「ぜひ、家来にして都へ連れていきたい。人々のために働く、強くて

優しい武士になれますよ」
　それを聞いて、お母さんはとても喜びました。
　やがて、都に行く日が来ました。
「お母さんを頼んだよ」
「金太郎さんも頑張ってね」
　お母さんや動物たちに見送られて、金太郎は貞光と山を下りていきます。金太郎は殿様の頼光から「坂田金時」という立派な名前をもらいました。
　その頃、都では大江山に住む鬼がよく現れて、人々を苦しめていました。
「じっとしてはおれん」
　頼光は五人の家来を連れて、鬼退治に出かけました。金時も家来の一人です。六人は山伏に姿を変えて大江山に入りました。
　鬼の住む岩山の御殿に着いた六人は、鬼たちにお土産の酒を飲ませました。金時は鉞を手に、踊り始めました。鬼たちは酔っ払って、すっかりいい気分です。
「今だ！」六人は鬼に飛び掛りました。金時たちの活躍でとうとう鬼たちは降参し、親分の「酒呑童子」は二度と悪いことはしないと、頼光に約束しました。
　鬼退治をした家来の内、金時たち四人はとても力がつよかったので、「四天王」と呼ばれました。怖い鬼がいなくなって、都の人たちは大喜びです。
　金時の活躍を聞いて、お母さんも喜びました。
　しばらくして、立派な武士になった金時が、足柄山にお母さんを迎えに来ました。

 日文读物

「お母さん。都で一緒に暮らしましょう」
「これからもあの子を見守ってやってくださいね。」お母さんは、天国にいるお父さんにいつも祈りました。そして金時も優しさを忘れず、いつまでもお母さんを大切にしました。

注釈

1	金太郎（きんたろう）：金太郎，传说中的怪童，住在相模的足柄山上，以山中山姥为母，以熊等动物为友长大，是赖光四天王之一坂田金时的名字。	2	相模（さがみ）①：相模（地名）
3	足柄山（あしがらやま）：足柄山	4	崖（がけ）⓪：悬崖，绝壁，河崖
5	蔓（つる）②：藤蔓	6	ぶら下（さ）がる④：悬挂，吊垂
7	谷（たに）②：山谷	8	飛（と）び越（こ）える④：飞过
9	かけっこ②：赛跑	10	鬼（おに）ごっこ③：捉迷藏
11	敵（てき）⓪：敌人，对头	12	山奥（やまおく）③：深山里
13	樵（きこり）⓪：樵夫	14	鉞（まさかり）①：板斧
15	手伝（てだ）う③：帮忙	16	キノコ①：蘑菇
17	薪（たきぎ）⓪：柴火	18	お礼（れい）⓪：回礼，谢礼，酬谢
19	いっぱい⓪：满满的	20	山道（やまみち）②：山路
21	飛（と）び掛（か）かる④：（猛）扑过去	22	投（な）げ飛（と）ばす④：甩出去，猛扔出去
23	乱暴（らんぼう）⓪：粗暴，粗鲁	24	ますます②：越来越，更加
25	～たびに：句型，每次，每次	26	とうとう①：终于
27	尻餅（しりもち）③：屁股着地摔倒	28	謝（あやま）る③：道歉
29	相撲（すもう）⓪：相扑	30	稽古（けいこ）①：练习，练功；学习
31	ハッケヨイ①：干吧（两个力士对峙时，裁判的吆喝声）	32	ノコッタ②：（场地上）还有余地
33	弾（はじ）き飛（と）ばす④：逐出	34	土俵（どひょう）⓪：相扑场地
35	ひょっと①：突然，偶然	36	次々（つぎつぎ）⓪：一个接一个

37	嵐（あらし）①：暴风雨	38	お結（むす）び②：饭团子
39	恐（こわ）がる③：害怕	40	洞窟（どうくつ）⓪：洞窟，洞穴
41	辿（たど）り着（つ）く④：好不容易走到，挣扎走到	42	川岸（かわぎし）⓪：河岸，河边
43	渡（わた）る⓪：渡，过	44	ついに①：终于
45	架（か）かる②：架设，安装	46	山伏（やまぶし）②：在山野中修行的僧侣
47	そっと③：悄悄地，偷偷地	48	峠（とうげ）③：山顶；关键
49	倒（たお）れる③：倒，塌	50	小鹿（こじか）：小鹿
51	挟（はさ）まる③：夹（在两个物体之间）	52	持（も）ち上（あ）げる⓪：用手举起，抬起
53	助（たす）ける③：救助；帮助	54	殿様（とのさま）⓪：老爷，大人
55	仕（つか）える③：（对长辈）侍奉，伺候，服侍；当官	56	姿（すがた）①：形象，面目，打扮
57	立派（りっぱ）⓪：优秀，出色，漂亮，高尚	58	家来（けらい）①：家臣，家仆
59	探（さが）す⓪：寻找	60	都（みやこ）⓪：京城，首府
61	喜（よろこ）ぶ③：高兴	62	やがて③：不久，马上
63	頼（たの）む②：依靠，指望	64	じっと③：一动不动
65	見送（みおく）る⓪：送行，送别	66	現（あらわ）れる④：出现，出来
67	退治（たいじ）①：制伏，惩办	68	岩山（いわやま）⓪：多石的山
69	出（で）かける⓪：外出	70	お土産（みやげ）⓪：礼物，特产
71	御殿（ごてん）①：府邸	72	飲（の）ませる③：让喝
73	着（つ）く①：到达，抵达	74	踊（おど）る⓪：跳动；跳舞
75	すっかり③：全，都，已经，完全	76	活躍（かつやく）⓪：活跃，活动
77	降参（こうさん）⓪：投降，认输	78	親分（おやぶん）①：头目，首领
79	しばらく②：暂时，不久	80	見守（みまも）る⓪：照看
81	天国（てんごく）①：天堂	82	いつまでも①：永远
83	祈（いの）る②：祈祷，祷告		

日文读物

二、金太郎

从前，在相模国的足柄山，有一个叫"金太郎"的男孩，他的父亲已经去世，他和妈妈两个人相依为命、健健康康地过着日子。

宽阔无边的山野是金太郎游乐的场所。他一爬悬崖，就会拽着藤蔓，飞越大峡谷。无论赛跑还是捉迷藏，没有什么动物比得过金太郎。

有一天，金太郎来到深山里，瞧见一位樵夫爷爷"亢亢"地在砍树。"哇！看上去很有趣啊。"金太郎就借来了板斧帮起忙来，"亢"、"空"，眨眼功夫，就砍倒了树，作为回报，老爷爷给了他很多柴火和蘑菇。在回家的山路上，一只熊从树林里扑了过来，金太郎把大熊猛甩了出去。

"不得无礼！"金太郎说。

"闭嘴！这是老子的山！"

熊越发愤怒了，又猛扑过来。每次大熊扑过来时，金太郎都是轻而易举地把它扔出去。熊终于摔了个屁蹲儿。

"山是大家的。"熊向金太郎道歉，金太郎和熊成了朋友。

第二天，进行相扑练习。山狸子想用肚子把熊弹出场地，这时，裁判喊道："加油，加油！赢了，赢了！"熊很轻松地就把山狸甩出了相扑场外。

"这次我来和你比。"金太郎说。

金太郎把动物们一个个都摔倒了，强悍的熊也被轻而易举地甩了出去。之后，大家吃了妈妈做的饭团。

突然天空阴云密布，风呼啸而来，天上下起了大雨，暴风雨来了。金太郎带着惊恐不已的动物们来到了洞穴里，等待着暴风雨的停止。

终于，暴风雨停了下来。

"那么，我们回去吧。"

但是好不容易走到了山谷，而吊桥却被暴风雨冲走了。突然望去，见河边长着一棵粗大的树。

金太郎拼命用力推树。

"金太郎,加油！"吱嘎吱嘎,树终于倒了,他们在山间架起了一座桥。

"啊！桥建成了！"

"那么，一个一个地过吧。"

这个场景被岩石后面的修行僧侣看到了。

"多么有力气的男孩啊。"僧侣偷偷地跟在了金太郎的后面。小鹿被山顶倒下的树夹住了，正在哭。

"我马上救你出来"金太郎用手举起树，救出了小鹿。

"善良的男孩啊……"僧侣很钦佩。这个僧侣是侍奉"源赖光"大人的臼井贞光。他化装成僧侣出来是为寻找出色的家仆。

贞光来到了金太郎的家。

"我很想带你去京城当仆人。你会成为为许多人工作的健壮而优秀的武士的。"

妈妈听后非常高兴。

不久，去京城的日子来到了。

"我把妈妈就拜托给你们了。"

"金太郎也要努力。"

妈妈和动物们来送别，金太郎跟着贞光下山去了。赖光大人为金太郎取了一个响亮的名字叫"坂田金时"。

这时，住在大江山的妖怪们在京城里经常出没，欺负百姓。

"我们不能袖手旁观！"

日文读物

赖光带着五名家仆，外出降妖。金时也是其中之一。六个人化妆成僧侣，进入了大江山。

六个人到了妖怪住着的岩石山的府邸，就劝妖怪们喝他们带来的酒，金时手持板斧还跳起了舞。妖怪们喝得飘飘然，高兴得忘乎所以了。

"动手！"

六个人朝妖怪们猛扑过去。由于金时他们作战勇猛，终于降服了妖魔鬼怪。其首领酒吞童子和赖光约定永不做坏事。

在降妖的家仆中，因为金时他们四人具有超人的力量，被称作为"四大天王"。可怕的妖怪消失了，京城的人们欢欣雀跃。

听到金时的出色表现，妈妈非常高兴。不久，成为优秀武士的金时，专程到足柄山去接他妈妈。

"妈妈，我们一起到京城生活吧。"

"今后你也保佑这个孩子。"妈妈总是向天堂的爸爸祈求。金时本性善良，一生都很孝顺妈妈。

三 人魚姫

　深い深い海の底に、だれも知らない人魚の国がありました。そこでは、美しい六人の人魚姫が歌を歌っています。今日は、一番下の姫の十五歳のお誕生日です。姫はこの日を楽しみにしていました。なぜなら、人魚は十五歳になると、初めて海の上にある世界を見に行けるのです。人魚姫は明るい青色の水面を目指して、どんどん泳いでいきました。
　「あの光は何かしら……？」水面に近づくと、キラキラと水が光っています。
　胸をドキドキさせて始めて見たのは、バラ色に染まった空です。
　「あれがお姉様が話してくれた夕焼けなのね」
　ずっと先には立派な船が浮かんでいます。船にはたくさんの明かりをともして、楽しいダンスの音楽が聞こえています。人魚姫は胸がワクワクしてきました。「もっと近くで見てみたいわ」
　船に近づいた人魚姫は船の上から海を眺める一人の王子に、心を奪われました。吸い込まれそうな黒い瞳、優しそうな笑顔……。船のパーティーは夜まで続いていました。
　ゴー……。
　風が強くなり、あっという間に真っ黒な雲が星を隠しました。唸り始める大波です。嵐が来たのです。
　バリバリバリッ！船は黒い波に呑み込まれてしまいました。

日文读物

「王子様っ！」人魚姫は海に沈んだ王子を抱きかかえて、夢中で泳ぎました。嵐が過ぎ、お日様が海に昇った頃、白い砂浜に着きました。気を失った王子を寝かせ、人魚姫は祈ります。

「どうか、目を開けて」

カーン、コン、カーン、コン……。

鐘の音が鳴り響きます。人魚姫は岩の陰に隠れました。

「だれか、王子様を見つけて」教会から出てきた一人の娘が王子を見つけました。

やがて、王子は元気になりました。「ああ、よかった……」でも、人魚は人間の世界には住めません。毎日、お城の近くから王子を眺めて、溜息をつく人魚姫です。

「人間になりたい。そうすれば、王子様のそばにいられるのに……」

悲しそうな人魚姫の様子を見て、とうとうお姉さんたちは言いました。

「魔法使いに頼みなさい……」

人魚姫は海の底のゴォーゴォーと水が渦巻いている恐ろしい洞窟を潜って、暗い森に住む魔法使いに会いに行きました。

「願いを叶えてやろう。その代わり、お前のきれいな声をもらうよ」

「構いません。人間になれるのなら」

返事を聞いた魔法使いは、すぐに人魚姫の声を奪ってしまいました。それだけではありません。人魚姫が王子と結婚できなければ、泡になって消えてしまうというのです。

「それでも人間になりたい」姫は頷きました。

人魚姫は、魔法使いがくれた薬を飲み干しました。すると焼け付くような痛みが襲って、倒れてしまいました。

「どうなさったのですか？」人魚姫を抱き起こしたのは、あの王子でした。

人間になった人魚姫を、王子は大事にしてくれました。

「かわいい姫。あなたは、僕を助けてくれた、あの娘さんに似ているね……」

「いいえ……助けたのは私……」

でも、声を無くした人魚姫は、何も話せません。王子のために歌うこともできません。

やがて、王子は隣にある国の王女と結婚することになりました。

「王女は、僕を助けてくれたあの娘さんだったんだ。……姫、どうして悲しそうな顔をするんだい？」人魚姫ははっとして、王子に微笑みました。

結婚祝いの船が夜の海を進みます。

「朝になれば……泡になってしまうのね……」

暗い海を見詰める人魚姫です。その海にお姉さんたちが現れました。

お姉さんたちはきれいな髪と交換に、魔法使いから人魚に戻る方法を教えてもらったのでした。

「この短剣で、王子を刺すのよ。お願い、そうして」

「お姉さま……私のために……」

人魚姫は王子が眠る部屋にそっと忍び込みました。でも、愛する人を刺すなんて、とてもできません。

「王子様……お幸せに」人魚姫は走り出して、海に飛び込みました。

「神様の国へおいで」どこからか聞こえる暖かな声です。

心から人を愛した人魚姫は、泡にならず、天国へと上っていきました。

日文读物

注釈

1	人魚姫（にんぎょひめ）：美人鱼，是安徒生童话世界里的人物。	2	楽（たの）しみ③：希望，期望；消遣
3	なぜなら①：因为；原因是	4	目指（めざ）す②：目标
5	どんどん①：接连不断，顺利	6	キラキラ①：灿烂，晃眼，耀眼
7	ドキドキ①：（心）七上八下，忐忑不安	8	バラ⓪：玫瑰，蔷薇
9	夕焼（ゆうやけ）⓪：日落，晚霞	10	聞（き）こえる⓪：能听见
11	ワクワク①：欢欣雀跃	12	眺（なが）める③：眺望，凝视
13	吸（す）い込（こ）む③：吸入	14	夢中（むちゅう）⓪：着迷，热中
15	気（き）⓪を失（うしな）う⓪：失去意识	16	祈（いの）る②：祈祷，祝愿
17	響（ひび）く②：响，回荡，影响	18	やがて⓪：不久，必将，势必
19	溜息（ためいき）③：叹气，长吁短叹	20	とうとう①：终于
21	魔法使（まほうつかい）④：魔法师	22	潜（くぐ）る②：钻
23	叶（かな）える③：能实现	24	構（かま）いません：没关系
25	領（うなず）く③：点头	26	王女（おうじょ）①：公主，皇女
27	見詰（みつ）める⓪：凝视，注视，盯着看	28	戻（もど）る②：返回，回到
29	ために：因此，因而，所以	30	そっと③：轻轻的，悄悄的
31	忍（しの）び込（こ）む④：悄悄潜入	32	飛（と）び込（こ）む③：跳入，飞入
33	おいで③："行く、来る、居る"的敬语，去，来，在；"来い"的敬语表现，过来		

三、美人鱼

在深深的海底，有一个无人知晓的美人鱼国。那里有六个美丽的美人鱼正在歌唱。今天是最小的公主十五岁生日。小美人鱼一直期待着这

一天，因为人鱼只有到了十五岁才能去看海上面的世界。小美人鱼朝着明亮的蓝色海面，迅速向上游去。

"那个光是什么？"一靠近水面，就看到海面波光粼粼。小美人鱼心潮起伏，她第一眼看到的是玫瑰色染红的天空。"那就是姐姐对我说的晚霞吧。"

再往前看，遥远的地方停泊着一艘豪华的邮轮，船上灯火通明，从那里传来阵阵欢快的舞曲音乐。小美人鱼的心扑通扑通直跳。小美人鱼想"再靠近点儿看看。"

靠近游船的小美人鱼，被一位在船上眺望大海的王子吸引住了，那深邃的黑色眸子、温柔的笑脸……船上的酒会直到深夜还在继续。

"呜……"

风越来越大了，乌云瞬间遮蔽了星星，巨浪咆哮，暴风雨来了。

哗啦哗啦，船被黑色的海浪吞噬掉了。

"王子！"小美人鱼抱着沉入海里的王子，拼命地游着。暴风雨过后，当太阳从海面升起时，小美人鱼游到了一个白色的沙滩上。她放下失去知觉的王子，祈祷着。

"请醒醒。"

咚—，咚—，钟声响了起来，小美人鱼藏在了岩石的后面。

"有人吗，快来救救王子。"从教堂出来一个小女孩发现了王子。

不久，王子恢复了知觉。"啊，太好了……"但是，人鱼不能住在人类世界。每天，小美人鱼在城堡附近，遥望王子，深深地叹气。

"我想变成人，那样一来，就能一直在王子的身边了……"

看着伤心的小美人鱼的样子，终于，姐姐们说话了，

"去求求巫婆吧……"

小美人鱼在海底钻过漩涡中的恐怖洞穴，去见居住在黑暗森林中的

巫婆。

"我可以帮你实现愿望，作为交换，我要你美丽的声音。"

"没有关系，如果能成为人类的话。"

听到答复的巫婆，马上夺走了小美人鱼的声音。并且她还说，不仅如此，如果小美人鱼不能和王子结婚的话，就会变成泡沫消失。

"即便这样，我也想变成人类。"小美人鱼点头称是。

小美人鱼把巫婆给的药一饮而尽。于是像火烧似的灼痛感袭来，小美人鱼倒下去了。

"你怎么了？"抱起小美人鱼的是那位王子。

王子非常爱惜变成人类的小美人鱼。

"可爱的姑娘，你和救了我的那个小女孩真像……"

"不……救你的是我……"但是，被夺去声音的小美人鱼，什么话都不能说。连为王子唱歌也不行。

不久，王子就要和邻国的公主结婚了。

"公主是救了我的那个女孩儿。姑娘，你为何露出伤心的表情？"小美人鱼突然想起什么似地向王子微微笑着。

庆祝婚礼的船只在黑夜的海面上行驶着。

"一到早晨，我将变成泡沫……"小美人鱼凝视着漆黑的大海。姐姐们在海面上出现了。

姐姐们用漂亮的头发作为交换，从巫婆那里学会了变回人鱼的方法。

"用这把短剑，刺向王子，求求你，这样做。"

"姐姐……这都是为了我……"

小美人鱼悄悄地潜入了王子睡觉的房间。但是，刺杀自己心爱的人，她实在无法做到。

"王子……祝你幸福。"小美人鱼跑了出来，跳进大海。

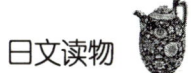

日文读物

"请到神仙的国度来。"小美人鱼听到了不知从哪里传来的温和声音。真心爱着一个人的小美人鱼，没有变成泡沫，她升到天堂里去了。

四 三匹の仔豚

　仲良しの三匹の仔豚の兄弟がいました。ある日、お母さん豚は考えました。「子供たちはもうずいぶん大きくなったわ……」
　「あなたたちもそろそろ自分で家を建てて暮らしなさい」
　お母さん豚に言われて、仔豚たちは考えます。「どんな家を作るかな……」
　「僕は藁の家を作るよ。だって簡単だもん！」
　飽きっぽい一番上の仔豚は、牧場から藁をもらってきました。あっという間に、藁の家が出来上がりました。
　「僕は木の家にしよう。薪拾いが得意だから」
　呑気な二番目の子豚は森で薪を集めます。トントントン。釘を打って、木の家が出来上がりました。
　でも、三番目の仔豚の家はまだ出来上がりません。「遅いなあ。どんな家を作っているのかな」お兄さん仔豚たちが様子を見にやってきました。
　「僕は丈夫な家を作りたいんだ。だから、レンガで作るよ」重いレンガを積み上げてしっかりと壁を作ります。朝からずっと働いて、弟仔豚は汗をびっしょりかきました。
　「簡単な家にすればいいのに」
　「あれじゃ、おやつを食べる暇もないね」
　お兄さん仔豚たちが帰った後も、弟仔豚は家を作り続けます。

「できた！これなら、どんな嵐が来たってへっちゃらさ！」

弟仔豚は大喜びでした。

家ができたので、三匹の仔豚は森で遊んでいます。

「旨そうな仔豚たちだ。一匹ずつ全部食べてやれ」

腹ペコの狼が仔豚の後にそっと付けていきます。

「始めに、大きくて丸々と太ったあの仔豚がいいな」

大きくて太っているのは、一番上のお兄さん子豚です。狼はそっと藁の家へ近づいていきました。藁の壁の隙間から狼を見て、一番上の仔豚はびっくり仰天でした！

「恐いよう！」ブルブル。子豚が震えるので、藁の壁もぶるぶるとしました。

「こんな家、吹き飛ばしてやる！」狼はすっと息を吸い込むと、力を込めて「ふうー！」と思い切り吹きました。藁の家は吹き飛んで、パラパラパラと、ただの藁でした。

「うわー！狼だよう！」

一番上の子豚は、二番目の仔豚の木の家に逃げ込みました。

粗い息を吐いて追い駆ける狼です。

「また、吹き飛ばしてやる！」

走ってきたんで、狼はぜいぜいしています。

「よし、それなら体当たりだ！」

ガンガン、パリパリッ！

二番目の仔豚の木の家も、壊れてしまいました。

二匹の仔豚は夢中でレンガの家の方に逃げました。レンガの家で、一番下の弟仔豚が待っています。「早く家に入って！」

「きっと、この家も壊されちゃうよ……」

日文读物

泣き顔のお兄さんたちを弟仔豚は励まします。
「レンガの家は丈夫だから、狼なんかへっちゃらだよ」
「いくらドアを押さえたって、無駄さ」
窓の外で狼はにんまりします。
「この家を吹き飛ばしてしまえば、もう三匹の仔豚には逃げ込むところもないぞ」
つっと……。
狼は大きく息を吸って、「ふうー！…ありゃ？」また、すっと吸って、「ふうー！」何度も息を吸って吐いて、またまた狼はぜいぜいしていました。
「それなら、体当たりだ！」
狼はずんずん後ろに下がると、勢いを付けてレンガの家にまっしぐらに走っていきました。
ダダダダッ！ゴーン！
「ぎゃあ！！」
丈夫で硬いレンガの家は、びくともしません。「わーん！痛いよう」狼は泣きながら考えました。
「家の中に入るところがどこかにないかなあ……」
「あったぞ！」
狼は唸り声を上げて、屋根に上り始めました。狼が見つけた入り口は屋根の上の煙突です。
ガタゴト……。狼が屋根に上る音が聞こえてきました。仔豚たちは急いで火を起し、大鍋に水を入れて沸かし始めました。グラグラとお湯が沸いた頃、狼が煙突からざぶん！「あちちち……！」狼は逃げていきました。

「僕<ruby>ぼく</ruby>たちも丈夫<ruby>じょうぶ</ruby>な家<ruby>いえ</ruby>を作<ruby>つく</ruby>るよ」

お兄<ruby>にい</ruby>さん仔豚<ruby>こぶた</ruby>たちは弟<ruby>おとうと</ruby>にお礼<ruby>れい</ruby>を言<ruby>い</ruby>いました。恐<ruby>こわ</ruby>い狼<ruby>おおかみ</ruby>はそれから二度<ruby>にど</ruby>と現<ruby>あら</ruby>れず、三匹<ruby>さんびき</ruby>の仔豚<ruby>こぶた</ruby>は幸<ruby>しあわ</ruby>せに暮<ruby>く</ruby>らしました。

注釈

1	三匹（さんびき）の仔豚（こぶた）⓪：三只小猪，是著名的英国童话。三只小猪是兄弟，为抵抗大野狼而有不同的遭遇，大哥盖草屋，二哥盖木屋，三弟盖了砖屋，最后只有不嫌麻烦的三弟的屋子没有被大野狼弄垮。	2	仲良（なかよ）し②：相好，好朋友
3	建（た）てる②：建，盖，建筑	4	暮（く）らす⓪：生活
5	藁（わら）①：稻草、麦秆	6	飽（あ）きっぽい④：没耐性的
7	牧場（ぼくじょう）⓪：牧场，牧地	8	あっという間（ま）に：一眨眼
9	出来上（できあ）がる④：做好，做完	10	薪（たきぎ）拾（びろ）い：拾柴
11	得意（とくい）②：拿手，擅长	12	呑気（のんき）①：悠闲地
13	集（あつ）める③：收集，集中	14	釘（くぎ）⓪：钉子
15	様子（ようす）⓪：情况，样子	16	丈夫（じょうぶ）⓪：结实的
17	レンガ①：砖	18	重（おも）い②：重的；不舒畅
19	積（つ）み上（あ）げる④：堆积起来	20	壁（かべ）⓪：墙壁
21	嵐（あらし）①：暴风雨	22	へっちゃら⓪：满不在乎，毫不在意
23	大喜（おおよろこ）び③：非常欢喜	24	旨（うま）そう：像是很香
25	腹（はら）ぺこ⓪：(俗语) 肚子很饿	26	太（ふと）る②：胖，肥
27	丸々（まるまる）③：胖胖的，圆圆的	28	近（ちか）づく③：靠近，挨近
29	隙間（すきま）⓪：间隙	30	仰天（ぎょうてん）⓪：大吃一惊
31	震（ふる）える⓪：发抖；震动	32	吹（ふ）き飛（と）ばす④：吹跑，刮跑，赶走
33	息（いき）①を吐（は）く①：吸气，喘气；气息	34	吸（す）い込（こ）む③：吸入，吸进

日文读物

35	すっと①：迅速地，轻快地，立刻	36	逃(に)げ込(こ)む③：逃进，躲入
37	思(おも)い切(き)り⓪：尽情地	38	追(お)い駆(か)ける④：追赶
39	体当(たいあ)たり③：全力以赴；用身体撞(对方)	40	壊(こわ)す②：弄坏，毁坏
41	泣(な)き顔(がお)⓪：哭丧着脸	42	励(はげ)む②：努力，刻苦
43	無駄(むだ)⓪：无用，徒劳	44	にんまり③：得意的微笑
45	ずんずん①：不停地，飞快的	46	勢(いきお)い③：气势，势头。勢いを付ける：鼓鼓劲
47	まっしぐら③：勇往直前，一直猛进	48	びくともしない：一动不动，岿然不动，毫不动摇
49	唸(うな)り声(ごえ)④：呻吟声	50	屋根(やね)①：屋顶
51	見(み)つける⓪：看到，找到，发现	52	ガタゴト①：咣当咣当
53	沸(わ)かす⓪：烧热，使……沸腾	54	グラグラ①：咕噜咕噜
55	煙突(えんとつ)⓪：烟囱，烟筒	56	ざぶん②：扑通
57	作(つく)る②：制作	58	現(あらわ)れる④：出现，暴露

四、三只小猪

有三只亲密的小猪兄弟。一天，猪妈妈想："孩子们都已经长大了……"

"你们也该自己盖房子过日子啦。"猪妈妈对孩子们说。

小猪们想了想："建什么样的房子呢？……"

"我建草房。就是因为简单！"

没有耐性的老大，从牧场取回了稻草。眨眼间，就建好了稻草房。

"我建木屋吧。因为我擅长拾柴。"悠闲的老二在森林里拾起了柴火。咚咚咚，钉上钉子，木屋建好了。

但是，老三的房子还没有建好。

"好慢啊。你要建什么样的房子呢？"猪哥哥们来察看情况。

"我想建一个结实的房子。所以用砖。"老三把重重的砖块结结实实地垒起来，砌成墙。因为从早上就一直干活，猪小弟累得汗流浃背。

"建个简单的房子就行了，何必呢……"

"像他那么干，连吃茶点的时间都没有了。"

猪哥哥们回去了，猪小弟还在继续建房子。

"建好了！这样的房子，无论来什么样的暴风雨都可以经得住了。"猪小弟喜出望外。

因为房子建完了，所以三只小猪现在正在森林里玩耍。

"都是美味的小猪们。我要一只一只的把它们吃掉。"

肚子饿得瘪瘪的野狼悄悄地跟在小猪的后面。

"从又大又圆又胖的那只开始吃起。"

又大又胖的是老大。野狼悄悄地靠近了稻草房。老大从稻草房的墙缝儿看到了野狼，吓得魂都飞了！"啊呀！太可怕了！"小猪吓得直哆嗦，稻草墙也随着颤悠起来了。

"这样的房子，我把它吹飞了。"

野狼迅速地吸了一口气，鼓足了劲儿，"呼—"地猛吹一下，稻草房给吹得飞了起来，"扑拉扑拉扑拉"，就只剩下了稻草。

"哇—！狼来啦！"

老大逃到老二的木屋里。

野狼喘着粗气一路穷追不舍。

"好，我再来吹散一个！"

野狼跑过来，呼哧呼哧地喘着。

"好的，这次我要用身体撞倒它！"

咣，咣！啪，啪！

老二的木屋也坏了。两只小猪拼命地向砖房的方向逃去。老三正在

日文读物

那里等着,"快点进屋!"

"这个房子肯定也会被攻破的……"

看着哭丧着脸的哥哥,猪小弟打气道:

"砖房很结实,根本不怕什么野狼。"

"无论怎么堵住门,都没用。"

窗外的野狼得意地狞笑着说。

"我把这个屋子也吹倒的话,那三只小猪就没有躲避的地方了。"

呼……野狼大大地吸了一口气,"呼!……咦?"又吸了一口气,"呼!"吸了好几次后,野狼又呼哧呼哧地喘了起来。

"那么,我用身体来撞倒它!"

野狼迅速的往后退,然后鼓足劲地向砖房猛冲上去。

咚,咣!

"啊哟,呀哟,哟哟,痛!"

坚硬而结实的砖房纹丝未动。

"啊!痛死我了。"野狼痛得眼泪都流出来了,它想"从哪里能进到屋子里面去呢……"

"哦,有了!"

野狼咆哮着,开始爬屋顶。野狼发现的入口是屋顶上的烟囱。

噔噔噔噔,一听到了野狼向屋顶上爬的声音,小猪们赶忙生起火,往大锅里加上水开始烧。热水咕嘟咕嘟正烧开的时候,野狼扑通一声从烟囱里掉了下来。"烫……烫……烫" 野狼仓惶逃跑了。

"我们也要建造结实的房子。"小猪哥哥们对弟弟表示了感谢。可怕的野狼以后就再也没有出现过,三只小猪幸福地生活着。

五 孫悟空

　ずっと昔のことです。花果山の天辺にある大きな石が割れて、中から石の卵が転がり出ました。そして卵から石の猿が生まれたのです。大きくなった石猿は猿たちの王になり、仲間と楽しく暮らしていました。でも、もっと強くなりたくてたまりません。
　「そうだ。仙人に会って、術を教えてもらおう」
　石猿はいくつも山を越えて、仙人に会いに行きました。仙人から、「孫悟空」という名前をもらった石猿は修行を続け、色々な術を覚えたのです。
　悟空は「筋斗雲」という雲に乗って、ひとっとびで花果山に帰ると、妖怪が仲間を苦しめていました。怒った悟空は、自分の体の毛を抜いてたくさんの分身を作り出し、妖怪を退治しました。悟空は隣の国へ押し掛け、伸び縮みする「如意棒」を無理やり、手に入れました。悟空が現れると如意棒を振り回されるので、みんな頭をぺこぺこ下げます。
　ある日、得意気な悟空の前にお釈迦様が現れました。
　「悟空よ。私の右の手から飛び出してご覧」悟空は筋斗雲に乗り、空の果てまでひとっとびで、目の前に柱が五本、立っています。悟空は柱に「孫悟空」と書いて大威張りで戻ってきました。でもお釈迦様の指を見てびっくりしました。そこには悟空が書いた文字がありました。どんなに飛んでも、悟空はお釈迦様の手の中にいたのです。
　「みんなを困らせた罰ですよ」お釈迦様はそう言うと、五行山に悟

日文読物

空を閉じ込めてしまいました。

五百年が過ぎたある日、五行山の麓を一人のお坊さんが通り掛りました。それはお経の巻物を「天竺」という国に取りに行く途中の「三蔵法師」でした。悟空は必死に頼みました。「山の下敷きはもう嫌だ。出してくれたら、弟子になります」

三蔵法師が祈ると岩山が砕け、悟空は山から飛び出しました。

「外に出れば、こっちのもの！」悟空は筋斗雲で逃げ出そうとしましたが、急に頭を抑えて転げ回りました。

「いた、た、たい！」いつの間にか頭に金の輪が付いていて、悟空の頭をどんどん締め付けます。

「ぎゃあ！もう逃げ出しません！」

三蔵法師が呪文を唱えると、痛みは治まりました。

小さな村に着くと、村長が泣いていました。「猪八戒」という豚の妖怪が、娘を自分の屋敷に連れ去ってしまったのです。

「なあに簡単だ」悟空は如意棒を長く伸ばして屋敷の扉を壊し、娘を助け出しました。ぽかりと殴られた猪八戒は、すぐに降参しました。「どうか家来にしてください」

悟空たちが大きな川までやってくると、急に水面が渦巻き、「沙悟浄」という河童の妖怪が現れました。

「そこにいるのはだれだ！」

「うるさい！妖怪め！」

怒って川に引き摺り込もうとする沙悟浄です。悟空と猪八戒は、力を合わせて戦います。とうとう沙悟浄は降参し、一緒に三蔵法師のお供をすることになりました。

天竺への道は遠く、悟空たちの前に、様々な妖怪が現れました。あ

る日、悟空は、妖怪が女の人に化けているのを見破って、如意棒で殴りました。

けれども三蔵法師は、悟空を叱りました。

「なにもしていない人に、どうして乱暴するのですか」

「あいつは妖怪なんだよ！」悟空は怒って、筋斗雲で花果山へ帰ってしまいました。でも悟空は寂しくてたまりません。本当は、三蔵法師と旅を続けたかったからです。そこへ猪八戒が汗を掻きながらやってきました。「悟空！早く来てくれよ！」三蔵法師は妖怪の魔力で、虎にされてしまったのです。

「待っていてください！」

悟空が妖怪を倒すと、虎は三蔵法師の姿に戻りました。

「悟空、ありがとう」

その頃、妖怪の金角と銀角は三蔵法師を捕まえようと待ち構えていました。けれども悟空が如意棒を振り回しながらやってくるので、近づくことができません。

「邪魔な悟空をやっつけよう！」銀角は不思議な赤い瓢箪を手に持って、「やい！悟空」「おう！」悟空が答えるとなんと瓢箪に吸い込まれていきました。

「おっと、危ない」悟空は小さな虫に化けて逃げ出すと、叫びました。

「金角！銀角！」

「おう！なんだ！」返事をした二人は瓢箪に吸い込まれてしまいました。

それからも悟空たちは力を合わせて旅を続け、とうとう天竺に着きました。ありがたいお経をいただいて、悟空は本当に優しく強い猿になることができたのです。

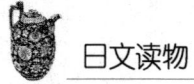 日文读物

注释

1　孫悟空（そんごくう）：孙悟空是中国明代小说家吴承恩的著作《西游记》中的人物。
2　昔（むかし）⓪：从前，往昔
3　天辺（てっぺん）③：顶峰，极点
4　石（いし）②が割（わ）れる⓪：石头裂开
5　石（いし）②の卵（たまご）②：石头蛋
6　転（ころ）がり出（で）る⑤：滚转出来，滚出来
7　仲間（なかま）③：伙伴
8　楽（たの）しむ③：快乐，期待
9　術（じゅつ）②：技术，谋略，魔术
10　山（やま）②を越（こ）える⓪：翻越大山
11　修行（しゅぎょう）⓪：（佛教）修行，（武术）苦练功夫
12　続（つづ）ける⓪：继续，连续不断
13　筋斗雲（きんとうん）③：《西游记》中孙悟空飞行时所乘之云
14　雲（くも）①に乗（の）る⓪：乘着云彩
15　苦（くる）しい③：痛苦，难受
16　怒（おこ）る②：生气发火，责备申诉
17　毛（け）⓪を抜（ぬ）く⓪：拔毛
18　退治（たいじ）①：消灭，降伏
19　押（お）しかける④：不请自来，蜂拥而至
20　伸（の）び縮（ちぢ）み⓪：伸缩
21　如意棒（にょいぼう）⓪：如意棒
22　無理（むり）やり⓪：硬强迫
23　現（あらわ）れる④：出现，显露
24　振（ふ）り回（まわ）す④：挥舞，滥用，显摆
25　ぺこぺこ①：点头哈腰，谄媚貌，瘪瘪的
26　頭（あたま）③を下（さ）げる②：佩服，低下头
27　得意気（とくいげ）：得意的样子，骄傲的神气
28　釈迦様（しゃかさま）：如来佛祖（中国古老神话人物）
29　ご覧（らん）⓪：（敬语）请
30　果（は）て②：末了，最后，边际，尽头
31　ひとっとび②：一个跟头
32　戻（もど）る②：返回，回家，折回
33　威張（いば）る②：自吹自擂，骄傲，摆架子
34　飛（と）んでも：无论怎样飞
35　罰（ばち）②：报应，惩罚
36　閉（と）じ込（こ）む④：关起来
37　過（す）ぎる②：过，经过，时间流逝
38　麓（ふもと）③：山麓
39　坊（ぼう）さん⓪：和尚
40　通（とお）り掛（か）る⑤：恰巧路过
41　御経（おきょう）⓪：经文
42　巻物（まきもの）⓪：卷轴，卷物

43 必死（ひっし）⓪：拼命
44 嫌（いや）②：讨厌厌恶，够了
45 祈（いの）る②：祈祷，祝愿
46 砕（くだ）ける③：弄坏打碎
47 飛（と）び出（だ）す③：冲出去
48 逃（に）げる②：逃跑，回避
49 抑（おさ）える③：按压，占有，抓住
50 転（ころ）げ回（まわ）る：来回滚动
51 いつの間（ま）にか：不知何时
52 輪（わ）①：圏
53 どんどん①：连续不断，顺利
54 締（し）めつける④：系紧，拧紧，勒紧，管束
55 呪文（じゅもん）⓪を唱（とな）える③：念咒
56 治（おさ）まる③：平静，平定，止住
57 屋敷（やしき）③：宅邸，房基地
58 扉（とびら）⓪：门
59 助（たす）ける③：救助，帮助
60 殴（なぐ）る②：殴打，揍
61 降参（こうさん）⓪：投降，毫无办法
62 家来（けらい）①：家臣，仆人
63 渦巻（うずま）き②：漩涡
64 引（ひ）き摺（す）りこむ⑤：拖入，拽进
65 力（ちから）③を合（あ）わせる③：齐心合力
66 戦（たたか）う⓪：战斗，作战
67 お供（とも）②：随同，陪同
68 化（ば）ける②：变化，化妆
69 見破（みやぶ）る④：识破
70 叱（しか）る⓪：斥责，训斥
71 乱暴（らんぼう）⓪：粗暴，潦草，蛮横
72 汗（あせ）①を掻（か）く①：出汗
73 金角（きんかく）：金角怪兽
74 銀角（ぎんかく）：银角怪兽
75 捕（つか）まる⓪：抓住，被捕
76 待（ま）ち構（かま）える⑤：等待
77 不思議（ふしぎ）⓪：奇怪，不可思议
78 瓢箪（ひょうたん）③：葫芦，瓢
79 吸（す）い込（こ）まれる：被吸进去
80 叫（さけ）ぶ②：叫，喊，呼吁

五、孙悟空

很久以前，花果山山顶上的一块大石头裂开了，从石头里滚出来一

个石头蛋，石头蛋里又蹦出一个石猴子。石猴儿长大后当了猴王。它和猴伴们快乐地生活着，但是他一心想让自己变得更加强大。

"是啊，我要去找神仙，让他们教我本事。"

石猴翻越重重山岭，终于见到了神仙。神仙为他取名，叫"孙悟空"，悟空坚持苦练功夫，练就了一身的本领。

悟空乘着所谓的"筋斗云"的云朵，一个跟头翻回了花果山。刚一到，就听说妖怪欺负猴孩儿们的消息，悟空怒不可遏，拔下自己身上的几根毫毛，变出了多个和自己相同的猴子，把妖怪打得逃窜了。悟空又闯到邻国抢来了可以随心变化的"如意金箍棒"，因为悟空一出现，就挥舞着金箍棒，所以大家对他佩服得五体投地。

一天，悟空得意洋洋时，如来佛祖来到了他面前。

"悟空，试着从我的右手上飞出去。"佛祖说。

悟空乘着筋斗云，一个跟头翻到了天边。眼前立着五根大柱子，悟空在柱子上写下"孙悟空"三个字，就十分猖狂地返了回来。可是，悟空一看如来佛祖的手指，大吃一惊，他写的字竟然在那上面。无论怎么飞，悟空还是飞不出佛祖的手心。

"因为你总是与大家作对，这是对你的处罚。"佛祖这样说着，就把悟空关在了五行山下。

五百年后的一天，有一个和尚从五行山山脚下经过。这是去天竺国取经途中路过此地的三藏法师，悟空苦苦哀求他。

"压在这山下已经受够了，如果能让我出去，我拜你为师。"

三藏法师于是做了祈祷，山体崩裂，悟空从山底跳了出来。

"一旦出来了，就是我说的算了。"悟空乘着筋斗云要逃走时，却突然抱着头在地上打起了滚儿。

"疼，疼，疼！"不知何时悟空的头上有了一个紧箍咒，把他的头

勒得越来越紧。

"啊，我再也不逃了。"

三藏法师停止了念咒，悟空的疼痛便消失了。

他们来到了一个小村落，看到村长在哭，说是一个叫"猪八戒"的猪妖，把他的女儿带到窝里去了。

"啊呀，这不费吹灰之力。"

说着悟空就把如意金箍棒拉长，捣毁了猪八戒的窝门，救出了村长的女儿。被痛打了的猪八戒，很快投降了。

"请收我做你的仆人吧。"

悟空他们来到一条大河的时候，河面突然卷起了漩涡，一个叫"沙悟净"的河妖出现了。

"来者何人？"

"闲话少说，妖怪！"

愤怒的沙悟净想强行把悟空他们拖入河中，悟空和猪八戒合力与沙悟净大战起来。终于制服了沙悟净。沙悟净也一起随同三藏法师踏上了取经之路。

到达天竺国的路很长，悟空师徒遇到了形形色色的妖怪。一天，悟空识破了一个巧扮女人的妖怪，用金箍棒把她打死了。

然而，三藏法师却训斥悟空说：

"她什么也没做，你为什么要打她？"

"那家伙是妖怪呀！"悟空一气之下，乘着筋斗云回了花果山。可是悟空孤独难耐。因为他是真心想和三藏法师继续取经之旅。正在这时，猪八戒满头大汗地赶了过来，八戒说："悟空，快点回来吧！"三藏法师被妖怪用魔法变成了老虎。

"等着我！"

日文读物

悟空把妖怪打倒了，把老虎又变回了三藏法师。

"悟空，谢谢你。"

这时，金角妖怪和银角妖怪伺机要抓三藏法师。可是，悟空挥舞着金箍棒来到了师父身旁，他们无法靠近。

"把这个碍事的悟空干掉！"金角妖怪手里拿着一个奇怪的红葫芦，喊道："喂，悟空。"

"哎"谁知悟空一答应，就立即被吸到葫芦里。

"啊，太危险了！"悟空变成小虫子从葫芦里逃了出来，冲妖怪高喊："金角妖怪！银角妖怪！"

"哎，什么事？"应答的这两个妖怪被收进了葫芦里。

从此后，悟空师徒们齐心合力继续取经之路，终于到达了天竺国，取到了真经，悟空真的变成了既善良又厉害的猴子。

六 魚のうろこ

　私たち人間の体は、やわらかい皮膚でおおわれていますが、魚の体の表面には、硬いうろこがあります。うろこは、皮膚の一部が変化したものです。魚の種類によって、うろこの形はさまざまです。マツカサウオは分厚いうろこを持っていますし、ハリセンボンは、針のようにとがったうろこを持っています。なぜ魚にはうろこがあるのでしょうか。

　生物の体は、細胞からできています。細胞は、小さな部屋のようなもので、まわりを薄い膜がおおっています。この膜には、特別な性質があります。それは、密度の薄い方から密度の濃いほうにだけ水分を通す性質です。たとえば、細胞の中に入っている水分が、まわりの水よりも薄ければ、細胞から外へ水がどんどん出ていきます。ナメクジに塩をかけると小さくなるのは、ナメクジの細胞から水が出ていってしまうからです。逆に、細胞の中の水のほうが濃いときは、まわりからどんどん水が入ってきます。

　魚が棲んでいるのは、池や川のような真水か、塩分の濃い海の水の中です。もし魚の体の表面が、ナメクジのようだったら、どうなるでしょう。真水に棲む魚は、体の中にどんどん水が入ってきてしまうし、海水に棲む魚は、体の中の水がどんどん出ていってしまいます。それを防ぐ働きをするのがうろこです。うろこは水を通さないようにできているので、体の水が勝手に出たり入ったりしないのです。

　うろこには模様があり、中心から放射状に溝があります。この溝を

見ると、魚のだいたいの年齢を知ることができます。これは、ちょうど植物の年輪によく似ています。サバにもうろこがあるのですが、残念ながらサバの年齢を正確に読むことができないのです。

注釈

1	うろこ③：鱼鳞		2	人間（にんげん）⓪：人类
3	硬（かた）い⓪：硬的		4	種類（しゅるい）①：种类
5	マツカサウオ④：日本松球鱼（鱼名）		6	ハリセンボン③：六斑刺鲀（鱼名）
7	分厚（ぶあつ）い③：厚，很厚		8	通（とお）す⓪：通过
9	ナメクジ③：蛞蝓,蛞蝓；鼻涕虫（俗称）		10	逆（ぎゃく）⓪：相反
11	池（いけ）②：池子		12	川（かわ）②：河流
13	真水（まみず）⓪：淡水		14	塩分（えんぶん）①：盐分
15	防（ふせ）ぐ②：防止		16	勝手（かって）⓪：任意，随意
17	模様（もよう）⓪：图案，花纹		18	溝（みぞ）⓪：沟
19	似（に）る②：相当，与……相似		20	サバ⓪：青花鱼
21	残念（ざんねん）③：遗憾			

六、鱼鳞

　　我们人类的身体被柔软的皮肤覆盖着，而鱼的身体表面有硬的鳞。鳞是皮肤的一部分发生变化而来的。根据鱼的种类不同，鳞的形状各异。日本松球鱼有厚厚的鳞，而六斑刺鲀则有像针一样尖尖的鳞。为什么鱼会有鳞呢？

　　生物的躯体是由细胞构成的。细胞就是像小房间似的，周围被薄薄的膜所包裹着。这个膜有特别的性质。那就是水分只能从密度薄的一方流向密度厚的一方的特性。比如说，如果细胞里面的水比周围的水浓度薄，水就会从细胞里渐渐地流到外面去。蛞蝓身上如果被撒上盐的话，马上

日文读物

就变会小了,那是因为蜓蚰细胞里的水出来了。反之,细胞中的水较浓的时候,周围的水会渐渐地流进去。

　　鱼生活在像池子和小河那样的淡水里,也生活在盐分浓的海水里。如果鱼的表面像蜓蚰那样会怎么样呢。在淡水里生活的鱼身体里会不断地渗入水,在海水里生存的鱼身体里的水会不断地渗出去。起防范作用的就是鳞。因为鳞可以阻挡水,身体里的水就不能随意进出。

　　鳞是有花纹的,有从中心向四周放射状的沟。一看见这个沟就能知道鱼的大致年龄。这个正好与植物的年轮相似。青花鱼也有鳞,但遗憾的是我们无法准确地读出青花鱼的年龄。

　　(サバを読む:在日语中是打马虎眼的意思,故有这么一句话结尾。)

日文读物

七　シンデレラ

　　あるお屋敷に、かわいい女の子がいました。優しいお父さんとお母さんに見守られて、女の子は美しい娘に育ちました。
　　ところが、悲しい出来事が起きました。大好きなお母さんが病気で死んでしまったのです。やがて、お屋敷に新しいお母さんが来ました。連れてきた二人の娘も一緒に暮らすようになりました。三人とも我が儘で意地悪でした。きれいな娘がいるのが悔しくて、皿洗いや家中の掃除を言い付けるのでした。
　　不幸せはまだまだ続きました。お父さんは病気になって、なにも知らないままに死んでしまったのです。
　　お父さんが亡くなると、三人は娘の部屋を取り上げました。眠るのは屋根裏部屋しかありません。
　　「怠けてはだめよ。シンデレラ」
　　三人は、娘を灰だらけという意味の「シンデレラ」と呼んで、働かせました。
　　ある日、立派な招待状が届きました。お城に若い娘を招いて、ダンスパーティーが開かれることになったのです。
　　意地悪な二人のお姉さんはドレスを選ぶのに夢中です。優しいシンデレラは、お姉さんたちに合うドレスを選び、髪を飾ってあげました。
　　「きれいな娘が招待されたんだって。おまえは留守番をするんだよ。シンデレラ」
　　三人が嬉しそうに出かけると、シンデレラの目に涙が溢れてきまし

た。「お城のパーティーに、私も行ってみたい」涙は頬を濡らし、止まりませんでした。

「かわいそうなシンデレラ。おまえの願いを叶えてあげよう」

気が付くと、魔法使いのお婆さんがいました。

「よくお聞き、カボチャを一つ、ハツカネズミを六匹、鼠を一匹、探してきておくれ」

シンデレラが探してきたカボチャを、お婆さんは魔法の杖で触りました。すると、カボチャは金の馬車になりました。そして、ハツカネズミは真っ白い馬に、鼠は御者になったのです。その次にお婆さんが杖でシンデレラに触れると、粗末な服が見たこともないようなドレスに変わりました。

「なんて素敵なドレス！」

でもすぐに、シンデレラは俯きました。靴が穴だらけなのです。すると、お婆さんはにっこり笑って、透き通ったガラスの靴を渡しました。

「さあ、この靴をあげよう」

靴は足にぴったりです。

「忘れないで。魔法は、十二時で消えてしまうよ。鐘が鳴り止む前に、戻ってきておくれ」

「ありがとう、お婆さん」

シンデレラを乗せた馬車は、お城へ走り出しました。

大広間の人々は、踊るのも忘れてシンデレラに見れました。

「いったい、どこのお姫様かしら？」

王子様がシンデレラの手を優しく取ります。王子様とシンデレラは、見詰め合いながら踊り続けました。夢のような楽しい時が過ぎていきます。

日文読物

「王子様は、ほかの娘に見向きもしないわ。きれいなお姫様に夢中ですもの」

意地悪なお母さんたちも、見れています。

まさか、シンデレラとは、夢にも思わないのです。

気が付くと、十二時の鐘が聞こえています。

「大変！急いで帰らないと」

シンデレラは慌てて広間を抜け出し、お城の長い階段を駆け下りていきました。

「お姫様、待ってください！」

後を追った王子様は、階段の途中でふと足を止めました。何かがきらりと光っていたのです。それは、シンデレラが慌てて帰る時に落としたガラスの靴の片方でした。

鐘が鳴り止むと、シンデレラはみずぼらしい姿に戻りました。金の馬車も白い馬も御者も消えてしまいました。ただ一つ、ガラスの靴の片方が残っていました。

王子様の心の中は、シンデレラのことばかりです。

「この靴が足に合う娘を探しておくれ」

家来たちは町中尋ね回りましたが、靴が履ける娘はなかなか見つかりません。最後にやってきたのは、シンデレラの家でした。でも二人のお姉さんにも、靴は小さすぎて履けません。

「もう、娘さんはいませんか？」

家来はがっかりした様子で部屋の中を見回しました。

物陰からそっと、シンデレラは尋ねました。

「私も履いてもいいですか？」

「あっちにお行き、シンデレラ」

日文读物

　お母さんたちは追い出そうとしましたが、王子様の家来はシンデレラに靴を履かせました。
「なんと、足にぴったりだ」
　驚く家来たちに、シンデレラはもう片方の靴を出しました。
「おお、身形は違っているが、あなたはあの時のお姫様！」
　家来たちは口々に叫んで喜び合いました。
　間も無くシンデレラは、王子様と結婚しました。意地悪を謝ったお母さんたちもお城に迎え、幸せに暮らしました。

注釈

1	シンデレラ：灰姑娘，是德国《格林童话》中的人物形象。	2	屋敷（やしき）③：宅邸，房子
3	見守（みま）る⓪：关注，照看	4	悲（かな）しい⓪：悲伤
5	我儘（わがまま）③：任性	6	意地悪（いじわる）③：心地坏
7	悔（くや）しい③：令人愤懑的	8	皿洗（さらあら）う③：洗碟子。
9	言（い）い付（つ）ける④：吩咐	10	不幸（ふしあわ）せ③：不幸
11	取（と）り上（あ）げる⓪：夺取	12	屋根裏部屋（やねうらべや）⓪：阁楼间
13	屋根（やね）裏（うら）⓪：屋顶	14	怠（なま）ける③：忍耐
15	灰（はい）⓪：灰尘	16	だらけ：满，净，沾满
17	立派（りっぱ）⓪：华丽	18	招待状（しょうたいじょう）③：邀请函
19	夢中（むちゅう）⓪：梦中；着迷	20	ドレス①：礼服
21	留守（るす）①：看家；出门；忽略	22	涙（なみだ）①：眼泪
23	溢（あふ）れる③：流	24	叶（かな）えてあげる：我帮你能实现
25	頬（ほお）①を濡（ぬ）らす③：浸湿面颊，泪流满面	26	魔法使（まほうつか）い④：魔术师，巫师
27	カボチャ⓪：南瓜	28	ハツカネズミ③：小家鼠，小白鼠
29	杖（つえ）①：拐杖	30	触（ふ）れる③：碰，触
31	粗末（そまつ）①：粗糙，不精致	32	御者（ぎょしゃ）①：御者，驭手
33	俯（うつむ）く③：低头；耷拉	34	見惚（み）とれる⓪：着迷

35	透（す）き通（とお）る③：透明，清澈	36	ぴったり③：合适；一下子；严实；完全一致
37	大広間（おおひろま）③：大厅，大会场	38	見向（みむ）き②：理睬
39	姫（ひめ）①：公主	40	見詰（みつ）める⓪：凝视，注视
41	広間（ひろま）①を抜（ぬ）け出（だ）す③：溜出大厅	42	駆（か）け（お）下りる：跑下去
43	後（あと）⓪を追（お）う⓪：在后面追	44	きらり②：奇异
45	ガラス①の靴（くつ）②：水晶鞋	46	追（お）い出（だ）す③：赶出，撵出
47	片方（かたほう）②：一支，一方	48	家来（けらい）①：家仆，仆人
49	見回（みまわ）す④：环视，张望	50	物陰（ものかげ）⓪：隐蔽
51	身形（みなり）①：服饰，装饰，打扮	52	口々（くちぐち）②：异口同声
53	間（ま）も無（な）く②：不久	54	謝（あやま）る③：道歉

七、灰姑娘

在一座大宅院里，有一个可爱的女孩，在善良的父母的养育下，女孩儿长大变成了美丽的姑娘。

然而，不幸的事情发生了。她最喜欢的母亲生病去世了。不久，家里来了新的母亲，她带来的两个女儿也在一起生活。这三个人既任性心地又坏，她们嫉妒美丽的姑娘，总是吩咐她洗碟子、打扫房间。

不幸接连不断地发生，父亲又病了，也莫名其妙地离开了人世。

父亲一去世，这三人就让姑娘搬出她的房间。睡在了阁楼里。

"不许偷懒啊，灰姑娘！"三个人把这个姑娘叫作"灰姑娘"，意思是身上沾满灰尘，让她干活。

一天，家里收到了一张华丽的请柬。邀请年轻女孩到城里参加王宫举办的舞会。

两个坏心眼的姐姐一个劲儿挑选礼服。温柔的灰姑娘，帮助两位姐姐挑选合身的礼服和装饰发型。

"请柬上写着只邀请美丽的女孩，你留在家里吧。灰姑娘。"

那三个人兴高采烈地出了门。灰姑娘眼里浸满泪水。"我也想参加城堡的舞会。"说着泪水顺着面颊流淌不止。

"可怜的灰姑娘，我来帮助你如愿以偿。"

灰姑娘定神一看，原来是位巫师。

"好好听着，你找来一个南瓜，六只小白鼠，一只老鼠。"

灰姑娘找来了南瓜，老婆婆用魔杖一碰，南瓜就变成了金色的马车，而且把小白鼠变成了白马，老鼠成了车夫。接下来老婆婆又用魔杖碰了一下灰姑娘，灰姑娘的粗布衣服就成了从未见过的新礼服。

"哇！好漂亮的礼服呀！"

但是灰姑娘又马上低下头，脚上的鞋子净是洞。老婆婆莞尔一笑，递给灰姑娘一双晶莹剔透的水晶鞋。

"来，给你这双鞋。"

鞋子正合脚。

"千万不要忘记，魔法12点消失。在钟响停止前，你一定要回来。"

"老婆婆，谢谢您。"

载着灰姑娘的马车奔向了城堡。

大厅的人们着迷地看着灰姑娘，都忘记了跳舞。

"她到底是哪家的公主呢？"

王子温存地握住灰姑娘的手，他们含情脉脉地凝视着对方，一曲接着一曲地跳舞。愉快的时光像梦境般很快过去了。

"王子被美丽的公主迷住了，也不看别的女孩了。"

坏心肠的母亲，也看得入了迷。

他们做梦都不会想到，这就是灰姑娘。

突然一留神，灰姑娘听到了12点的钟声。

"不好，我要马上赶回去。"

灰姑娘慌慌张张地穿过大厅，跑下城堡长长的台阶。

"公主，请等一等。"随后追赶过来的王子在下台阶的途中突然停下脚步。不知什么东西在一闪一闪地发光。原来是灰姑娘慌慌张张赶回去时落下的一只水晶鞋。

时钟响声一停止，灰姑娘就变回到原来很穷的样子。金色的马车、白马和车夫都消失了，只有一只水晶鞋还保留着。

王子的心中只有灰姑娘。

"去把适合穿这只鞋子的姑娘给我找来。"

仆人们在城里到处寻找，怎么也没有找到能穿上这只水晶鞋的姑娘。最后来到了灰姑娘的家。但是两个姐姐都因鞋子太小穿不进去。

"没有其它女孩了吗？"家仆失望地在房间里来回查看。

灰姑娘在隐蔽处悄悄地问："我可以穿上试试吗？"

"滚一边去，灰姑娘。"母亲她们想把她赶出去。但是王子的仆人让灰姑娘试穿了鞋子。

"啊呀，多合脚啊。"

灰姑娘又给震惊的仆人们拿出来了另一只鞋子。

"啊，衣着打扮不一样，但是，你就是当时的公主！"

仆人们高兴坏了，异口同声地欢叫起来。

不久，灰姑娘和王子结婚了。知错并道歉了的坏心肠的母亲她们也被接到城堡里，一起过着幸福的生活。

八 不思議の国のアリス

　眠くなるような気持ちのいい風が木陰に吹いてきます。本を読むお姉さんのそばでアリスはあくびをしました。
　「急げや、急げ！」
　なんとチョッキを着た白兎が目の前を横切ったのです。
　「どこへ行くの？」
　アリスが叫ぶと兎はビョーンと穴に飛び込んでしまいました。アリスも続いて飛び込みます。深い穴の中をとてもゆっくり落ちていくので、アリスは眠くなりました。
　どこか遠くの方で、飼猫のダイナが鳴いています。「ダイナにおやつをあげないと。ダイナはミルクが好き……ミルクはダイナが好き……」アリスは眠くて、どっちなのか分からなくなってしまいました。
　ストン！穴の底は、細長い部屋になっていました。小さなドアを開けると、きれいな庭が見えます。でもドアが小さすぎて、とても通れません。ふと見るとテーブルにケーキが載っていました。お皿に「お食べなさい」と書いてあります。アリスは一口食べました。すると、体がグングン伸びていきます。
　「こんなに大きくなったら、ますますドアを通れないわ」アリスは泣き出しました。
　やがてアリスは泣き止みました。大声で泣いたのが恥ずかしくなったのです。そばに落ちていた扇子を広く揚げて、アリスはストンとしました。なんと今度は、体がどんどん縮んでいきます。ドボン！アリ

日文読物

スはしょっぱい水の中に落ちてしまいました。アリスが泣いたので、涙の池ができたのです。岸に泳いで行くと、ずぶ濡れの鼠や鳥たちも上がってきました。

「体が乾くまで、グルグル競争をしよう！」

大きなドードー鳥が言うと、みんなは丸い輪になってガヤガヤ走り出しました。これではどこかゴールなのか分かりません。急にみんなは走るのを止めました。

「みんな一緒にしよう。ご褒美にこの女の子が話をしてくれる」ドードー鳥は勝手に決めてしまいます。アリスはどんな話をしようか、考えました。

「ダイナの話がいいわ！」

「ダイナは隠れん坊が上手です、バラの垣根を通り抜けても怪我もしません」

「ダイナは素敵な鳥だ！」

「いいえ、可愛い猫よ」

するとみんなは悲鳴を上げて、バタバタと逃げ出しました。

「鳥や鼠は猫が嫌いなのね」

悲しくなって歩いて行くと、キノコにぶつかりそうになりました。

「片方伸びて、もう片方縮む……、キノコをお食べ」

キノコの上の芋虫は、そう言うと消えてしまいました。アリスはキノコの傘の部分を二つ千切りました。

「片方ってどっちかしら？」

困ったアリスは左手のキノコを齧ります。途端に、体が伸びていきます。慌てて右手のキノコを少し齧りました。

「あらあら、体が縮んでいくわ」

すると木の枝で、猫がニヤニヤ笑っています。
「女王の庭でゲームがある」
「その庭はどこにあるの？」
「どこかにあるさ。また会おう！」笑い猫はニヤニヤしながら消えてしまいました。
　森を出ると、木陰のテーブルで帽子屋と三月兎がお茶を飲んでいました。アリスは挨拶をします。
「こんにちは。女王様の庭はどの道を行けばいいの？」
すると帽子屋が言いました。
「お茶が済むまで待ちなさい」
でも、いつまで経っても、お茶は終わりません。
「いつお茶が済むの？」
「時計が止まっちゃってね。それでずっとお茶の時間なのさ」
　アリスは仕方なく歩き出しました。ふと見ると木の根元にドアがあります。中に入ると、そこでは小さなドアがある、あの細長い部屋でした。
「きれいな庭に行ってみよう！」
　アリスは右のキノコを齧ってどんどん小さくなりました。ドアを出るとそこは女王の庭でした。三人のトランプの植木屋が白いバラの花にせっせと赤いペンキを塗っています。
　アリスはびっくりしました。
「まあ、きれいな白い花に……」
「仕方ないのさ。我が儘な女王が花は赤と決めたんだ」
　その時、不思議なパレードがやってきました。王や女王、家来たちも全部トランプです。

 日文读物

「まだ白い花ある。植木屋を牢屋に入れてしまえ！」女王は大声で命令します。
「助けてあげるわ」
アリスは植木屋を植木鉢の中に隠してあげました。やがてゲームが始まりました。生きているハリネズミはフラミンゴをぱっと撃つのです。みんな大騒ぎでハリネズミを捕りあうので、女王はかんかんです。
「みんな牢屋に入れてしまえ！」
すると空に、笑い猫が現れました。
「平気さ。女王は自分が言ったことをすぐに忘れるから」
アリスがほっとした時、「裁判が始まるぞー！」あの白兎が叫びました。
お城の広間にハートのジャックが縛られています。白兎が言いました。
「女王のパイを盗んだのはジャックか？アリス、答えなさい」
その時、アリスの体はむくむくと大きくなりました。
女王は真っ赤になって怒鳴ります。
「アリスも縛っておしまい！」
アリスもかんかんです。
「あなたなんて恐くないわ。ただのトランプじゃないの！」
すると、トランプがアリスを目掛けて一斉に襲ってきます。
そこでアリスは飛び起きました。
「あぁ、夢だったのね……」
アリスが見た不思議な夢を、お姉さんは微笑みながら聞いています。それからアリスは猫のダイナにおやつをあげようと家に走っていきました。

注釈

1	不思議（ふしぎ）の国（くに）のアリス：爱丽丝梦游仙境，是英国的数学家和伦理学家查尔斯·勒特威奇·道奇森于1865年以路易斯·卡罗尔的笔名发表的作品。	2	木陰（こかげ）⓪：树荫，树下
3	チョッキ⓪：背心	4	横切（よこぎ）る③：横过，穿过
5	おやつ②：午后间食	6	飛（と）び込（こ）む③：跳入
7	飼猫（かいねこ）⓪：家猫	8	鳴（な）る⓪：鸣，响
9	ストン②：啪啦一下子	10	ふと②：突然
11	グングン①：很快地，稳步地	12	伸（の）びる②：变长，伸长
13	ますます②：更加，越发	14	なんと①：感叹词，哎呀
15	どんどん①：连续不断状	16	やがて③：不久，马上
17	ドボン②：咚的一声	18	しょっぱい③：咸
19	ずぶ濡（ぬ）れ⓪：湿透，淋透	20	乾（かわ）く②：干燥，枯燥
21	グルグル①：滴溜溜地（转），团团转	22	ドードー鳥（ビリ）：渡渡鸟
23	輪（わ）①になる①：变成圈	24	ガヤガヤ①：吵吵嚷嚷，喧嚣吵闹
25	走（はし）り出（だ）す④：跑起来	26	ゴール①：终点
27	褒美（ほうび）⓪：奖励，奖品，奖赏	28	隠（かく）れん坊（ぼう）③：捉迷藏，桌藏猫咪
29	バラ⓪：蔷薇	30	垣根（かきね）③：篱笆，栅栏
31	通（とお）り抜（ぬ）ける⑤：通过	32	怪我（けが）②：损伤，受伤
33	悲鳴（ひめい）⓪を上（あ）げる⓪：叫起来	34	バタバタ①と逃（に）げ出（だ）す⓪：慌张出逃
35	ぶつかる⓪：撞，碰；遇到；发生冲突；适逢，赶在一起	36	片方（かたほう）②：（两个中的）一个，（两方面的）一面
37	縮（ちぢ）む⓪：缩小	38	芋虫（いもむし）②：青虫
39	齧（かじ）る②：咬	40	千切（ちぎ）る②：掐下，摘取
41	途端（とたん）に：正当…时候，刚一…时候；突然	42	ニヤニヤ①：默默地笑
43	慌（あわ）てる⓪：急忙，慌张	44	帽子屋（ぼうしや）：疯帽匠
45	三月兎（さんがつうさぎ）：三月野兎	46	済（す）む①：完了，过得去，解决
47	経（た）つ①：经过	48	根元（ねもと）③：根部
49	トランプ②：扑克牌	50	せっせと①：不停的，拼命的

51	ペンキ⓪：油漆	52	植木屋（うえきや）⓪：种树人，园丁
53	植木鉢（うえきばち）③：花盆	54	儘（まま）⓪：照旧，一如既往，随意，任意，自由
55	パレード②：庆祝游行的队伍	56	家来（けらい）①：家臣，臣下；仆人
57	ハリネズミ③：刺猬	58	フラミンゴ③：火烈鸟
59	ぱっと①：突然，一下子	60	撃（う）つ①：拍，射击
61	大騒（おおさわ）ぎ③：乱做一团	62	かんかん⓪：大发脾气
63	広間（ひろま）①：大厅，殿	64	ハート⓪：心脏，内心，红桃
65	ジャック①：红桃杰克	66	縛（しば）る②：绑，束缚
67	パイ①：苹果派，麻将牌	68	むくむく①：上涨，上升
69	真（ま）っ赤（か）③になる①：变得赤红	70	目掛（めが）ける③：以……为目标
71	一斉（いっせい）⓪：一齐，同时	72	襲（おそ）う②：袭击，袭
73	飛（と）び起（お）きる④：跳了起来		

八、爱丽丝梦游仙境

让人昏昏欲睡、舒适无比的清风从树荫下吹来。正在姐姐身旁读书的爱丽丝打了个哈欠。

"快点！快点！"

身着背心的兔子先生从她的眼前横穿而过。

"你要去哪儿？"

爱丽丝一叫，兔子"嘭"的一声跳进了洞穴。爱丽丝也紧跟着跳入其中。因为跳得十分缓慢，洞子又深。爱丽丝开始发困了。

不知是哪里，远方传来了一只家猫黛娜的叫声，"快给黛娜喂食，……黛娜喜欢牛奶……牛奶喜欢黛娜……"爱丽丝在睡梦中，分不清楚

到底是哪一个。

　　啪啦一声，洞穴的底部出现了一间细长的房子。打开小门，能看见漂亮的庭院。但是门太小了，根本过不去。再看，突然发现桌子上放着蛋糕，盘子上写着"请吃下我"。爱丽丝就吃了一口，于是，身体飞快地长高了。

　　"如果这样变下去的话，就更过不了这个门了。"爱丽丝哭了起来。

　　过了一会儿，她停止了哭泣。大声地哭泣让她觉得很羞耻。

　　爱丽丝拿起落在旁边的扇子，打开它，"啪啦"地扇了一下，哎呀，这次身体又一点一点地缩了回去。"咚！"爱丽丝掉进了咸滋滋的水里。因为她啼哭不止，这里变成了泪水池塘。爱丽丝游到岸边，湿淋淋的老鼠和一群鸟也上来了。

　　"我们比赛吧，玩滴溜溜转圈儿，直到身体变得干爽！"大渡渡鸟说。于是，大家围成圆圈，吵吵闹闹跑了起来。因为不知何时是终点，突然大家都停止了跑动。

　　"大家一起来，作为奖励，让这个女孩子给我们讲故事。"渡渡鸟又自作主张地说。爱丽丝考虑着说些什么好呢。

　　"讲黛娜的故事好！"

　　"黛娜擅长捉迷藏，她穿越蔷薇篱笆却能毫发无损。"

　　"黛娜是只漂亮的鸟！"

　　"不是，是可爱的猫！"

　　于是大家都尖叫着，慌张逃走了。

　　"鸟和老鼠都讨厌猫。"

　　爱丽丝悲伤地走着，差点撞倒蘑菇。

　　"一边会变大的，一边会缩小的……吃蘑菇吧。"

　　蘑菇上有只青虫，瞬间就消失了。爱丽丝采下两个蘑菇。

"这两个，吃哪一个呢？"

为难的爱丽丝咬了一口左手的蘑菇，刚一咬身体突然变大了。爱丽丝急忙咬了一点右手的蘑菇。

"呀，身体又缩小了啊。"

于是，在树枝上的嬉笑猫默默地笑着。

嬉笑猫说："红桃皇后的院子里有游戏。"

"那个院子在哪里？"

"在哪里呢？再会！"露齿嬉笑猫，一边嗤笑着一边跑掉了。

走出森林，看到疯帽匠和三月野兔在树荫下的桌子上喝着茶。爱丽丝上前问候。

"你好，我要去红桃皇后的庭院，走哪条路好呢？"

疯帽匠说："等喝完茶吧。"

但是，不知过了多长时间，茶还是没喝完。

"什么时候能喝完茶呢？"

"一直到钟表停止的时候。否则，永远都是喝茶的时间。"

爱丽丝没有办法，只好走了，突然看到树根上有一个门。进到里面，又出现一个小门，原来那是一个细长的房间。

"去美丽的院子看看吧！"

爱丽丝咬了一口右手拿着的蘑菇，身体就渐渐变小了。从那个门出去后就是红桃皇后的庭院。扑克牌上的三个园丁正在拼命地往白色的蔷薇花上涂红色油漆。

爱丽丝吓了一跳。

"啊，漂亮的白色花朵被……"

"没有办法。任性的红桃皇后规定花是红色的。"

正在这时，不可思议的盛装游行队伍来到了。红桃国王和红桃皇后、

家臣等人全都是扑克牌。

"还有白色的花？把园丁打入大牢！"女王大声地命令道。

"我来救你们。"

爱丽丝把园丁藏在了花盆里。不久，游戏开始了。活着的刺猬突然向火烈鸟射击，大家乱做一团，一起围攻刺猬，红桃皇后暴跳如雷。

"把他们都扔进牢房！"

这时，天空上，嬉笑猫出现了。

"冷静。因为女王马上就会忘了自己说过的话。"

爱丽丝刚松了一口气，那个白兔就叫喊到。"开始裁决！"

在城堡的大厅里红桃杰克被绑着。白兔说："偷了女王苹果派的是杰克？爱丽丝，回答我。"

就在这时，爱丽丝的身体变得又胖又高。

女王气得满脸通红，怒吼着"把爱丽丝也绑起来！"

爱丽丝也勃然大怒了，说："你不用这么吓人。你不过是扑克牌罢了！"

于是，扑克牌把爱丽丝作为目标一起向她袭击过来。

这时，爱丽丝跳了起来。

"啊，是梦啊……"

姐姐微笑地听着爱丽丝讲述这个不可思议的梦境。之后，爱丽丝朝家跑去，她要给猫黛娜送午间小零食了。

九 赤頭巾ちゃん

　チクチク……。お婆さんが縫い物をして、赤い頭巾をこしらえました。
　「可愛い孫娘に、きっとよく似合うよ」
　「わあ、嬉しい！」赤い頭巾が届いて、孫の女の子は大喜びしていました。いつも、この大好きな赤い頭巾を被っていたので、みんなは女の子を「赤頭巾」と呼ぶようになりました。赤頭巾はお使いも大好きです。
　お婆さんが風を引いたの。パイとワインを届けて頂戴。道草をしないでね
　お母さんに頼まれて、元気よく出かけます。
　森の道に小さな花が咲いています。
　「お花を摘んでお婆さんにあげましょう」すると、木陰から狼が誘いました。「森の奥に行こうよ。もっときれいな花があるよ」
　森の奥はひっそりしています。「まあ！きれいなお花があったわ！」赤頭巾は喜んで花を摘み始めました。狼は辺りを見回して、にやりと笑いました。
　「しめしめ。邪魔する奴が来ないうちに、食べてやれ」狼が大きな口を開けた時です。
　コーン！コーン！樵の叔父さんが木を切る音が、聞こえてきました。
　「ここじゃまずいなぁ」近くに力持ちの樵の叔父さんがいるので、狼はがっかりしました。

「それなら、先にお婆さんを食べてやれ……」
狼は森の中を飛ぶように走り出しました。立ち止まったり、屈み込んだり……。赤頭巾は森の小道をのんびり歩いています。
「ちょうちょうさん。一緒に遊びましょう」その間に狼は、お婆さんの家に着きました。
トントン。ドアを叩きます。
「お婆さん、赤頭巾よ」
赤頭巾の可愛らしい声を真似して、呼びかけました。
「おや、赤頭巾かい？よく来たね」
お婆さんはすっかり騙されて、ドアを開けました。その途端、パクッ！狼は、お婆さんを一口で呑み込んでしまいました。
それから狼は、お婆さんの頭巾を被って、ベッドに潜り込みました。
「こうやってお婆さんに化けて、赤頭巾もぱくり！へっへっへっ……俺って頭いい！」
「お婆さん、こんにちは」何も知らない赤頭巾がドアをとんとん叩きました。
「赤頭巾や、お入り」赤頭巾は中に入ると、お婆さんのベッドに近づきました。
「まあ！お婆さんのお耳はなんで大きいんでしょう」
「おまえの可愛い声を聞きたいからさ」狼はお婆さんを真似して、優しい声で返事します。
「目もなんで大きいの！」
「可愛いおまえを、よく見たいからさ」
「でも……、口も歯も、それから手もずいぶん大きいわ」
「へっへっへ……、赤頭巾。おまえを食べてしまうためだよ」

日文読物

あっという間に、狼は赤頭巾に飛び掛って、パクリと一口で食べてしまいました。

「ああ、お腹いっぱいだ。」狼はベッドにごろりと寝そべりました。

ゴオオオガオオオ。

森に聞こえる大きな音です。小鳥たちが恐がっています。猟師の叔父さんも首を傾げました。

「なんだろう？」

音のする方へ歩いていくと、そこはお婆さんの家です。窓から狼が寝ている姿が見えます。大きな音は狼の大いびきだったのです。猟師が中に入るとベッドにお腹の膨れた狼がグウグウ眠っています。

「しまった！お婆さんは食べられてしまったか」

その時お腹から聞こえる小さな声……。

「ここから出してー」

「こりゃ大変だ！」

猟師の叔父さんは、鋏で狼のお腹を切ります。赤頭巾とお婆さんが元気に出てきました。

「叔父さん、ありがとう」

三人は狼のお腹にじゃがいもを詰めました。お婆さんがチクチク、針と糸で縫い合わせます。

「こんな可笑しい縫い物は、初めてだよ」

やがて、狼は目を覚ましました。

「ああ、食べすぎた。」川にやってきた狼は水を飲もうとした途端、お腹が重くてボチャーン！川の底に沈んでしまいました。

「狼をやっつけた！」木陰から見ていた三人は、飛び上がって大喜びました。

「なんだか、私の風邪も治ってしまったみたいだよ」お婆さんはにこにこしています。

お母さんは話を聞いて、びっくりしたり、ほっとしたりします。

「お母さん、ごめんなさい。もう道草なんかしないし、知らない人も話しないからね」

赤頭巾は、お母さんと指きりをしました。

注釈

1	赤頭巾（あかずきん）ちゃん：小红帽,是德国童话作家格林的童话《小红帽》中的人物。	2	チクチク①：连续刺扎
3	縫（ぬ）い物（もの）③：做针线活	4	こしらえる⑤：制作，筹措，化妆
5	孫娘（まごむすめ）③：孙女	6	似合（にあ）う②：合适
7	届（とど）ける③：送达	8	頂戴（ちょうだい）③：请，给了，吃
9	大喜（おおよろこ）び③：非常高兴	10	赤頭巾（あかずきん）を被（かぶ）る②：戴红色帽子
11	パイ①：苹果派，水果派	12	ワイン①：红酒
13	元気（げんき）よく：精神好，精神足	14	摘（つ）む⓪：摘
15	木陰（こかげ）⓪：树荫	16	誘（さそ）う⓪：引诱；邀请
17	ひっそり③：悄悄地，鸦雀无声	18	辺（あた）り①：周围
19	見回（みまわ）す⓪：环视	20	にやりと②：微笑，冷笑
21	しめしめ①：太好了，好极了	22	奴（やつ）①：家伙，东西（贬义）
23	〜うちに：句型，趁……时候	24	樵（きこり）⓪：樵夫
25	木（き）①を切（き）る①：砍树	26	まずい②：不妙，不恰当
27	〜てくる："くる"表示动作或状态由远及近	28	力持（ちからも）ち③：有气力，大力士
29	がっかり③：失望	30	走（はし）り出（だ）す：跑起来
31	立（た）ち止（ど）まる④：止步	32	屈（かが）みこむ④：向下蜷身
33	のんびり③：悠闲	34	ちょうちょう①：蝴蝶

35	ぱくり②：张开大嘴	36	真似（まね）⓪：模仿，效仿
37	騙（だま）される：被欺骗	38	トントン：嗵嗵
39	ドア①を叩（たた）く②：敲门	40	呼（よ）びかける④：招呼，呼唤
41	途端（とたん）⓪：正在……一刹那	42	呑（の）み込（こ）む③：吞进
43	ベッド①：床	44	潜（くぐ）り込（こ）む：钻进
45	化（ば）ける②：装扮	46	俺（おれ）⓪：俺
47	近（ちか）づく③：临近	48	なんで①：何故，为什么
49	おまえ⓪：你。对晚辈或同辈的称谓，多为男性用语	50	ずいぶん①：非常，尽可能
51	お腹（なか）⓪：肚子	52	飛（と）び掛（か）かる④：猛扑上去，冲上前去
53	ごろりと②：咕噜噜，躺下，倒下	54	寝（ね）そべる③：俯卧，横卧
55	恐（こわ）がる③：害怕	56	猟師（りょうし）①：猎人
57	首（くび）⓪を傾（かし）げる③：怀疑，奇怪，侧耳	58	いびき③：呼噜
59	膨（ふく）れる⓪：鼓起，膨胀	60	グウグウ①：呼噜呼噜，呼呼熟睡状
61	こりゃ①："これ"之意，（惊讶）哎呀	62	鋏（はさみ）③：剪子
63	じゃがいも⓪：土豆	64	詰（つ）める②：塞满，填满
65	糸（いと）①：线	66	縫（ぬ）い合（あ）わせる⑤：缝合
67	やがて③：不久	68	目（め）①を覚（さ）ます②：睡醒
69	食（た）べすぎる：吃得过多	70	やってくる④：来到
71	飲（の）もうとする：想要喝	72	ボチャーン②："ぼちゃんと"之意，扑通
73	沈（しず）む⓪：沉默；没落；消沉	74	やっつける④：干掉，打败
75	なんだか①：不知为何，总觉得	76	飛（と）び上（あ）がる④：跳起来，飞上去
77	みたい：像	78	にこにこ①：笑嘻嘻
79	ほっと⓪：放心貌	80	指（ゆび）きり③をする⓪：拉钩，儿童间勾住小指互相约定

九、小红帽

一针一针地……外婆在做针线活,她做了一顶红色的帽子。

"给可爱的小孙女,一定很合适。"

"哇,好高兴啊。"

收到红帽子,孙女很高兴。因为总是戴着她喜欢的红帽子,所以大家开始叫她"小红帽"。小红帽非常喜欢外出办事。

"外婆感冒了。把苹果派和葡萄酒送到外婆那儿去。路上不要耽搁了。"

因为受妈妈托付,小红帽兴高采烈地出门了。

森林间的小路上开着小花。

"摘点花给外婆吧。"这时,一匹狼躲在大树背后诱惑她说:"去森林的里边吧,那里有更漂亮的花哦。"

森林的深处静悄悄的。"哇,好漂亮的花啊。"小红帽开始欢快地摘花。于是,狼环视着周围,抿嘴一笑。"趁着没有人来打扰,我把她吃了。"狼张开了大嘴正要吃,这时,咚!咚!听见了樵夫砍柴的声音。

"这里可不行。"因为附近有力大无比的樵夫,狼很是灰心丧气。

"那样的话,我就先去吃掉外婆吧。"

狼飞也似地跑出了森林。它走走停停,又蜷蜷身……小红帽在森林的小路上悠闲地走着。

"蝴蝶小姐,我们一起玩吧。"就在这个时候,狼到达了外婆的家。

"咚""咚"狼敲门。

日文读物

"外婆,是小红帽。"狼模仿着小红帽可爱的声音,喊叫着。

"哦,是小红帽呀,快进来吧。"外婆完全被骗了,打开了门。

刚一开门的时候,狼突然一口把外婆吞进了肚子里。然后,狼戴上了外婆的头巾,睡到了床上。

"这样装扮成外婆,我就能张口把小红帽……呵呵,我太聪明了。"

"外婆,下午好。"什么也不知道的小红帽"嗵嗵"敲着门。

"小红帽呀,进来。"小红帽一进门,就走到外婆床边。

"啊,外婆的耳朵怎么这么大呀。"

"是想听你的可爱声音。"狼模仿外婆的声音,温柔地回答道。

"为什么眼睛也那么大呀。"

"为了能够看清楚可爱的你。"

"但是……嘴呀、牙呀、还有手也相当得大啊。"

"呵呵……小红帽,那是为了吃掉你。"

说话间,狼猛然扑向小红帽,张开大嘴,一口吃了下去。

"啊,肚子饱了。"狼一骨碌趴在了床上。

咕噜噜噜,呼噜噜噜。它发出的巨大呼噜声在森林也能听得到。小鸟们害怕极了。猎人也觉得奇怪。

"发生什么事了?"

猎人顺着声音走了过去,找到了外婆家。他透过窗户看到了正在睡觉的狼。震耳欲聋的响声原来是狼的呼噜声。猎人一走进房间,就看到鼾声如雷肚子鼓得溜圆溜圆的狼。

"完了,外婆被吃了。"

这时,有种微小的声音从狼肚子里传来。

"把我们从这里救出去。"

"不得了。"

猎人叔叔用剪刀把狼的肚子剪开了。外婆和小红帽完好无损地出来了。

"谢谢，叔叔。"

三个人把狼的肚子里填满了土豆。外婆用针线一针一线地把狼的肚子缝好了。

"第一次做这么可笑的针线活呀。"

不一会儿，狼睡醒了。

"啊，吃多了呀。"狼来到了河边，刚要喝水，因为肚子太沉了，咕咚一声，沉入了河底。

"我们把狼打败了！"三个人在树荫里看见这个情景，高兴地跳起来高喊。

"不知道为什么，我的感冒也治好了。"外婆笑嘻嘻地说。

妈妈听了外婆的事情，很是惊讶，也松了一口气。

"妈妈，对不起。我今后在路上再也不贪玩了，也不再和陌生人说话了。"小红帽和妈妈拉钩约定。

十 醜いアヒルの子

　アヒルのお母さんはもう何日も、卵を温め続けています。パリーパリーパリ、卵が割れるちっちゃな音がします。ピョーピョーピョーピョ、元気よくと出すアヒルの子供たちです。
　「まだ生まれないのは、この卵だけね」一つだけ残っているのはとても大きな卵です。
　「ピィー！」
　やっと生まれた子は、とても大きくて灰色の毛をしています。
　「なんて醜い子だろう。きっと、泳げない七面鳥の子にちがいないよ」見に来たアヒルが言いました。
　バシャ、バシャバシャ。お母さんの真似をして、雛たちは泳ぎの稽古をしています。醜いアヒルの子も元気に泳ぎます。
　「まあ、とても上手。この子も私のかわいい子だわ」
　一二、一二。今度は歩く練習をします。醜いアヒルの子も一生懸命に足を上げます。けれども、大人のアヒルたちが寄ってきて、馬鹿にするのでした。
　「こんなアヒル、見たことがない」
　「邪魔だ！醜いやつめ」
　鶏も鶉も、アヒルの子が近づくと、わいわい大騒ぎになっています。嘴で突っ突いて怒りました。アヒルの子は悲しくてたまりません。
　わーい！変な奴！兄弟たちも意地悪をしました。アヒルの子はし

しょんぼりしながらお母さんのそばへ行きました。「困ったねぇ、かわいそうに……」お母さんは溜め息をつくばかりです。「僕がいるから、お母さんが悲しむんだ……」

アヒルの子はぽろぽろ涙を流しながら、どこまでも走り続けました。

「もう歩けないや」

アヒルの子は沼の草むらで眠ってしまいました。朝、目を覚ますと、ガヤガヤ騒ぎ立てる声がします。

「見ろよ、醜い子だなあ」鴨たちが笑っています。

パンパン！突然、猟師の鉄砲の音が鳴り響きました。アヒルの子はぶるぶる震えながら草の間に潜ります。ガサッ！目の前に大きな犬が現れました。フゥーッ！犬の大きな顔が近づいてきます。アヒルの子は恐ろしさのあまり、目を瞑りました。でも犬は、猟師の方へ走り去ってしまいました。

「犬も僕が嫌いなんだ……」

「僕は醜いから、一人ぽっち……」

草むらを抜け、畑を過ぎて走り続けるアヒルの子です。お日様が山に隠れかけた頃、遠くに小さな家が見えました。

ドアの隙間からアヒルの子はそっと中を覗きました。編み物をしていたお婆さんがアヒルの子を見て、にっこり言いました。「おや太ったアヒルの子だね。中にお入り」

「早く卵を産んでおくれ」お婆さんはアヒルの子をメスと間違えているのです。家にいる雌鳥と猫は、アヒルの子がいつまで経っても卵を産まないので、いじめるのでした。

「さようなら、お婆さん……。僕はオスだから卵は産めないの」またアヒルの子の辛い旅が始まりました。

219

日文読物

　落ち葉の舞う秋です。湖に真っ白な大きな鳥がいました。クワーッ。お腹に響くような、暖かく不思議な声です。
　「力いっぱい声を出せば、僕もあんなふうに鳴けるかしら……」
　真っ白な鳥たちは美しい羽を広げて、次々と飛びだしていきます。
　「待って、白い鳥さん」アヒルの子は湖に入って、羽をバタバタさせるのでした。
　ピューピュー。北風が吹きつける冬です。湖が凍りついて、アヒルの子は動けません。通りかかったお百姓さんが、ぐったりしたアヒルの子を家に連れて帰りました。
　「やあ、一緒に遊ぼう！」
　子供たちの声に、アヒルの子はびっくりして逃げ回ります。大きな暖炉には火がメラメラと燃え上っています。
　「怖いよう……」
　部屋中がめちゃくちゃです。
　「おまえなんか、とっとと出ておいき！」
　茂みの奥で体を丸め、じっとしているしかありません。一人での長い冬が過ぎていきます。
　暖かい春が来ました。湖に、いつか見た白い鳥がいます。
　「僕のこと嫌いかな……。でも、あの鳥のそばに行きたい」
　泳いできたアヒルの子を、白い鳥たちが迎えます
　それは、白鳥でした。白鳥は、アヒルの子の羽を嘴で整えました。
　「なんてきれいな羽だろう」
　水にはなんと真っ白な白鳥の子が映っていました。醜いアヒルの子は、白鳥の子だったのです。白鳥の子は美しい羽を広げると、元気いっぱいに仲間たちと青空に舞い上がりました。

注釈

1	醜（にみく）いアヒルの子（こ）：丑小鸭，安童生童话中《丑小鸭》中的角色。	2	残（のこ）る②：剩下
3	卵（たまご）②が割（わ）れる③：鸡蛋打了，鸡蛋破了	4	七面鳥（しちめんちょう）⓪：火鸡
5	真似（まね）⓪：模仿	6	稽古（けいこ）①：（武艺、茶道、钢琴等技巧的）练习
7	近（ちか）づく③：（距离）接近，（时间）临近，靠近	8	瞑（つむ）る③：瞑目，闭眼
9	わいわい①：吵吵闹闹（的声音）	10	大騒（おおさわ）ぎ③：大吵大闹
11	突（つ）っ突（つ）く③：戳，捅	12	意地悪（いじわる）③：心眼儿坏
13	ガヤガヤ①：吵吵嚷嚷	14	騒（さわ）ぐ②：吵闹，慌张，骚动
15	鴨（かも）①：野鸭	16	猟師（りょうし）①：猎人
17	鉄砲（てっぽう）⓪：枪	18	ぶるぶる①：哆嗦
19	震（ふる）える⓪：震动，发抖	20	潜（くぐ）る②：潜入水中，钻进
21	現（あらわ）れる④：出現	22	抜（ぬ）ける⓪：脱落，穿过
23	隠（かく）れる③：隐藏，遮蔽	24	隙間（すきま）⓪：间隙，空闲
25	覗（のぞ）く⓪：偷看	26	編（あ）み物（もの）②：编织品
27	にっこり③：微笑地样子	28	おや②：母体
29	メス②：雌	30	間違（まちが）える④：弄错
31	オス②：雄	32	産（う）む⓪：产生
33	落（お）ち葉（ば）①：落叶	34	舞（ま）う⓪：飞舞
35	響（ひび）く②：震响，影响，闻名	36	しょんぼり③：垂头丧气
37	溜（た）め息（いき）③をつく①：叹气	38	ぽろぽろ①：扑簌簌（掉泪状）
39	涙（なみだ）①を流（なが）す②：流泪	40	沼（ぬま）②：沼泽
41	草（くさ）むら⓪：草丛	42	目（め）①を覚（さ）ます②：睡醒
43	不思議（ふしぎ）⓪：不可思议	44	吹（ふ）きつける④：狂吹
45	凍（こお）りつく④：结冰	46	通（とお）りかかる⑤：路过
47	百姓（ひゃくしょう）⓪：百姓，一般民众	48	ぐったり③：筋疲力尽
49	逃（に）げ回（まわ）る④：乱逃，乱跑	50	メラメラ①：火焰熊熊

日文读物

51　燃（も）え上（あ）がる④：燃起	52　とっとと①：赶快，迅速地
53　めちゃくちゃ⓪：乱七八糟	54　整（ととの）える④：整理，备齐
55　映（うつ）る②：照，相称	56　広（ひろ）げる⓪：展开，扩展，摆开

十、丑小鸭

　　鸭妈妈一连好几天都在孵蛋。"噼！噼！噼！"蛋响起裂开的微弱声音。"嘎！嘎！嘎！嘎！"一只只充满活力的鸭宝宝们出生了。

　　"还没出壳的，就这一个蛋了。"还剩一个非常大的蛋尚未破壳。

　　"噼！"好不容易孵出来的小鸭个头非常大，还长着一身灰毛。

　　前来观看的鸭子说："这么丑啊。肯定是那不会游泳的火鸡的孩子。"

　　"嘎！嘎嘎！"鸭宝宝们模仿着妈妈在练习游泳。丑小鸭也精神抖擞地游了起来。

　　鸭妈妈看到了说："嗯，游得不错。这也是我可爱的孩子。"

　　一二、一二，这次是练习走路。丑小鸭也奋力地抬脚。但是，大鸭子们聚拢过来，愚弄它。

　　"这个样子，我见都没见过。"

　　"真碍事！丑陋的家伙。"

　　丑小鸭一靠近，鸡和鹌鹑也会哗然一片，他们生气地用嘴啄他。丑小鸭悲伤不已。就连兄弟姐妹们也故意地捉弄丑小鸭，"哇！好奇怪的家伙！"

　　丑小鸭垂头丧气地走到了妈妈旁边。鸭妈妈光是叹息地说："唉，这可怎么办呢，好可怜……"

　　丑小鸭想："因为有我在，妈妈才悲伤的……"

于是他一个人一边扑簌簌地流着泪，一边毫无目标地奔跑着。

"再也跑不动了啊。"丑小鸭就在沼泽的草丛中睡着了。

清晨，丑小鸭一睁开眼睛就听到吵吵嚷嚷的声音。"快看，是个丑鸭子呐。"鸭子们哄笑着。

"啪！啪！"突然，响起了猎人开枪的声音。丑小鸭吓得瑟瑟发抖，躲进了草丛中。"唰唰！"一只大狗出现在眼前。"汪！"狗的大脸贴了过来。

丑小鸭害怕地闭上了双眼。然而，猎狗却朝着猎人的方向跑去了。

"连狗也讨厌我……"

"我长得丑陋，就得孤单寂寞无依无靠……"

丑小鸭穿过草丛，经由田野，继续往前跑。

太阳公公快落山的时候，看到远处有一间小房子。丑小鸭从门缝儿偷偷地朝屋里看去。这时在屋里做毛线活的老婆婆看见了丑小鸭，微微地笑着说："是只母胖鸭崽呀，请进来吧。"

"早点给我生蛋哦。"老婆婆把丑小鸭误认为成了母鸭。家里的母鸡和猫因为丑小鸭一直不产蛋，也欺负他。

"再见了，老婆婆……我是只公鸭，所以根本不会生蛋的。"

丑小鸭又开始了辛苦的旅途。

到了落叶飞舞的秋季。湖面上来了一群雪白的大鸟。"嘎！"温暖而又不可思议的声音，令人感动。

"如果我用力发声，也能发出那样的叫声吗？"

雪白的大鸟们展开美丽的翅膀，一个接着一个地飞走了。

"等一下，白鸟。"

丑小鸭吧嗒吧嗒地搧动着翅膀进入了湖面。

"呼～呼～"到了北风呼啸的冬天了。湖面结冰了，丑小鸭被冻得

日文读物

四肢僵硬。在此路过的一个男人把这只精疲力尽的丑小鸭带回了家中。

"哎呀，一起玩吧！"

丑小鸭被孩子们的声音吓得四处躲藏，壁炉里火的呼呼燃烧着，丑小鸭想："好可怕……"屋子被它弄得乱七八糟的。这个男人发火了，说道："你，你赶快滚出去！"

丑小鸭只能一动不动地在草丛里蜷缩着身子。度过了他一个人的漫长冬天。

温和的春天到来了。曾经见到过的白鸟又返回了湖面上。

丑小鸭想："他们也讨厌我吧……不过，我还是想到他们的身边去。"

白鸟们迎接正向这里游来的丑小鸭。

那是天鹅。

天鹅用嘴整理着丑小鸭的羽毛。说："多么漂亮的羽毛啊！"

水中映出了一只雪白的小天鹅的身影。原来丑小鸭是天鹅的孩子。小天鹅一展开美丽的翅膀就和伙伴们精神饱满地飞向了蓝天。

十一 眠れる森の姫

昔、子供のいないお妃様がいました。ある日、お城の庭に歩いていると、池の中から蛙が言いました。「けろけろ。女の子が生まれるよ」そして蛙が言ったとおり、可愛い女の子が生まれました。

王様もお妃様も大喜びして、すぐにお祝いのパーティーを開きました。

不思議な力を持つ、七人の妖精も招かれました。テーブルには、妖精のために七枚の金のお皿が並べられています。実は、この国にはもう一人妖精がいました。森の奥深くに暮らしていて、長い間姿を見せなかったので、王様は招くのを忘れてしまったのです。

食事が済むと、妖精たちは一人ずつ姫に贈り物をしました。優しい心、きれいな声、美しい姿、楽しい夢、元気な体、そして、六番目の妖精が勇気を贈った時、八番目の妖精が広間に現れました。

「招かれなかったわしは呪を贈ろう。姫は十五歳で糸車の針に刺さり死ぬのだ！」そう言うと、妖精は大声で笑いながら消えてしまいました。

その時、まだ贈り物をしていなかった七番目の妖精が進みました。「私が助けてあげましょう。姫は死なずに百年の間眠るのです。そうすれば、呪が消えて姫は目を覚まします」

それでも王様とお妃様は心配でなりません。

「姫を守るため、国中の糸車を燃やしなさい」すぐに糸車が集められ、燃やされました。

日文读物

「これで安心だ」
　姫は元気に育ち、やがて十五歳になりました。姫が歌うと、動物や小鳥が集まってきます。優しくて、可愛い姫を見ると、お城のみんなが幸せな気持ちになるのでした。
　ある日、王様とお妃様は用事で出かけることになりました。
「姫、一人で知らないところへ行ってはだめですよ」でも元気な姫は一人で広い庭へ駆け出します。カタン、コットン。楽しそうな音が聞こえます。庭の外れにある、古い塔から響いてくるのでした。
「行っちゃ、だめだよ！」木の枝でリスが叫びます。でも姫は音のする方へ進んでいきました。姫は塔の階段を上がっていきます。
「まあ、糸ができていくわ！」
「楽しいよ。回してご覧」
　姫が糸車を回した時です。チクッ！針が指に刺さり、姫はそばにあった粗末なベッドに倒れてしまいました。お婆さんはにやりと笑います。実は、お婆さんは呪をかけた、あの妖精だったのです。
　やがて、窓からキラキラ光る眠りの粉が降りかかりました。すると、粗末なベッドが輝き始めました。眠っている姫が楽しい夢をいっぱい見るよう、あの七番目の妖精が魔法をかけたのです。
　眠りの粉は、光る渦になってお城中に広がりました。ちょうど帰ってきた王様とお妃様は広間の椅子で眠り始めます。家来やコックもぐうぐう、竈の火も眠って動かなくなりました。
　庭では犬も猫も小鳥もリスも眠っています。風も吹くのを止めました。全てのものが眠ったお城の周りに、茨がぐんぐん伸び始めます。やがてお城は、茨に覆われてしまいました。
　そうして百年が経ちました。

日文读物

　ある日、一人の王子がこの国を通りかかりました。王子は夢で見た美しい姫が忘れられず、姫を探す旅を続けていたのです。
　きれいな小鳥の後に付いていくと、静かな村に出ました。多くの、茨に覆われた森が見えます。羊飼いのお爺さんが王子に言いました。
「昔話では、あの茨の森の中に、美しい眠り姫がいるお城があるそうじゃ」
「何人の男もあの森に入ろうとしたが、茨の棘に傷ついて戻ってきたそうじゃ」
「私があの森に入ろう。眠り姫に会ってみたい」
　お爺さんは止めましたが、王子の決心は変わりません。棘だらけの茨の森を王子は剣を振るいながら進みます。傷だらけになりながら茨の森を抜け出すと、そこに静まり返ったお城とお妃様、家来たちが眠っています。
「姫はどこだ！」王子は塔の小部屋に辿り着きました。姫は微笑みを浮かべて眠っています。
「ああ……、夢で見た姫だ……」
　王子が姫にキスをした時、姫は目を覚ましました。
「あなたは……夢に見た王子様」
　二人は手を取り合って、塔を下りていきました。王様、お妃様、家来たちが次々と目を覚まします。竈の火も目覚め、コックは鍋をかき回します。眠りから覚めたそよかぜが、吹いてきました。
　庭では小鳥が囀り始めます。リスが木から駆け下り、犬や猫と元気に駆け回ります。お城中が百年の眠りから目覚めたのです。お城を覆っていた茨は消えて、花をつけた一本のバラ木になりました。
　やがて、姫は王子と結婚しました。二人は勇気や優しさを忘れず、

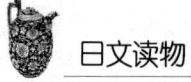

日文读物

いつまでも国中(くにじゅう)の人々(ひとびと)に愛(あい)されたそうです。

注釈

1 眠(ねむ)れる森(もり)の姫(ひめ)：睡美人，是法国作家夏尔•佩罗所著的童话故事。
2 妃様(きさきさま)⓪：王后
3 大喜(おおよろこ)び③：很高兴
4 祝(いわ)い②：祝贺
5 城(しろ)⓪：城堡
6 不思議(ふしぎ)⓪：奇怪，不可思议
7 招(まね)く②：招呼，打招呼，邀请
8 奥深(おくぶか)い④：深处，深远，深奥
9 姿(すがた)①：容貌，形，容姿样子
10 贈(おく)り物(もの)⓪：礼物，赠品
11 広間(ひろま)①：大厅
12 現(あらわ)れる④：出现
13 呪(のろ)い⓪：诅咒
14 糸車(いとぐるま)③：纺车
15 消(き)える⓪：消失
16 進(すす)み出(だ)す：开始前进。
17 死(し)なず：不会死
18 眠(ねむ)る⓪：睡觉，睡眠
19 〜で(て)なりません：……不得了
20 守(まも)る②：守护，保护，遵守
21 育(そだ)つ②：成长，生长环境
22 やがて③：不久，必将，势必
23 目(め)①を覚(さ)ます②：醒过来
24 駆(か)け出(だ)す③：跑出去
25 響(ひび)く②：响，回响，回荡
26 回(まわ)す⓪：转，围上，绕，转移
27 指(ゆび)②：手指
28 粗末(そまつ)①：简陋
29 倒(たお)れる③：倒下，病倒
30 降(ふ)りかかる④：飞到，落到，降临
31 輝(かがや)き④：光辉
32 外(はず)れ⓪：尽头，端
33 リス①：松鼠
34 叫(さけ)ぶ②：喊叫
35 〜てご覧(らん)："てみる"之意的尊敬语。"试试看"
36 刺(さ)さる②：扎进，刺入
37 にやりと②：狞笑，冷笑
38 呪(のろ)い⓪をかける②：发咒
39 キラキラ①：闪耀，闪烁
40 粉(こな)②：粉末，面粉
41 魔法(まほう)⓪をかける②：施魔法
42 渦(うず)①：漩涡，涡流
43 広(ひろ)がる⓪：展开，扩散
44 家来(けらい)①：家臣，家仆
45 コック①：厨师
46 竈(かまど)⓪：灶

47	茨（いばら）⓪：有刺的灌木，玫瑰花树	48	経（た）つ①：通过
49	探（さが）す⓪：找，寻找，寻求	50	ぐんぐん①：猛地，突飞猛进的样子
51	続（つづ）ける⓪：继续，接着	52	付（つ）く②：沾上，附上，带有
53	棘（とげ）②：刺	54	戻（もど）る⓪：返回
55	振（ふ）るう⓪：挥	55	抜（ぬ）け出（だ）す：摆脱
56	～だらけ：净，满	57	辿（たど）り着（つ）く④：好容易才走到
58	手（て）①を取（と）り合（あ）う③：挽起手来	59	そよかぜ②：微风
60	囀（さえず）り③：鸟叫，鸟语	61	駆（か）け下（お）りる：跑下来
62	駆（か）け回（まわ）る④：奔跑	63	バラ⓪：蔷薇

十一、睡美人

很久以前，有一位没有孩子的王后。有一天，她正走在城堡中的庭院，池中的青蛙说话了。"呱呱，有位小女孩要诞生了哦。"于是正如青蛙所说，王后产下了一位可爱的小女孩。

国王与王后都很喜悦。马上就举办了庆祝宴会。

拥有超凡力量的七位仙女也在邀请之列。餐桌上还特意为她们摆放了七只金碟子。

其实，这个王国还有另外一位仙女。她住在森林深处，因为很长时间没露面，国王忘记邀请她了。

进餐完毕，仙女们依次向公主赠送礼物。其中有祝她心地善良讲道德，有祝福她有悦耳动听的声音；有的祝福她有羞花闭月的容姿、有祝福她有快乐的梦想、也有祝福她有健康的体魄，然后，在第六位仙女祝她有勇气的时候。那没被请到的仙女走了进来。

"不速之客的我要送给公主一个诅咒。公主在15岁的时候将会被纺车针刺而亡。"说完，仙女大笑着消失了。

这时,还没说出自己祝愿的第七个仙女走上前来说:

"我来帮助公主,我愿公主不死而沉睡百年。如果那样的话,诅咒消失后公主就会醒过来。"

即便如此国王和王后还是担心得不得了。

"为了使公主免遭不幸,把全国的纺车全部烧掉。"很快纺车就被收集起来烧毁了。

"这样就放心了。"

公主健康地成长着,不久就15岁了。公主一唱歌,动物和小鸟就会聚集过来。一看到温柔可爱的公主,城堡中的所有人就会觉得很幸福。

有一天,国王和王后因为有事外出了。

"小公主,不能一个人去不熟悉的地方哟。"但是精力充沛的小公主一个人跑到了大院子里,听到了非常有趣的声音,"咔嚓""咔嗵"。那是从院子外面那座古老的钟楼中传出来的。

"千万不能去啊!"小松鼠在树枝上吱吱叫着。但公主还是朝着声音的方向走了过去。公主上了钟楼的楼梯。

"嗯,线纺出来了呢!"

"很有趣哦。请转转看看。"

公主转动了纺车的时候。吭哧!纺车戳伤了她的手指,公主朝旁边简陋的床上倒了下去。老婆婆狰狞地笑了起来。其实,这个老婆婆就是那个下诅咒的仙女。

不一会儿,从窗户上飘下了闪闪发光的催眠粉。于是,那张简陋的床开始闪闪发光。沉睡的公主一直做着快乐的梦,这是第七位仙女所施展的魔法。

催眠粉变成闪闪发光的漩涡在城堡中扩大开来。刚好归来的国王和王后一进门就在大厅的椅子上开始陷入沉睡。家仆和厨师也呼噜呼噜地

进入梦乡，连炉子里的火都休眠了，一动都不动。

庭院里的小狗、小猫、小鸟、松鼠等也都睡着了。风停止了吹拂。所有的人和动物都沉沉地睡去了。城堡周围，玫瑰花树开始突飞猛长。不久，整个城堡都被玫瑰花树覆盖了。

一百年过去了。

有一天，一位王子路过这个国家。王子不能忘却在梦中所见的美丽公主，他一直在寻找公主的旅途上。

他跟在漂亮的小鸟的后面，走进了一个安静的村子里。看到了被许多灌木遮盖的森林。放羊的老爷爷对王子说："传说那个玫瑰篱笆丛中，有一座睡美人的城堡。"

"多少男人都想进入这个森林，但都被玫瑰篱笆荆棘刺伤而返回来了。"

"我要进入森林中，我要去见睡美人。"

老爷爷阻止他，但是王子决心不变。王子在密密的玫瑰荆棘丛林里挥剑开路，浑身被扎得鲜血淋漓，最后他终于穿过了玫瑰篱笆。在那万籁俱寂的城堡里，公主、家臣们仍在沉睡着。

"公主在哪儿！"王子好不容易才走到了钟楼小屋中。公主面带微笑地酣睡着。

"啊……这就是我梦中的公主。"

就在王子亲吻公主的刹那间，公主睁开了眼睛。

"你是……我梦中遇到的王子。"

两个人手拉着手走下了钟楼。国王、王后、家臣们也都一个一个地苏醒过来。炉子的火也醒了，厨师又开始炒菜，从沉睡中复苏了的微风又开始轻轻地吹动了。

小鸟在庭院中开始唱歌，松鼠从树上跳了下来，小猫小狗也充满生

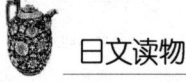 日文读物

气地来回奔跑。

城堡从百年的沉睡中苏醒了，覆盖城堡的玫瑰篱笆丛也消失了，变成了一棵鲜花怒放的玫瑰树。

不久，公主与王子举行了婚礼。俩人不忘勇敢和善良，永久地受到全国人民的爱戴。

十二 落語について

落語は、一五〇〇～一六〇〇年頃に、お坊さんや学者などが、織田信長や豊臣秀吉などの戦国大名に面白い話をしたのが始まりと言われています。

江戸時代（一六〇三～一八六八年）になると、京都、江戸（今の東京）、大阪で、道に立って人々に話をする「噺家」が出てきました。江戸時代の終わり頃、落語を聞くことができる場所「寄席」ができて、たくさんの人が落語を聞きに来るようになりました。今も、大阪と東京に寄席があります。

落語家は着物を着て、扇子と手ぬぐいを持って「高座（舞台）」に上がります。扇子は、箸や刀や筆になります。手ぬぐいは、本や手紙になります。

落語には、男や女、おじいさん、おばあさんなどいろいろな人が出てきます。落語家は、その人たちの言葉を全部一人で言います。話がとても面白いので、客は大笑いします。

注釈

1	落語家（らくごか）⓪について：关于单口相声艺人	2	坊（ぼう）さん⓪：和尚
3	学者（がくしゃ）⓪：学者	4	戦国大名（せんごくだいみょう）：战国大名。日本战国时代取代守护大名（被幕府封为守护职的地方武士团首领），确立领地统治秩序的领主。

5	織田信長（おだのぶなが）：织田信长，日本安土桃山时代的战国大名，是日本战国时代的三英杰之一（另外俩人是丰臣秀吉和德川家康），曾被日本民众评选为"日本人最喜爱的历史人物"。	6	豊臣秀吉（とよとみひでよし）：丰臣秀吉，日本战国时代末期封建领主，是继室町幕府之后，完成近代首次统一日本的日本战国时代大名，1590～1598年期间日本的实际统治者。	
7	話（はなし）③：（单口相声）段子，故事	8	江戸時代（えどじだい）③：江户时代，德川幕府统治日本的年代，自1603年创立到1867年的大政奉还，是日本封建统治的最后一个时代。	
9	道（みち）⓪に立（た）つ①：站在路上	10	落語（らくご）⓪を聞（き）く⓪：听相声	
11	寄席（よせ）⓪：说书场，曲艺场	12	着物（きもの）⓪を着（き）る⓪：穿和服
13	扇子（せんす）⓪：折扇，扇子	14	手（て）ぬぐい⓪：手巾
15	高座（こうざ）①に上（あ）がる⓪：坐在高座席位上	16	筆（ふで）⓪：毛笔
17	言葉（ことば）③：语言，词，	18	大笑（おおわら）い③：大笑

十二、关于单口相声

据说单口相声起源于1500～1600年间，是由僧侣和学者等讲述织田信长和丰臣秀吉等战国大名的有趣段子开始的。

到了江户时代，在京都、江户（现在的东京）、大阪出现了站在路边向人们说故事的单口相声艺人。大约在江户时代结束的时候，建造了专供听单口相声的场所——"说书场"，吸引了很多人来听单口相声。至今，大阪和东京还有这样的说书场。

单口相声演员身着和服，手持扇子和手巾，坐于高座（舞台）上。扇子可以比作筷子、刀和毛笔，手巾可比作书和信。

单口相声中会出现男人和女人、老爷爷和老奶奶等各色人物，单口

相声艺人一个人将各种人物用语言表现得惟妙惟肖。因为内容诙谐有趣,客人们常常是开怀大笑。

日文读物

十三 まんじゅう恐い

　みなさんは、恐いものがありますか？誰でも恐いものがあると思います。五人の若い男たちが、お酒を飲みながら話しています。八郎、角次、熊吉、源太、善助、いつもの五人で、何が恐いか話しています。

八郎「みんなは何が恐い？俺は長くて細いものが恐いな。蛇とか、ウナギとか……」

角次　「俺は蛙が恐い」

熊吉　「え？蛙が恐い？どうして？」

角次　「蛙は口が大きくて、それが急に開くから恐いんだ」

八郎　「熊吉は何が恐い？」

熊吉　「象が恐いな」

八郎「象か……おおきいからなぁ。でも象の目は優しいよ。源太、源太は何が恐いんだ？」

源太　「蟻」

八郎　「へえー、あんなに小さいものが恐いのか？善助は？」

善助　「えーと……」

八郎　「教えろよ。ほら、早く、善助」

善助　「笑わないか？」

八郎　「え？」

善助　「言っても笑わないか？」

八郎　「笑わないよ。だから早く言えよ」

善助　「本当か？本当に笑うなよ。俺は……俺は、まんじゅうが恐い

んだ」

角次「まんじゅうって、あんこが入っていて甘くて、おいしいお菓子のまんじゅうかい？」

善助「そう、お菓子のまんじゅうだ。ああ、恐い、恐い。それに、俺は『まんじゅう』って言っただけで、気分が悪くなるんだ。ううううう……」

そう言うと、善助は隣の部屋に行って寝てしまいました。

八郎「聞いたか？善助はまんじゅうが恐いんだ」

熊吉「聞いた、聞いた。いやあ、知らなかったなぁ」

源太「俺も知らなかった。あんなおいしいものが恐いのか……」

八郎「いい考えがあるぞ！」

角次「何だ？」

八郎「まんじゅうをたくさん買ってきて、善助のそばに置こう」

角次「ははは……。それは面白い」

善助は、みんなにときどき嘘を言います。だから、みんなは、今日は善助が困ることをしようと思いました。善助の嫌いなまんじゅうをそばに置いたら、善助はどうするでしょう。泣くかもしれません。面白いです。

みんなは、まんじゅうをたくさん買ってきました。そして、善助が寝ている布団のそばに、買ってきたまんじゅうを置きました。それから、部屋の外で善助が起きるのを待ちました。

善助「あーあ、よく寝たー。気分がよくなったぞ。あれ？こんなところにまんじゅうか！あっ、恐い、恐い。おーい、助けてくれ！だれか、早くー」

部屋の外でみんなは笑いました。みんな「はははははははは……」

日文読物

みんなは戸を少し開けて、部屋の中にいる善助を見ました。すると、善助は「助けてー」と言いながら、まんじゅうを食べています。一つ、二つ、三つ、四つ……。どんどん食べて、とうとう全部食べてしまいました。みんなはびっくりしました。

八　郎　「善助がまんじゅうを食べた！」
角　次　「十個も食べた！」
善　助　「あーあ、おいしかった」
源　太　「おいおい。善助、まんじゅうを全部食べたな。なんだ、まんじゅうが恐いというのは嘘だったのか？」
八　郎　「善助、本当に恐いものは何だ？」
善　助　「『熱いお茶』が恐い！」

注釈

1	まんじゅう③：包子，馒头	2	恐（こわ）い②：可怕，害怕，恐惧
3	俺（おれ）⓪：我	4	蛇（へび）①：蛇
5	ウナギ⓪：鳗鱼	6	蛙（かえる）⓪：青蛙
7	急（きゅう）⓪：突然，忽然	8	開（あ）く⓪：开，开始
9	蟻（あり）⓪：蚂蚁	10	教（おし）える⓪：教，教授，指点，告知
11	あんこ①：馅，瓤	12	入（はい）る①：进入，添加，加入
13	甘（あま）い⓪：甜	14	考（かんが）え③：思想，想法，观点
15	気分（きぶん）①が悪（わる）い②：身体不舒服，心情不好	16	ときどき⓪：有时，时常
17	嘘（うそ）①を言（い）う⓪：说谎	18	嫌（きら）い⓪：厌恶，不喜欢
19	泣（な）く⓪：哭泣	20	布団（ふとん）⓪：被褥
21	助（たす）ける③：救助，帮助	22	戸（と）⓪：门
23	どんどん①：接连不断的	24	とうとう①：终于，到底
25	びっくり③：吃惊，吓一跳		

十三、害怕豆沙包

各位有什么害怕的东西吗？我想任何人都有害怕的东西。五位年轻的男子一边喝着酒一边聊着天。八郎、角次、熊吉、源太、善助经常在一起的五个人谈论自己恐惧什么。

八郎："你们都害怕什么呢？我害怕细长的东西。像蛇啦鳗鱼啦……"

角次："我害怕青蛙。"

熊吉："哎？害怕青蛙？为什么？"

角次："青蛙的嘴很大，突然张大就很恐怖。"

八郎："熊吉你怕什么？"

熊吉："害怕大象。"

八郎："大象吗？因为大啊。但是大象很温柔啊。源太，源太你怕什么？"

源太："蚂蚁。"

八郎："哎，怕那么小的东西啊。善助呢？"

善助："哎……"

八郎："告诉我们吧。喂，快点，善助。"

善助："你们不笑话我吗？"

八郎："哎？"

善助："即使我说了也不笑吗？"

八郎："不笑。所以你快点说啊。"

善助："真的吗？一定不要笑哦。我……我害怕豆沙包。"

日文读物

角次："你所说的包子是加了馅的甜的好吃的点心吗？"

善助："是，就是豆沙点心。啊，恐怖，恐怖。并且，只要说了'豆沙包'，我就不舒服。呜呜呜呜呜呜……"

这样说着，善助就去旁边的房间睡觉了。

八郎："听说了吗？善助害怕豆沙包。"

熊吉："听说了，听说了。我理解不了。"

源太："我也理解不了。害怕那样好吃的东西。"

八郎："我有个好主意。"

角次："是什么？"

八郎："买很多的豆沙包来，把它放在善助边上。"

角次："哈哈哈……那倒很有趣。"

善助经常对大家说谎。所以，大家想今天也难为一次善助。如果把善助讨厌的豆沙包放在他的旁边的话，善助会怎么办呢，可能会放声大哭，那太好玩了。

大家买来了很多的豆沙包。并且把买来的豆沙包放在善助睡着的被褥边上。然后，都在房间外等待善助起床。

善助："啊，睡好了，身体好多了。哎？怎么这里会有豆沙包。啊，可怕呀，可怕。哎！救救我！有人吗？快点……"

在屋外的人笑的前俯后仰，"哈哈哈哈哈哈哈……"

然后把门推开一条缝，往里看房间里的善助。谁知善助是一边叫"救救我"，一边吃着包子。一个、二个、三个、四个……一个接着一个，终于全部都吃完了，大家吓了一跳。

八郎："善助你把豆沙包吃了？！"

角次："十个全吃了？"

善助："啊呀，太好吃了。"

源太："喂喂，善助，你把豆沙包全吃光了。你为什么要撒谎说害怕豆沙包呢？"

八郎："善助，你真正害怕的东西是什么？"

善助："我害怕'热茶'！"

日文读物

十四　時(とき)そば

　ある冬(ふゆ)のことです。男(おとこ)が暗(くら)い道(みち)を歩(ある)いています。
　男(おとこ)「おなかがすいたなぁ。そばでもたべようか」
　そのころ、道(みち)に簡単(かんたん)な店(みせ)を出(だ)して、そばを売(う)る人(ひと)がいました。屋台(やたい)のそば屋(や)です。そばは一杯(いっぱい)、十六文(じゅうろくもん)でした。「文(もん)」は、そのころのお金(かね)です。
　男(おとこ)「おい、そば屋(や)！」
　そば屋(や)　「いらっしゃいませ！寒(さむ)いですねえ」
　男(おとこ)「そば、一杯(いっぱい)！」
　そば屋(や)　「はい」
　男(おとこ)「寒(さむ)いから早(はや)くしてくれ」
　そば屋(や)　「お待(ま)たせしました」
　男(おとこ)「これは早(はや)い！寒(さむ)い時(とき)に熱(あつ)いそば！うれしいなぁ。いただきます」
　（ずるずるずる……）
　男(おとこ)「うまい！こんなに美味(おい)しいそばは食(た)べたことがない」
　（ずるずるずる……）
　男(おとこ)「おい、そば屋(や)、本当(ほんとう)に美味(おい)しかった。また明日(あした)来(く)るよ。えーと、いくらだい？」
　そば屋(や)　「十六文(じゅうろくもん)です」
　男(おとこ)「小銭(こぜに)しかないだ。間違(まちが)えるといけないから、手(て)を出(だ)してくれ」
　男(おとこ)は、そば屋(や)の手(て)の上(うえ)に一文(いちぶん)ずつ置(お)きます。男(おとこ)は「一(いち)、二(に)、三(さん)、四(し)、

五、六、七、八……今何時だ？」

そば屋　「九時です」

男　「十、十一、十二、十三、十四、十六。はい、十六文。じゃあ、またな！」

そば屋　「ありがとうございました」

男はどこかへ行ってしまいました。これを与太郎が見ていました。

与太郎　「なんだ、あの男は？『いくらだい？』なんて聞いて。十六文に決まってるじゃないか。それに、子供じゃないだから、十六文を間違えるはずないじゃないか。『一、二、三、四、五、六、七、八……今何時だ？』って、変なところで時間を聞いたな。それから、『九時です』『十、十一、十二、十三、十四、十六』あれ？ちょっと変だぞ。『一、二、三、四、五、六、七、八……今何時だ？九時です……十、十一、十二、十三、十四、十六』あ、一文少なくなり払ったんだな。あいつ、うまくやったな。面白い、面白い。俺もやってみよう」

与太郎は、お金を持っていなかったので、その日は家へ帰りました。次の日、小銭を用意して、そばを食べに出かけました。

与太郎　「ははははは。昨日は面白かったなぁ。『一、二、三、四、五、六、七、八』と言った後、『今、何時だ？』と聞くんだ。そうしたら、そば屋が「九時」と答えるから『十、十一、十二……』ははははは。面白い、面白い」

与太郎が歩いていくと、そば屋の屋台がありました。

与太郎　「おい、そば屋！」

そば屋　「いらっしゃいませ！」

与太郎　「そば、一杯！」

そば屋　「はい」

日文読物

与太郎　「寒いねえ」

そば屋　「え？昨日は寒かったけど、今日は暖かいですよ」

与太郎　「そうかあ？……」

そばは、なかなか出てきません。

与太郎　「そばはまだか？早くしてくれ」

そば屋　「お待たせしました」

与太郎　「やっと来たな。この熱いそばがおいしいんだ。……あれ、全然熱くない。おいしくない……」

そば屋　「え？何ですか？」

与太郎　「いや、何でもない。十六文だな。手を出せ」

そば屋　「はい」

与太郎　「よし、一、二、三、四、五、六、七、八、今、何時だ？」

そば屋　「四時です」

与太郎　「五、六、七、八……」

与太郎は四文多く払ってしまいました。

注釈

1　時（とき）②：时间，时刻
2　そば①：荞麦，荞麦面条
3　暗（くら）い⓪：黑暗
4　歩（ある）く②：走，步行
5　すく⓪：空，饿
6　簡単（かんたん）⓪：简单，容易
7　売（う）る⓪：出售
8　屋台（やたい）①：摊子，货摊子，大排档
9　屋（や）：店铺，某种职业的人
10　いらっしゃいませ：欢迎光临
11　うまい②：美味好吃
12　小銭（こぜに）⓪：零钱，小钱
13　間違（まちが）う③：弄错，不一致
14　置（お）く⓪：放，置，
15　はず⓪：应该
16　それから④：然后
17　払（はら）う②：支付
18　用意（ようい）①：准备
19　出（で）かける⓪：出去，到外边去
20　答（こた）える③：回答

21 なかなか⓪:（接否定语）怎么也
……不……（不）轻易
22 やっと③：终于

十四、时令荞麦面条

这个故事发生在某一个冬天。一个男人在黑暗的路上行走。

男人想：饿了啊。真想吃荞麦面条之类的啊。

当时，路边有个简单的小摊铺，是荞麦面条排挡，里面有个卖荞麦面条的人。一碗面条十六文，文是当时的货币。

男："喂，老板！"

老板："欢迎光临！真冷啊。"

男："来碗荞麦面条。"

老板："好嘞。"

男："天寒地冻的，给我快点上。"

老板："让您久等了。"

男："这么快！冷的时候吃碗热面条真舒服啊。我开吃了。"

（吸溜吸溜……）

男："真好吃！从未吃过这么好吃的荞面条。"

（吸溜吸溜……）

男："喂，老板，真好吃啊。我明天还来。喂，多少钱？"

老板："十六文。"

男："我只有零钱。弄错了可不行，你伸出手来。"

男子一文钱一文钱地放在店主手上。

男："一、二、三、四、五、六、七、八……现在几点了？"

老板："九点。"

男："十、十一、十二、十三、十四、十六。好了，十六文。那么，再见。"

老板："感谢您的光顾。"

男人走了。这一切让与太郎一一都看在了眼里。

与太郎："什么呀，那个男的。问多少钱？肯定是十六文，不是吗？而且也不是小孩，不该弄错十六文。'一、二、三、四、五、六、七、八……现在几点？'他在奇怪的时候问时间。然后回答'九点'，接着继续数钱'十、十一、十二、十三、十四、十六'哎？有点奇怪啊。'一、二、三、四、五、六、七、八……现在几点？九点……十、十一、十二、十三、十四、十六'啊，少付了一文钱。那家伙，干得真好。有意思，有意思。我也想试试。"

可是他没有带钱，那天就回家了。第二天，准备好零钱，就出门去吃荞麦面条了。

与太郎边走边想："哈哈哈哈，昨天太有意思了。那个人说了'一、二、三、四、五、六、七、八'之后问'现在几点？'老板就回答'九点'，'十、十一、十二……'哈哈哈哈，有意思，有意思。"

与太郎走着走着，来到了荞麦面条摊铺。

与太郎："喂，老板！"

老板："欢迎光临！"

与太郎："来碗荞麦面条。"

老板："好嘞。"

与太郎："真冷啊。"

老板："哎？昨天冷，不过今天很暖和啊。"

与太郎："是吗？"

荞麦面条怎么也上不来。

与太郎："面条还没好吗？快点。"

老板："让您久等了。"

与太郎："终于来啦。这热乎的荞麦面条可真好吃啊。哎？一点也不热乎。不好吃。"

老板："哎？怎么了？"

与太郎："不，没什么。是十六文吧。伸出手来。"

老板："好的。"

与太郎："好。一、二、三、四、五、六、七、八，现在几点了？"

老板："四点。"

与太郎："五、六、七、八……"

与太郎多付了四文钱。

十五　八五郎と熊五郎

世の中には、変な人が沢山います。こんな人もいます。
男1「向こうから人が歩いてくるぞ。誰だろう。会ったことがあると思うけど、えーと……、思い出せないなぁ。あれ、向こうは俺のことを、知ってるみたいだ。笑いながら歩いてくる。誰だろう。まあ、いいや。聞いてみよう。……こんにちは。あの、あなたは誰ですか？」
男2「馬鹿！お前の父親だ！」

こんな人がいるなんて信じられますか？本当にいたら、周りの人は大変です。一人でも大変なのに、それが、もし二人いたらどうなるでしょう？

ある日、朝早く、八五郎が寺の前を通ると、人が沢山います。
八五郎「何だろう。何があるんだろう。でも、人が沢山いて見えないな」

寺の前に男の死体があります。寺の人は、みんなに聞きます。
寺の人「だれか、この人を知らないか？」
八五郎「知らないかと言われても、見えないよ。しゃあ、人の足の間から前に行くぞ。……ははは、やっと前に出た！」
寺の人「あ、変なところから男が出てきた。おまえさん、この人が誰か知ってるか？誰だか分からなくて困ってるんだ」
八五郎「え、この人、どうしたんですか？」
寺の人「ここに倒れて死んでるんだよ」
八五郎「えー！？」

寺の人　「この人を知らないか？」

八五郎　「じゃあ、ちょっと失礼して……顔を見ましょう。あれ？顔がない！」

寺の人　「おい、おい。それは足だよ。顔はこっちだよ」

八五郎　「あ、そうか。……あ、こ、これは……熊じゃないか。おい、起きろよ、熊！熊！」

寺の人　「おまえさん、この人を知ってるのか？」

八五郎　「はい。これは、友達の熊五郎ですよ、小さい時から隣に住んでるから、よく知っていますよ。頭は悪いけど、とっても優しい男で……。わあ、大変だ！熊！熊！」

寺の人　「ねえ、おまえさん、この人には奥さんや子供がいるのか？」

八五郎　「熊には奥さんも子供もいないんですよ。こいつはかわいそうな男なんです。父親も母親も早く死んでしまって、兄弟もいないんです」

寺の人　「じゃあ、大家さんに来てもらおう」

八五郎　「大家が来るかなぁ。熊は家賃をずっと払っていなかったから、大家が来てくれるかどうか分からないなぁ」

寺の人　「それは困ったなぁ。おまえさん、この人の友達だね。じゃあ、この人を運んで帰ってくれないか？」

八五郎　「いや、いい考えがあります。私がこれから走っていって、熊、本人を連れてきます」

寺の人　「ちょっと、待て。本人を連れてくる？」

八五郎　「ええ。今朝、熊の家へ行ったんですよ。『一緒にお寺へ行かないか？』と私が言うと、『今日はとても疲れてるから行きたくない』と答えたんです。それがこんなことになってしまって……」

寺の人　「お、おまえさん、今朝、熊さんに会ったのか？それじゃあ、この人は熊じゃないよ。この人は昨日の夜からここに倒れて死んだんだから」

八五郎　「いや、この人は絶対、熊ですよ。それは、熊、本人が来れば分かります。だから熊を連れてきます」

寺の人　「え？ちょっと、ま、ま、ま、待って。違うよ、違うよ」

寺の人はびっくりしていますが、八五郎は熊五郎の家へ走っていきます。

八五郎　「おーい！」（どんどんどん）「熊！熊！」（どんどんどん）

熊五郎　「熊、熊って大声出して、うるさいねえ。八が、誰も住んでいない家の前で大声を出してるよ。ばかだねえ。熊もどうして返事しないのかなぁ。……熊？あ、熊は俺か。おーい、八、俺の家はこっちだよ！」

八五郎　「あ、熊、こんなところにいた！」

熊五郎　「こんなところ？俺の家は初めからここだよ。どうしたんだ？」

八五郎　「熊！大変だ、大変だ！」

熊五郎　「何かあったのか？」

八五郎　「うん。今から俺が話すから、びっくりするなよ。おれ、さっき寺へ行ったんだ。人が沢山いたから、どうしたのかと思ったら、男が倒れて死んでるんだ。寺の人が、誰だか分からなくて困ってたんで、その人の顔を見てみると……おまえなんだよ」

熊五郎　「えー？」

八五郎　「分からないか？おまえは昨日の夜、寺で……」

熊五郎　「え？」

八五郎　「死んだんだよ」

熊五郎　「え、俺が？馬鹿なことを言うな。俺は死んでるような気がしないぞ」

八五郎　「おまえは、今度始めて死んだんだ。だから、よく分からないんだよ。おまえ、昨日の夜、どこかへ出かけなかったか？」

熊五郎　「おじさんの家へ行った」

八五郎　「やっぱり、どこかへ行ったんだ」

熊五郎　「夜遅くおじさんの家を出て、歩いて寺のそばまで帰ってきた。でも、酒を沢山飲んでたから、それからどこを通って帰ってきたのか、全然思い出せない」

八五郎　「きっと、おまえは酒を飲みすぎて、そのまま寺の前で倒れて死んでしまったんだよ。本当に馬鹿だなぁ、おまえは。死んだのも分からないで、そのまま帰ってきてしまったんだよ！」

熊五郎　「そうかな？」

八五郎　「そうだよ？」

熊五郎　「そう言われると……今朝から疲れてるし、体は冷たいし、変だ。やっぱり、俺は昨日の夜、死んだのかなぁ」

八五郎　「そうだよ。やっと分かったか。分かればいいんだよ。じゃあ、すぐに行こう」

熊五郎　「どこへ？」

八五郎　「寺へ行くんだよ。死体を運ばなければならないだろう？」

熊五郎　「誰の？」

八五郎　「まだそんなこと言ってる。おまえのだよ！」

熊五郎　「あ、それはできないよ。今ごろ、『これは私の死体です』なんて、恥ずかしくていえないよ」

八五郎「どうして恥ずかしいんだよ。自分のものを自分で取りに行くのに、どうして恥ずかしいんだ。心配するな。俺が一緒について行ってやるから。ほんとにおまえは馬鹿だなぁ。もし、俺が寺の前を通らなかったら、今ごろ、誰かおまえの死体を持っていってしまったかもしれないんだぞ」

八五郎と熊五郎は寺へ行きます。

八五郎「ほーら。見てみろよ。あんなに沢山人がいる。皆おまえを見てるぞ」

寺の人「あ、変な男がまた来た。どうだった？やっぱり違っただろう？」

八五郎「家へ帰って熊に話したら、初めは『まだ死んだような気がしない』なんて言っていましたが、私が分かりやすく話すと、熊もやっと、『死んだような気がする』と言いまして……連れてきました。これが本人です」

熊五郎「さっき、八から話を聞いてびっくりしました。はい、私が本人の熊です」

寺の人「もう一人変な男が来たよ。困ったね。何度話しても分からないか、本人の死体の顔を見てもらおう」

熊五郎「いや、見なくてもいいですよ」

寺の人「いや、見なさい」

熊五郎「じゃあ、仕方がない。見ますよ。……あ、汚い顔だ」

八五郎「死人の顔は、そんなにきれいなものじゃないよ」

熊五郎「俺の顔、こんなに長かったか？」

八五郎「昨日の夜から、ずっと死んでたんだ。その間に、ちょっと長くなったんだろう」

熊五郎　「ああ、そうだ、やっぱりこれはおれだ。間違いない。ああ、何でこんなことになったんだろう」

八五郎　「やっぱり、これはおまえだろう。じゃあ、熊、頭を持て。俺が足を持つから」

寺の人　「だめだよ！持っていかないでくれよ。分からないかなぁ。これはおまえさんじゃないんだよ」

八五郎　「うるさい！本人が来て、これは自分だって言ってるんだから、間違いない。……もしかしたら、おまえさん、この死体が欲しいんだな」

寺の人　「え？変なこと言わないでくれよ」

熊五郎　「ああ、八、俺、分からなくなってきたよ」

八五郎　「何が分からないんだ？」

熊五郎　「俺が今持ってる死体は、間違いなく俺だけど、じゃあ、持ってる俺は誰なんだ？」

注釈

1	世（よ）①：社会，世间	2	沢山（たくさん）⓪：很多
3	向（む）こう②：対方	4	会（あ）う①：见面，遇见
5	思（おも）い出（だ）す④：想起来	6	信（しん）じられる：能相信
7	周（まわ）り⓪：周围	8	大変（たいへん）⓪：非常，严重，辛苦
9	通（とお）る①：通过，通行	10	間（あいだ）⓪：中间，之间
11	とっても④：很，非常	12	かわいそう④：可怜
13	大家（おおや）さん①：房东	14	家賃（やちん）①：房租
15	ずっと⓪：一直	16	運（はこ）ぶ⓪：搬，运
17	本人（ほんにん）①：本人	18	連（つ）れる⓪：领着
19	絶対（ぜったい）⓪：絶対	20	返事（へんじ）⓪：回答，回复

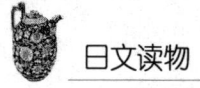

21　初（はじ）め⓪：第一　　22　今度（こんど）①：这次，下次
23　冷（つめ）たい③：凉，冷　　24　恥（は）ずかしい④：害羞
25　心配（しんぱい）⓪：担心　　26　仕方（しかた）がない：没有办法
27　汚（きたな）い③：脏

十五、八五郎和熊五郎

世界上有很多怪人。其中有这样一个人。

男1："对面走过来一个人。是谁呢。我觉得见过他。哎呀……想不起来了。哎，对方好像认识我。他微笑着走过来了。是谁呢。哎，算了吧。问问看。……你好。你、你是谁呀？"

男2："笨蛋，我是你爸。"

你能相信有这样的人吗？如果真有的话，周围的人可就够呛了。有一个这样的人就够大家受的了，可是，如果有两个这样的人的话会是怎样的呢？

有一天大清早，八五郎路过寺庙，寺庙前聚集着很多人。

八五郎："怎么了？发生什么了？但是，人太多看不见啊。"

寺庙前有具男人的尸体。寺里的人在询问大家。

寺里的人："有谁认识这个人？"

八五郎："问我认识不认识，我看不见啊。好，我从大家的腿中间钻到前面去看看。哎呀，啊呀，……好不容易终于到前边了。"

寺里的人："啊，从哪儿冒出来的男人。施主，这个人是谁，你认识吗？我们因为都不认识正犯愁呢。"

八五郎："啊，这个人怎么了？"

寺里的人："倒在这里死了。"

八五郎："啊！？"

寺里的人："这个人你认识吗？"

八五郎："那么，失礼了，让我看看他的脸吧。哎？没有脸！"

寺里的人："喂喂，那是脚。脸在这儿呢。"

八五郎："啊，是嘛。啊，这，这不是小熊吗？喂，起来！小熊！小熊！"

寺里的人："施主，你认识这个人？"

八五郎："是的，这是我的朋友熊五郎。因为从小就是邻居，我们很熟。虽然他脑子不好使，但是人很善良……哇，不好了！小熊！小熊！"

寺里的人："喂，施主，这个人有老婆和孩子吗？"

八五郎："小熊没有老婆也没有孩子。这家伙是个可怜的男人，父母去世得早，也没有兄弟姐妹。"

寺里的人："那么，就让房东来吧。"

八五郎："房东能来吗？因为小熊一直没有交房租，我不知道房东能不能来啊。"

寺里的人："那可麻烦了。施主你是这个人的朋友，那么，他领回去好吗？"

八五郎："不，我有个好主意。我现在跑回去，把小熊本人带来。"

寺里的人："等等，把本人带来？"

八五郎："嗯嗯。今天早上，我去小熊家了。我说'一起去寺里吧'，小熊回答说'因为今天太累了不想去了'。没有想到却发生了这种事。"

寺里的人："施，施主，你今天早上见过小熊先生？那么，这个人不是小熊。因为这个人是昨天夜里倒在这里死掉的。"

八五郎："不，这个人绝对是小熊。并且，如果小熊本人来的话就清楚了。所以我领小熊来。"

日文读物

寺里的人："哎？请等、等、等、一下。错了，错了。"

寺里的人很吃惊。八五郎往熊五郎家里走去了。

八五郎："喂！（咚咚咚咚）小熊！小熊！（咚咚咚咚）"

熊五郎："'小熊'、'小熊'那么大声地喊，吵死了。你在没人住的房子前吼，小熊怎么能回答呢，真是个傻瓜。小熊？啊，小熊是我。喂，小八，我家在这里。"

八五郎："啊，小熊，你一直住在这种地方啊。"

熊五郎："这种地方？我家一直就在这儿。怎么了？"

八五郎："小熊！不好了，不好了！"

熊五郎："发生什么了吗？"

八五郎："嗯。我现在跟你说，你不要吃惊啊。我刚才去寺庙了。因为聚集着很多人，我想发生什么了吧，就见一个男人躺在那儿死了。寺里的人因为不知道他是谁很为难。我一看那个人的脸……原来是你！"

熊五郎："啊？"

八五郎："你没明白？你昨天夜里，在寺里……"

熊五郎："啊？"

八五郎："死了。"

熊五郎："啊？我吗？别说傻话。我没有死的感觉啊。"

八五郎："你啊，这次是第一次死，所以你不是很理解。你昨天夜里没去哪儿吗？"

熊五郎："去叔叔家了。"

八五郎："果然还是去哪儿了。"

熊五郎："夜里很晚从叔叔家出来，走到寺庙的附近回来的。但是，因为喝了很多酒，再然后从哪里回来的，完全想不起来了。"

八五郎："一定是你喝多了，就那样倒在寺庙前死了。真是傻啊。

你啊。死了也不知道，就那样回来了。"

熊五郎："是那样吗？"

八五郎："应该是那样吧？"

熊五郎："被你这样一说……我从今天早上就很累，身上也很冷，很奇怪。果真，我昨天夜里就死掉了。"

八五郎："是的。你终于明白了。明白了就行。那么，咱们马上走吧。"

熊五郎："去哪儿？"

八五郎："去寺里啊。必须把尸体运回来对吧。"

熊五郎："谁的？"

八五郎："还用问，是你的。"

熊五郎："啊，那可不行。现在我能好意思说：'这是我的尸体'吗？"

八五郎："为什么害羞啊？自己的东西自己去取干嘛觉得害羞。不要担心。因为我领着你一起去。你真是个笨蛋。如果我没路过寺庙的话，不知道谁会把你的尸体认领走呢。"

八五郎和熊五郎去了寺庙。

八五郎："喂，看看。有好多人。大家都在看你呢。"

寺里的人："啊，奇怪的男人回来了。怎么样啦？还是搞错了吧。"

八五郎："我回家对小熊说了，他刚开始说：'我没感觉死啊'。但是经我简单明了地一说，小熊终于明白了，并说'我感觉我好像死了'。这样，我就把他领来了，这就是本人。"

熊五郎："刚才，从小八那里听说了事情的经过，吓了一跳。是的，我就是小熊本人。"

寺里的人："又来了个奇怪的男人。真麻烦啊。说了几遍也不明白啊。让本人看看死者的脸吧。"

熊五郎："不，不看也可以。"

寺里的人："不，还是请你看一下吧。"

熊五郎："那么，没办法了。看吧。啊，脸真脏。"

八五郎："死人的脸，怎么会干净呢？"

熊五郎："我的脸有这么长吗？"

八五郎："因为昨天夜里就死了，这么长时间了，脸变长了吧。"

熊五郎："啊，是这样啊。这个果然是我啊。没弄错。啊，为什么会变成这样啊。"

八五郎："果然这个是你啊。那么，小熊，你搬着头，我抬着脚。"

寺里的人："不行。不可以带走。还没弄明白。这个不是你。"

八五郎："真烦人。因为这是本人自己来认领的不会搞错的。或许，是你想要尸体吧。"

寺里的人："哎？别说莫名其妙的话。"

熊五郎："啊，小八，我有些不明白了。"

八五郎："你不明白什么？"

熊五郎："我现在抬着的尸体一定是我，那么，抬着我的人又是谁呢？"

十六 影の恋人

　隆之が出ていった。今までどんな喧嘩しても、出ていったことはなかったのに。しかも、トイレットペーパのことで喧嘩したなんて……。
　パタン！
　ドアの閉まる音がすると、胸が苦しくなった。目から涙がつーっと落ちた。
　「泣かないでください」隆之の声だ。
　「え？」
　急いで涙をふいて、顔を上げた。ソファに黒い影が座っている。
　「隆之さんは、わたくしをすっかり忘れて、お出かけになったようですね」
　話しているのはこの……人？
　黒い影は立ち上がって、ううぅーんと体を伸ばした。ちょうど隆之と同じ背の高さだ。
　「隆之さん、寝ているんだと思っていましたので、わたくしも一緒に眠ってしまいました……」
　「それじゃあ、あなたは……隆之の…影…さん…？」
　「はい。初めまして、由子さん」影は丁寧に頭を下げた。
　「いや、『初めまして』は変ですね」と言って、影が笑った。隆之と同じ笑い声が部屋いっぱいに広がった。とても気持ちよさそうに笑う

日文読物

ので、私も一緒に笑ってしまった。優しい気持ちになった。さっきの涙はもう止まっていた。

「影さん、クッキーはいかがですか？ちょうどお茶の時間にしようと思っていたんです」

私は焼いたばかりのクッキーを白い皿に並べて、影の前に置いた。

「どうぞ」

「ありがとう」

「日曜日は一週間分のクッキーやケーキをたくさん焼くんです。さあ、どうぞ」

「それが……。残念ですが、影は物を食べることができないのでございます」

「そう……なの……」

甘いものが大好きな隆之のために作ったクッキー。影さんに食べてもらって、「おいしい」って言ってもらいたかったのに……。

「ごめんなさい、由子さん。お気持ちだけいただきます」

「何か、影さんが喜ぶことをしてあげたいんだけど……」

「では」と影は言った。

「この皿をもっとよく見せていただきたいんですが……」

「え？」

「わたくしはこの皿をゆっくり見たいのです」

私はクッキーを他の皿に入れると、白くて丸い皿を影の前に置いた。

「はあー。なんて美しい白でしょう」

「私が作ったんですよ。週一回、先生に習っているんです」

自分でも大好きな皿だった。影に「美しい」と言われて、私はとても嬉しかった。隆之に私が作った皿や茶碗を見せても、ちょっと見て、

「へぇー」とか「ふーん」と言うだけ。置いてあっても、「見て」と言わないと気が付かない。

影は皿に触ろうとして、手を伸ばした。でも、何度やっても、すうーっと手が皿の向こうに通ってしまう。

「影は物に触ることができないのです」影は悲しそうに言った。

私は皿を持ち上げて、右や左、そして、裏も影に見せた。影は「わあ」とか「ほう」とか、何度も言って、皿を長い間見ていた。

「もしよろしければ」と影が言った。

「はい？」

「由子さんの作った物をもっと見せていただきたいのですが……」

隆之も出会ったころは、こんな丁寧な言い方をよくしていた。でも、最近は全然丁寧じゃない。影さんとは大違い。私は隣の部屋から、今までに作った皿や茶碗や花瓶などを次々に持ってきて、部屋いっぱいに並べた。

影は店に買い物に来たお客さんのように、ゆっくり歩きながら、一つ一つに顔を近づけたり、少し遠くから見たりした。

「本当にきれいですねえ。わたくしたち影は自分に色がないので、色を見ると、とてもうれしくなるのです。このような複雑な色を見ると、生きていてよかった、と思うのでございます……」

影は急に話すのをやめて窓の外を見た。さっきまで、四階のこの部屋からは、きれいな青い冬空が見えていたのに、いつの間にか暗くなり始めていた。影は前よりずっと背が高くなっている。

「ところで、由子さん、どうして隆之さんは、出ていってしまったのですか？」急にこう聞かれて、私はすぐには答えられなかった。つまらないことで喧嘩したので、言うのがちょっと恥ずかしい。

日文读物

「それが……、トイレットペーパーのことで喧嘩したの」
「トイレットペーパーって、あのトイレで使う紙？」
私は赤くなりながら、「ええ」と言った。
「隆之はトイレットペーパーを使って、全部なくなっても、新しいのを入れてくれないの。いつも、そのまま。後に使う人のことなんて、全然考えていないのよ。今まで何度も言ったのに、全然直してくれない。このごろは、私が言い出すと、『うるさいな』って言って、寝てしまうの」
「それでは、さっき隆之さんがソファで寝ていらっしゃったのは、そういうことだったんですね」
「私も怒って、隆之の顔にクッションを投げたの」
「ワァォ！」影は大きな声を出して、両手を上げた。長い腕が大きく動くと、部屋が揺れているようだ。
「あ、影さん！どうしたの？」
「あ、大変失礼いたしました。恋人っていいなあと思ったものですから」
「全然よくないわ！」
——影だから、私たちのこと、まじめに考えてくれないんだ……——
私はまた隆之と喧嘩した後の悲しい気持ちになった、涙が落ちそうになる。
そんな私の気持ちが分からないのだろうか。影は小さい声で歌を歌いながら、皿や茶碗を楽しそうに見ている。
「影さん、あなたは隆之がどこか行ってしまったのに、寂しくないの？」
影は歌をやめると、少し笑いながら私を見た。

「わたくしは寂しくありませんよ。生まれてから一度ぐらい、一人になって好きなことをしてみたいと思っていましたからね。今日はしたかったことができて、とてもうれしいのですよ」そう言うと、影はダンスを踊り始めた。

「由子さんも踊りましょう」

「私、ダンスなんて踊れないわ……」

「踊れるでしょう？わたくしはあなたと隆之さんがよく一緒にダンスを踊っていたのを知っています」

「あ、そうか……。あなたは隆之の影だから、何でも知っているのよね」影には嘘をつくことなんてできないのだ。私は影と一緒に踊り始めた。

「音楽もかけましょう」

私は、大好きな音楽のCDをかけた。楽しい音楽が部屋いっぱいに広がった。私と影は大きな声で笑いながら、飛んだり跳ねたりして踊り続けた。まるで、子供のように。楽しくて、胸が温かくなった。昔は隆之とも、今のように踊ったり歌ったりした。一緒にいるだけで、楽しくて幸せだった。

「昔のように、もっと一緒に楽しいことをすればいいんですよ」影が踊りながら言った。

「だめ、だめ。隆之はこのごろ、何も一緒にしてくれないから」

私も踊りながら影に言い返した。そして、影が困るようなことを聞いてみた。

「影さん、あなた、隆之のような人の影で嫌じゃないの？」すると、影も負けてはいない。

「由子さんだって、隆之さんのような人の恋人で嫌じゃないんですか？」

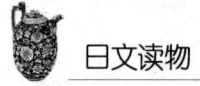

「まあ、影さんったら！」
「由子さんが先におっしゃったんですよ！」私たちは踊り疲れて座り込んだ。笑いが止まらない。悲しい気持ちがどこかへ行ってしまった。なんて楽しいんだろう。
　その時だ。ひゅうーっ。風がガラス窓を打った。
「では、由子さん、わたくしは、そろそろ……」影が立ち上がった。
「どこへ行くの？」
「もう、行かなければ間に合わなくなる……」影はそう言うと、玄関へ向かった。
「待って、あなたまで出ていかないで」
　ガチャン！皿の割れる音がした。私は影の後ろを走っていった。影はすーっとドアを通って、足音もなく階段を下りていく。このまま行ってしまうなんて悲しすぎる……。私は飛ぶようにして階段を下りて、外へ出た。
「あっ！」目を上げると、燃えるような真っ赤な夕焼けだ。こんな色をした夕焼けがあるなんて……。駐車場の向こうを影はどんどん遠くへ走っていく。
「行かないで！……あ、痛い！」転んだ。怪我したかもしれない。でも、今はそんなこと、どうでもいい。私は走った。
　風が、どんどん強くなってくる。押し返されそうになったけれど、それでも私は、影が走っていたほうへ一生懸命走った。
　丘の上の公園に出た。もう真っ暗だ。影は、どこにもいない。
「どこにいるの？お願い、出てきて。私を一人にしないで」
　さっきまでの強い風が急にやんだ。
「ここだよ」声がした。

――ああ、よかった……――

影は、公園の柵のところに立っていた。そこからは、町がよく見える。私は走った。走っていって抱きついた。温かい。

――え？――

「隆之……なの？！」

「由子？俺を誰だと思ったのさ」

「誰って。あなたの……」

――じゃあ、影はどこへ行ったのだろう……？あ、そうか……――

影は隆之のところに帰っていったんだ……夜に飲み込まれてしまう前に。そして、私をここまで連れてきてくれた……。

目の前で、町の明かりが宝石のようにキラキラ光っている。

「うへー、寒い！今年一番の寒さじゃないか？」

隆之がセーターを鼻の上まで引っ張り上げた。私はふふっと笑った。

「なんで笑うんだよ」

――あなたの影はとても丁寧な話方をしてたのに、あなたは……。どうして、影と本人って、こんなに違うんだろう。ふふふ……――

悲しみも寂しさも隆之のそばにいたら消えてしまう。

「帰って、何か温かい物を食べましょうよ」

「スーパーでいろいろ買ってきたから、何でも作れるぞ。あ、それから、トイレットペーパーも」

「え？」

「探したんだけど、どこにもなかっただよ。新しいのを入れようと思ったのにさ」

「そうだったの……ごめんなさい」

「おれも悪かったよ。何も言わないで出ていって。でも、眠っている

日文读物

「人間にクッションを投げたのは、そっちが悪いぞ」

「投げ方は上手だったでしょ！」そのとき、すぐそばを一台の車が通った。車のライトが私たちを照らした。

——あ！——

私は見た。隆之の影が大きく出てきて、私に手を振ったのを。

——ありがとう、影さん——

私は影の見たほうにそっと小さく手を振った。

注釈

1	今（いま）まで③：迄今，至今	2	どんな喧嘩（けんか）しても：无论怎么吵架，都……
3	～たことがない：句型，没做过……	4	しかも②：并且，而且
5	トイレットペーパー⑥：卫生纸，手纸	6	なんて①：多么……啊
7	音（おと）②がする⓪：发出声响	8	胸（むね）②が苦（くる）しい③：胸部难受
9	涙（なみだ）①をふく⓪：拭泪，擦眼泪	10	気持（きも）ちよさそうに：心情愉快的样子
11	クッキー①：曲奇饼干，小甜饼干	12	焼（や）く⓪：烧，烤
13	並（なら）べる⓪：排列，并列	14	一週間分（いっしゅうかんぶん）：一周的份儿
15	いただく⓪："もらう"的谦让语，领受，承蒙赐予	16	～してあげたい：我想为……做
17	見（み）せていただきたい：自谦用法，请让我欣赏	18	なんて～でしょう：是多么……啊
19	言（い）われる：被说	20	気（き）⓪が付（つ）く①：注意
21	触（さわ）ろうとする：想要摸	22	手（て）①を伸（の）ばす②：伸手
23	すうっと⓪：嗖	24	悲（かな）しそうに：悲伤的样子
25	持（も）ち上（あ）げる⓪：抬起，拿起	26	出会（であ）う②：遇到，相遇
27	長（なが）い間（あいだ）：长时间，时隔许久	28	大違（おおちが）い③：大不同，相差大
29	次々（つぎつぎ）②：依次，陆续	30	近（ちか）づける④：靠近，接近

31	答(こた)えられない:回答不上	32	恥(は)ずかしい④:害羞,不好意思
33	クッション①:靠垫	34	投(な)げる②:投,扔,掷
35	ワァォ:语气词,哇	36	揺(ゆ)れる③:摇动,摇晃
37	って:"と"或"という"的口语用法	38	落(お)ちそうになる:就要掉了
39	ダンス①:舞蹈,跳舞	40	CDをかける:打开CD
41	跳(は)ねる②:跳,跳跃	42	〜ばいい:句型,……就好了
43	言(い)い返(かえ)す③:回敬	44	おっしゃる③:"言う"的尊敬语,说
45	座(すわ)り込(こ)む④:一屁股坐下	46	ひゅうーっ:拟声词,嗖
47	立(た)ち上(あ)げる⓪:起立,站身起来。	48	ガチャン:拟声词,吭当
49	皿(さら)の割(わ)れる:碟子打了	50	悲(かな)しすぎる:悲伤过度
51	段階(だんかい)⓪を下(お)りる②:下楼梯	52	真(ま)っ赤(か)③:通红,火红
53	夕焼(ゆうや)け⓪:夕阳,晚霞	54	転(ころ)ぶ⓪:绊倒,跌倒
55	怪我(けが)②:受伤,弄伤	56	どうでもいい:无所谓,怎么都行
57	どんどん①:连续不断,接二连三	58	押(お)し返(かえ)す③:顶回去,推回去
59	柵(さく)②:栅栏,围栏	60	抱(だ)きつく③:抱住,搂住
61	明(あ)かり⓪:光线,灯火	62	キラキラ①:闪闪发光
63	引(ひ)っ張(ぱ)り上(あ)げる⑥:拉上,拉起	64	ライト①:灯
65	照(て)らす②:照	66	手(て)①を振(ふ)る⓪:挥手

十六、影子恋人

隆之摔门而出。到目前为止,不管怎么吵架,也不会夺门而走,可这次……却是因手纸而引起的吵架……

"吭当"摔门声一响,我心中生出了苦涩,眼泪唰地流了下来。

"请不要哭泣！"这是隆之的声音。

"哎？"我急忙擦掉眼泪，抬起头。有个黑影坐在沙发上了。

"隆之好像把我忘得一干二净，就这么出去了啊"

说话的难道是这个……人？

黑影站了起来，伸展了身体，身高与隆之正好相仿。

"以为隆之在睡觉，所以我也睡着了……"

"这么说，你是……隆之的……影子……先生……"

"是的。初次见面，由子小姐。"

影子恭敬地鞠躬行礼。

"哎哟，'初次见面'有点不对头啊"，影子说着笑了，和隆之一样的笑声回荡于房间。

看样子是很开心地笑，所以我也一同笑了。我的心情变得柔和起来，刚才的泪水也止住了。

"影子先生，来点饼干怎么样？方才正想用茶点来着。"我把刚出炉的饼干摆在白盘子上，放在了影子面前。

"请慢用。"

"谢谢！"

"星期日我会烤制一周所用的曲奇饼干和蛋糕。来，请品尝一下。"

"这个……十分遗憾，影子是不能吃东西的。"

"是……吗……"

专门为嗜甜的隆之所做的曲奇，想拿来让影子先生品尝完后夸奖说"真好吃"……

"真对不起，由子小姐。您的好意我心领了。"

"总觉得，想做些能让影子先生高兴地事情……"

"那么"影子说道："能让我再仔细的端详这个盘子吗……"

"嗯？"

"我想好好地看看这个盘子。"

我把饼干倒入别的盘子后，把白色的圆盘子放在影子面前。

"啊！多么漂亮的白色啊！"

"这是我做的哦。我在跟着师傅学习，每周一次。"

那是我自己也很喜欢的盘子。被影子称赞说"漂亮"，我开心极了。要是给隆之看我做的盘子，他也就随便一看，仅仅说些"哇""啊"之类的。如果不提醒他看，即便盘子放在那儿，他也不在意。

影子伸出手，想要摸盘子。但是，不管试多少次，手都是穿盘而过。

"影子是摸不到东西的。"影子忧伤地说。

我拿起盘子，前后、左右转着让影子看，影子不断地发出"哇""嚯"的声音，长时间端详着盘子。

影子说："如果方便的话"

"什么？"

"我想多观赏些由子小姐所做的物件……"

隆之与我初识的时候，也是经常会用这样谦恭和蔼的说话方式。但是，最近一点都不礼貌，和影子先生有很大的不同。我从隔壁的房间里，一件接一件的拿来了迄今为止所做的盘子和碗以及花瓶，把屋子摆得满满的。影子像前来购物的客人一般，漫步行走着，一件接一件地远观近瞧。

"真的很精美呢。我们影子因为自身没有颜色，所以看到颜色就很开心。像看到这样复杂的色彩，就会觉得活着真美好啊。"

影子突然间停止话语向窗外望去。方才为止，还能从这间四楼的小屋，望见清澈透蓝的冬日天空来着，不知何时已开始变得昏暗了。影子的身高也变得比以前高得多了。

"对了，由子小姐，隆之为什么出去了呢？"突然被这么问，我一

下子没回答上来。因为一些鸡毛蒜皮的小事吵架，有点难以启齿呢。

"那个……是因为手纸的事吵架了。"

"所说的手纸，是卫生间用的纸吗？"

我红着脸说："嗯。"

"隆之用手纸，总是都用光了也不更换新的。就那样放置不管，一点也不为后面使用手纸的人着想。我一直都在提醒他，说过好多次了，他就是不改。当时，我刚一开口，隆之就说'烦人'，倒头就睡了。"

"原来刚才隆之睡在沙发上，是这么一回事啊。"

"嗯，我也生气了，朝他脸上扔了靠垫。"

"哇！"影子大声惊呼起来，还举起了双手。它那长长的胳膊向上一伸展，整个房间都像是摇晃了一样。

"啊，影子先生！怎么的了？"

"啊，我失态了。我是在想恋人之间真是美好啊。"

"一点都不好！"

我想因为他是影子，所以一点都不会为我认真考虑我们之间的事情……

我和隆之吵过架之后的悲伤又涌上心头，流水在眼窝里打着转。可能是不理解我的那种心情吧，影子小声哼着歌，愉悦地看着碟子和碗。

"影子先生，隆之不知去向了，你不寂寞吗？"

影子停止歌声，微笑着看着我。

"我一点都不寂寞哦。我从生下来就想一个人做一次自己喜欢的事情。今天我做了想做的事，真是开心极了。"

说完，影子开始跳起了舞。

"由子小姐也一起跳吧。"

"我，不会跳舞啊……"

"会跳的吧？我知道你经常和隆之先生一起跳舞的。"

"啊，是啊……你是隆之的影子，所以你什么都知道的啊。"

没对影子撒成谎。我和影子一起开始跳舞了。

"放点音乐吧。"

我打开了特别喜欢的 CD。愉快的音乐回荡于房间中。我和影子大声欢笑着，继续欢快地跳着舞。简直就像小孩子一样。心中暖暖的，充满喜乐。

以前和隆之也像今天一样又唱又跳。只要我们在一起，就非常开心和幸福。

"如果像以前一样在一起该有多好啊。"影子边跳边说。

"不行，不行。隆之这个时候，是不能和我们一起做任何事的。"我也边跳舞边回应着，还试着问了下影子困惑的事情。

"影子先生，你不讨厌做隆之这样人的影子吗？"

听了这话，影子便和我争锋相对起来。

"由子小姐呢，不讨厌做隆之这样人的恋人吗？"

"哎呀，真有你的，影子先生！"

"是由子小姐先提起来的哦！"

我们跳得累了，就一屁股坐了下来，还不停地笑着。悲伤的情绪也不知去了哪里。是那样的快乐。

这时，"嗖"的一声，风敲打在玻璃窗上。

"由子小姐，我差不多该……"

影子站了起来。"你要去哪里呢？"

"已经，不走的话就来不及了……"影子这样一说完，就朝门口走了过去。

"等一等，连你也非离开不行吗？"

"咣当"！是盘子破碎的声音。我一溜小跑地跟在影子的后面。影

子"嗖"的一下穿门而过，无声地下了楼梯。就这样走掉了，该多么的悲伤啊……我飞一样的下了楼梯，奔向外面。

"啊！"扬起目光，我看到了像燃烧一样的火红夕阳。还能有像这种颜色的夕阳……

影子朝着停车场，越跑越远。

"不要走！……啊，好疼！"我摔倒了，可能受伤了。但是，在那种情况下，我已经顾不得这么多了，我又跑了起来。

风，渐渐地强了起来。我像要被推回去一样，尽管这样，我还是朝着影子走掉的方向拼命跑着。

山丘上的公园出现了。天已经是漆黑一片。影子也不见踪迹了。

"在哪儿呢？拜托了，出来吧。不要让我一个人。"

刚才的大风嘎然而止。

"在这儿呢。"声音响起。

"啊，太好了……"我想。

影子站在公园的栅栏那边。从那里望去，小镇清晰可见。

我跑过去一把抱住，很温暖。

哎？

"是……隆之吗？！"

"由子？你把我想成是谁了啊？"

"说到是谁，你的……"

那么，影子已经走掉了吧……啊，是啊……

影子回到了隆之这里……在被夜色吞没之前，他把我带到了这里……

眼前的小镇像宝石一般闪闪发光。

"喔，真冷！今天是今年最冷的一天了吧？"

隆之把毛衣衣领拉到鼻子上端。我嗤嗤地笑了。

"你为什么要笑？"

"你的影子说话那么谦恭和蔼，你却……为什么，影子和本人这么不一样呢。呵呵呵……"我心中对比着。

悲伤也好，寂寞也罢，只要在隆之的身旁，它们都会云飞烟灭。

"回去吧，吃点热乎乎的东西。"

"刚刚在超市买了很多东西，能做很多菜哦。啊，还有手纸也买了。"

"哎？"

"本来我是找手纸来着，可哪儿也没找到。还想着要把新的替换进去呢。"

"是这样啊……对不起。"

"我也不好。什么也没说就出来了。但是，向熟睡的人扔靠垫这种事，是你的不对啊！"

"扔的准吧！"

就在那时，一辆车从我们身旁疾驰而过。车灯照亮了我们。

啊！

我看到了。隆之的影子出现了，越来越大，还向我招手呢。

谢谢，影子先生！

我向影子轻轻地挥了挥手。

日文读物

十七 日本の神話

　神話は、どの国にもあります。神話は、神様や国の始まりの話です。日本の神話は、千三百年ぐらい前にできた『古事記』や『日本書紀』という本に書かれています。この本では『古事記』の中にある話をいくつ紹介します。怒ったり、笑ったり、泣いたりする日本の神様たちの話を楽しんでください。

（一）日本の国の始まり

　世界は初め、天も海も地もはっきりしていませんでした。しかし、あるとき、天と地ができて、たくさんの神様が生まれました。
　ある日、高天原（天の国）に住んでいる神様たちが会議をしました。そして、若い男女の神様を呼びました。男の神様は「伊邪那岐」、女の神様は「伊邪那美」といいます。
　神様たちは、二人に長い長い矛を渡して言いました。
「二人で一緒に国を作りなさい」
　そのころ、高天原の下は、水と油の海のようでした。二人は、美しい天の橋の上から、その長い矛を、ずっと下の水と油の海の中に下しました。それから、その矛を上のほうへ上げました。すると、矛の先に付いた油のようなものが、ぽとりぽとりと下へ落ちました。それが固い地面になって、島ができました。
　二人は、その島に下りて結婚しました。
　二人は、初めに「淡路島」を生んで、次に「四国」、次に「隠岐の島」、

「九州」と、たくさんの島を生みました。その島々が、今の日本の国になったのです。

(二) 死の国

　伊邪那岐と伊邪那美は、日本の島を生んだ後、たくさんの神様を生みました。石の神、海の神、川の神、山の神、草の神、船の神、食べ物の神……。最後に火の神を生んだので、伊邪那美は、火で体を焼かれて死んでしまいました。

　伊邪那岐は伊邪那美が心から好きだったので、黄泉の国（死の国）へ伊邪那美を探しに行きました。黄泉の国の入り口の前で、伊邪那岐は泣きながら呼びました。

　「伊邪那美、伊邪那美。一緒に帰ろう。そして、また一緒に暮らそう」

　その声を聞いて、伊邪那美は黄泉の国の入り口のそばまで来ました。

　「こんなところまで、よく来てくれましたね。でも、残念です。私は、この国の食べ物を食べてしまいました。ですから、もう黄泉の国の人になってしまいました。帰ることはできません。でも、私のために、あなたがここまで来てくれたのですから、黄泉の国の神様に話します。しばらくそこで待ってください。こちらへは、絶対に入らないでくださいね」

　伊邪那岐は、黄泉の国の入り口で伊邪那美が出てくるのを待ちました。しかし、いくら待っても伊邪那美は出てきません。

　—どうして出てこないのだろう。早く会いたい—

　伊邪那岐は、もう待てなくなりました。伊邪那美に「入ってはいけない」と言われていたのに、暗い黄泉の国へ入っていきました。伊邪那岐は、伊邪那美を探して暗い道をどんどん歩いていきました。すると、

伊邪那美がいました。
「あっ、伊邪那美！」
しかし、その伊邪那美は、生きていたときの美しい伊邪那美ではありませんでした。伊邪那美の体は、汚く臭くて、小さな虫がたくさん付いていたのです。伊邪那岐は驚いて走って逃げました。
「入らないでくださいと言ったのに……。私の汚い体を見たのですね」
伊邪那美が、とても怖い顔で走ってきました。黄泉の国の鬼たちも連れています。
伊邪那岐は逃げました。走って走って、やっと黄泉の国の入り口に着くと、そこに大きな桃の木がありました。伊邪那岐は、木から桃を取って鬼に投げました。鬼は黄泉の国に逃げ帰りました。
しかし、伊邪那美は逃げません。まだ走ってきました。伊邪那美は走りながら大声で言いました。
「待て！伊邪那岐。私の汚い体を見たお前を、ここから帰りなさいよ」
伊邪那岐は、黄泉の国から出ると、すぐに、そばにある大きな岩を押して、黄泉の国の入り口に置いてしまいました。もう、伊邪那美は出てこられません。伊邪那美は、岩の後ろで言いました。
「お前がこんなことをするなら、お前の国の人を毎日、千人ずつ殺してやる」
伊邪那岐は答えました。
「お前が千人殺すなら、私は、毎日、千五百人ずつ生むよ」伊邪那美は、仕方なく黄泉の国に帰りました。
このときから、世界は、人が毎日、千人ずつ死んで、千五百人ずつ生まれるようになりました。

（三）天の岩戸

　伊邪那岐は、伊邪那美からやっと逃げることができました。
「ああ、本当に怖かった……」
　黄泉から逃げてきた伊邪那岐は、汚くなった体を洗うために川に入りました。左の目を洗うと「天照」が右の目を洗うと「月読」が鼻を洗うと「須佐之男」という神が生まれました。
「ああ、とてもいい神が生まれましたなあ」
　伊邪那岐は喜びました。そして、三人の神様に言いました。
「天照は、天の国、高天原へ行きなさい。月読は、夜の国へ行きなさい。須佐之男は、海の国へ行きなさい」
　天照と月読は、伊邪那岐の言うとおりにしたのに、須佐之男は、海の国へ行きたくないと言って、毎日、泣いてばかりいます。
　父の伊邪那岐は怒りました。
「仕事もしないで泣いてばかりいるなら、ここから出ていけ！」
　父に叱られた須佐之男は
　―そうだ！お姉さんの天照のところへ行こう―
　須佐之男は、天照のいる高天原へ行きました。天照は須佐之男に「高天原に住んでもいい」と言いました。それで、須佐之男は高天原に住み始めました。高天原でも須佐之男は仕事をしません。毎日、田や畑の中に入って歩き回ったり、神様たちの家に汚いものを投げ入れたりしました。
　ある日、須佐之男が歩いていると、家の中から布を織る音が聞こえます。須佐之男が見ると、女が神様のために布を織っていました。須佐之男は、その部屋に死んだ馬を投げ込みました。女はとても驚きました。そして、布を織る機で体を打って死んでしまいました。

日文読物

　天照は、弟の須佐之男が怖くなりました。そして、「天の岩戸」という洞窟の中に入ってしまいました。天照は光の神様でしたから、そのときから世界は暗くなってしまいました。米も野菜も取れなくなって、悪いことばかり起きるようになりました。

　困った神様たちは会議をして、どうしたらいいか話しました。ある神様が、いい方法を考えました。

　神様たちは、まず、天の岩戸の前にたくさんの鶏を連れてきました。鶏は、大きい声で鳴きました。次に、若い女の神様が天の岩戸の前で面白い踊りを踊りました。女の神様の踊りを見て、神様たちは手を打って大きい声で笑いました。この笑い声を聞いた天照は、岩戸を少し開けて、外の神様に聞きました。

　「賑やかですね。私がいないのに、どうしてそんなに楽しいのですか」

　外の神様は答えました。

　「天照様より立派な神様が来たので、私たちは喜んでいるのです」

　―私より立派な神様？どんな神様だろう―

　天照は岩戸をもう少し開けました。そのとき、二人の神様が、大きい鏡を天照の顔の前に出しました。そこに、天照の顔が映りました。天照は、それを新しい神様だと思いました。

　―どんな神様だろう。もっとよく見よう―

　天照は、新しい神様をもっとよく見ようと思って、体を少し外に出しました。そのとき、力の強い神様が、天照の腕を取って外へ出しました。世界に光が帰ってきました。神様たちは須佐之男に言いました。

　「お前は悪いことばかりしている。高天原から出ていけ！」

　須佐之男は高天原から出ていかなければなりませんでした。

（四）八岐大蛇

須佐之男は、高天原から、下にある葦原中国（地の国）に下りました。須佐之男が下りたのは、出雲（今の島根県）というところでした。

そこには大きな川がありました。須佐之男が川のそばを歩いていると、箸が流れてきました。

「あっ、この近くに人がいる」須佐之男は、箸が流れてきたほうへ歩いていきました。

しばらく行くと、人の泣く声が聞こえます。須佐之男は、声のするほうへ行ってみました。すると、若い美しい娘と、その父と母が泣いていました。

「どうしたのですか」須佐之男が聞くと、娘の父が話し始めました。

「私たちの村に『八岐大蛇』という頭が八つある大きい蛇が来ます。そして、毎朝、娘を一人ずつ食べるのです。私たちには、八人の娘がいましたが、今は、ここにいるこの娘一人です。今晩、また八岐大蛇がここへ来ます。この娘は、きっと食べられてしまうでしょう。だから、私たちは泣いているのです」

須佐之男は言いました。「私は娘さんと結婚したい。もし、娘さんを私にくれるなら、私が助けてあげよう」

娘の父が言いました。「失礼ですが、あなたは、どなたですか」

「私は天照の弟だ。さっき、天から下りてきたのだ」

「そのような立派な方でしたか。では、喜んで娘をあげましょう」

須佐之男は、娘の父と母に言いました。

「八個の樽と、強い酒を持ってきなさい。そして、酒を八個の樽に入れて、ここに置きなさい」

夜になると、娘の父が言ったとおり、八岐大蛇が来ました。

八岐大蛇は、酒を見つけるとすぐに、八個の樽に頭を一つずつ入れて、おいしそうにごくごく飲み始めました。そして、酔って眠ってしまいました。須佐之男は、八つの頭を刀で切り落としました。八岐大蛇の血で川は赤くなりました。

須佐之男は美しい娘と結婚して、そこで幸せに暮らしました。

（五）因幡の白兎

結婚した須佐之男は、たくさんの子供が生まれました。そして、孫（子供の子供）もたくさん生まれました。孫の一人に「大国主」がいました。大国主には、お兄さんがたくさんいました。

ある日、お兄さんたちは、隣の因幡に八上姫という大変美しい娘が住んでいるという話を聞きました。お兄さんたちは、美しい八上姫と結婚するために因幡へ行こうと思いました。

みんなで因幡へ行くとき、お兄さんたちが言いました。

「大国主、荷物を全部持て」

大国主は、お兄さんたちの荷物を全部持ちました。とても重いので、お兄さんたちのずっと後ろから、ゆっくり歩いていきました。しばらく歩くと、海の近くに来ました。

一匹の兎が泣いています。その兎の体には毛がありませんでした。背中もお中も赤くて、「痛い、痛い」と泣いています。

「どうしたんだい？」

大国主は、優しい声で聞きました。

兎は、泣きながら、答えました。

「私は、あそこに見える隠岐の島にいました。隠岐の島から、いつもこの因幡を見て『あの因幡の国へ行きたいなあ』と思っていました。

でも、ここへは海を渡らなければ来られません。私は泳げませんから、ここには来られないと思っていました。しかし、ある日、とてもいい方法を考えたのです。私は、海に住む鮫を呼びました。そして、こう言ったのです。

『みなさんの家族は、とても多いですねえ。でも、私たち兎の家族のほうが多いと思うなあ』

すると、鮫が言いました。『そんなことはない！私たちの家族はお前たち兎より、ずっと多いよ』

私は、また言いました。『では、ここからあの因幡まで並んでください。鮫さんの家族が何匹いるか数えてあげましょう』

鮫は家族を全部呼びました。そして、因幡まで並びました。『一匹、二匹、三匹……』

私は、数えながら鮫の背中を渡り始めました。最後の一匹の背中の上で、私は思いました。

―因幡の国に着いたぞ！私は、本当に頭がいい！―

そして、嬉しくなって、こう言ってしまったのです。『やあい、ばかな鮫たち。数を数えるなんて嘘さ。私は、この国に渡りたかっただけなのさ』そして、鮫の背中から飛び降りようとしたとき、一番最後の鮫が、私の足に噛みつきました。そして、体の毛を全部取ってしまったのです」

兎は話を続けました。

「さっき、ここをたくさんの神様が通りました。私を見ると、神様たちは、こう言いました。『体を海の水で洗ってみなさい』私がそのとおりにすると、前よりもっと体が痛くなりました。ああ、痛い、痛い」

話を聞いていた大国主は、兎に言いました。

日文读物

「その神様は私のお兄さんたち。八上姫と結婚するために旅をしているのだ。かわいそうな兎。私が助けてあげよう。私の言うとおりにしなさい。まず、川の水で体をよく洗いなさい。それから、蒲の花をたくさん取って地面に置きなさい。そして、その上でしばらく寝ていなさい」

兎がそのとおりにすると、体の痛みは消えて、すぐ、前のように白い毛の兎になりました。兎は、大国主に言いました。「ありがとうございました。あなたは本当に優しい人です。八上姫は、お兄様たちではなく、きっと大国主様と結婚するでしょう」

兎が言ったとおり、この後、大国主は、本当に八上姫と結婚しました。島根県にある出雲大社の神様は、この大国主です。出雲大社は『古事記』が書かれたころにできた神社だと言われています。

注釈

1 古事記（こじき）：《古事记》，是日本现存最古老的史书。
2 日本書紀（にほんしょき）：《日本书记》，是日本最早的历史书。
3 書（か）かれている：被记载
4 楽（たの）しむ⓷：享受，欣赏
5 高天原（たかがまはら）：天之国，是日本神话传说之一，众神居住的天上世界。
6 伊邪那岐（いざなぎ）：伊邪那岐，是日本神话中的父神。
7 伊邪那美（いざなみ）：伊邪那美，是日本神话中的母神，也是黄泉污秽之女神。
8 矛（ほこ）①：矛，戈
9 渡（わた）す⓪：交，付
10 下（おろ）す②：放下，取下
11 矛（ほこ）①の先（さき）⓪：矛锋
12 ぽとり②：吧嗒
13 固（かた）い⓪：硬，凝固
14 初（はじ）め⓪：最先，最初
15 淡路島（あわじしま）：淡路岛（岛名，兵库县南部濑户内海最大的岛屿）
16 隠岐（おき）の島（しま）：隠岐诸岛，隠岐为日本旧国名之一
17 生（う）む⓪：生产，产下
18 死（し）①の国（くに）⓪：死之国
19 石（いし）②の神（かみ）①：石神
20 海（うみ）①の神（かみ）①：海神

21	川（かわ）②の神（かみ）①：河神	22	山（やま）②の神（かみ）①：山神
23	草（くさ）②の神（かみ）①：草神	24	船（ふね）①の神（かみ）①：船神
25	食（た）べ物（もの）③の神（かみ）①：食物神	26	火（ひ）①の神（かみ）①：火神
27	黄泉（よみ）①の国（くに）⓪：黄泉之国，死之国	28	どんどん①：连续不断，一个劲
29	生（い）きる②：活，生存	30	岩（いわ）②を押（お）す⓪：推岩石
31	出（で）てこられる：出不来	32	千人（せんにん）ずつ：每一千人
33	殺（こ）してやる：（我）杀（你或你们）	34	天（あま）②の岩戸（いわと）⓪：天岩户，天岩屋的门，相当于中国神话里的南天门。
35	天照（あまてらす）①：天照大神，也称日神或太阳神。	36	月読（つくよみ）：月读神，伊邪那岐之子，日本神话中的统治夜食国的神。
37	須佐之男（すさのお）：须佐之男，伊邪那岐三子女中的最幼者，因斩杀八岐大蛇而成为日本神话中的英雄。	38	やっと⓪：总算……
39	～ことができる：句型，能，会	40	田（た）①：水田，稻田
41	畑（はたけ）⓪：旱地，旱田	42	歩（ある）き回（まわ）る⑤：来回闲逛
43	投（な）げ入（い）れる④：投入，扔进	44	布（ぬの）⓪を織（お）る①：织布
45	投（な）げ込（こ）む⓪：投入，扔进	46	機（はた）①：机器
47	洞窟（どうくつ）⓪：洞窟	48	米（こめ）②も野菜（やさい）⓪も取（と）れない：青黄不接
49	手（て）①を打（う）つ①：拍手	50	映（うつ）る②：反射，映出
51	出（で）ていけ：滚出去	52	～てくれる⓪：他人为自己做某事
53	芦原中国（あしはらのなかつくに）：苇原中国。日本带有神话色彩的名称。	54	出雲（いずも）：出云（地名），现今的岛根县
55	なら⓪：助动词，如果，假如	56	助（たす）けてあげる：提供帮助
57	立派（りっぱ）⓪：出色，华丽	58	方（かた）②：位
59	樽（たる）⓪：木桶，樽，装酒、酱油等木制容器	60	八岐大蛇（やまたのおろち）：传说中头尾各有八支的大蛇
61	見（み）つける⓪：发现	62	ごくごく①：极端，极其
63	酔（よ）う①：醉	64	切（き）り落（お）とす④：剪断，砍断

日文读物

65	因幡（いなば）：旧时的国名之一，现鸟取县东部	66	孫（まご）②：孙子，孩子的孩子
67	八上姫（やつかみひめ）：八上姫（人名）	68	大国主（おおくにぬし）：大国主，须佐之男的孙子，在日本神话中，是位于岛根县的出云大社的神。
69	海（うみ）①を渡（わた）る⓪：渡海	70	泳（およ）げる：能游
71	来（こ）られる：能来	72	鮫（さめ）⓪：鲨鱼
73	数（かず）①を数（かぞ）える③：数数，查数	74	なんて①：副词，多么……
75	飛（と）び降（お）りる④：跳下，下车	76	噛（か）みつく⓪：啃，咬住
77	旅（たび）②をする⓪：旅行，远行	78	蒲（がま）①の花（はな）②：蒲草的花
79	出雲大社（いずもたいしゃ）：出云大社（神社名），位于岛根县出云市大社町		

十七、日本神话

每个国家都有神话故事。神话讲的是神仙与国家的起源。日本神话记载于一千三百多年前的名叫《古事记》和《日本书记》里。本文介绍了几篇《古事记》当中的故事。请您欣赏这些可怒可笑可泣的日本神仙们的趣闻轶事。

（一）日本的起源

世界之初，并无明确的天、海、地之分。但是，那个时候，天与海已形成，诞生出了许多的神仙。有一天，住在高天原（天国）的神仙们召开了会议，并邀请了年轻的男女神仙。男神叫"伊邪那岐"，女神叫"伊邪那美"。众神递给了这二神硕长的矛说：

"请你们二人一起建造国家吧。"

284

那个时期，高天原下面似乎是水和油混合而成的海。二人在美丽的天桥上，用那根长矛不断地伸向油水混合的海中。然后把矛向上挑起。于是，像油一样粘附在矛尖上的东西，吧嗒吧嗒地落了下来，凝固之后变成了地面，形成了岛屿。

男神和女神降落于此结婚了。

二人最早创造了"淡路岛"，接着是"四国"，再接着"隐岐之岛"、"九州"等的许多岛屿陆续造出。这些岛屿就形成了现在的日本国。

（二）死之国

伊邪那岐和伊邪那美创造日本列岛之后，生育了许多的神仙。石神、海神、河神、山神、草神、船神、食物神……因为最后出生的是火神，伊邪那美被火烧毁身躯而死亡。

伊邪那岐是真心喜爱伊邪那美，所以前往黄泉之国（死之国）去寻找她。在黄泉入口前，伊邪那岐哭喊着："伊邪那美，伊邪那美，一起回家吧。以后，我们一起生活。"

伊邪那美听到这个声音后，来到黄泉之国的入口旁。

"你竟然能来这种地方。可是，很遗憾。我已经吃过这个国家的食物，成了黄泉之国的人了，不能再回去了。但是，你是为了我来到这里的，我要向黄泉之国的神仙报告一下，你在这里稍微等一等。千万不要进到这里来哦。"

伊邪那岐在黄泉国的入口处等待伊邪那美出来。但是无论怎么等待，伊邪那美都没有出现。

"为什么不出来了呢。好想快一点见到她啊。" 伊邪那岐想。

伊邪那岐等得不耐烦了。便不顾伊邪那美"不能进来"的告诫，闯进了黄泉之国。伊邪那岐不停地走在黑暗的道路上寻找伊邪那美。这时，

伊邪那美出现了。

"啊，伊邪那美！"

但是，那个伊邪那美，已不再是鲜活美丽的伊邪那美了。她的身体又脏又臭，还有很多小虫子黏在上面。伊邪那岐吓得掉头就逃。

"都说不要进来的……看到了我污浊的身体了吧。"伊邪那美带着十分恐怖的神色跑来了，还带来了黄泉之国的鬼怪们。

伊邪那岐逃掉了。跑着跑着，终于来到了黄泉之国的入口处，那里有棵硕大的桃树。伊邪那岐从树上摘下桃子砸向了鬼怪。鬼怪逃回了黄泉之国。

但是，伊邪那美没有后退，仍然在追赶着。伊邪那美边走边大声喊道："站住！伊邪那岐，你看到了我的污浊身体，就要回到这里来！"伊邪那岐冲出黄泉之国，立刻推起旁边的大岩石，放在了黄泉之国的门口。伊邪那美就再也出不来了。

伊邪那美在岩石后面说："你如果这么做的话，我每天都会杀你们国家1000人。"

伊邪那岐回答道："你如果杀1000人，我就每天生1500人。"

伊邪那美无奈的回了黄泉之国。

从那时起，世界上，每天都会死去1000人，出生1500人。

（三）神仙洞

伊邪那岐终于从伊邪那美那儿逃了回来。

"啊，真吓人……"从黄泉逃回来的伊邪那岐，为了洗干净被弄脏的身体而进入了河中。一洗左眼，就生出了"天照大神"；一洗右眼，就生出了"月读神"；一洗鼻子就生出了"须佐之男神。"

"啊啊，生出了这么好的神仙呢。"

伊邪那岐满心欢喜。然后对三位神说：

"天照，你去天国，就是天高原。月读，你去夜食国。须佐之男去海国。"

天照和月读按照伊邪那岐所说的去做了，但须佐之男却说不想去海洋之国，每日哭哭啼啼的。惹得父亲伊邪那岐勃然大怒。

"只知道哭不工作的话，就从这里滚出去！"

被父亲训斥了的须佐之男想："对啊！去姐姐天照那里吧。"须佐之男去了天照所在的高天原。天照对须佐之男说："住在高天原吧。"于是，须佐之男就开始了在高天原的生活。

须佐之男在高天原也是无所事事。每天不是在田里晃荡，就是往神仙家里扔脏东西。

有一天，须佐之男正在闲逛，听到从房子里传来了织布的声音。他一看，是一个女人正在为神仙织布。须佐之男就往那个屋子里扔了一匹死马。吓得女人惊恐万分，结果，织布机砸在了她的身上，死了。

天照觉得弟弟须佐之男很恐怖，就躲进了"神仙洞"的洞窟里。天照是太阳神，她一进入洞穴，世界立即变得漆黑一片，粮食颗粒不收，蔬菜也不生长，坏事接连不断。

深受其害的神仙们于是召开了会议，商议如何应对。

有一位神仙想出了个好办法。他让神仙们先把许多鸡带到了"神仙洞"前，鸡就高声打鸣。接着，年轻的女神仙在洞前跳起欢快有趣的舞蹈，前来观看的神仙们拍手大声欢笑。

听到笑声的天照，把石洞门打开了一条小缝儿，问外面的神仙："好热闹啊。我都不在了，怎么这样高兴呢？"外面的神仙回答道："因为来了一位比天照大人更出色的神仙，我们都很高兴。"

"比我更出色的神仙？是什么样的神仙呢？"天照想。

天照把石洞门又打开了一些。就在这时，两位神仙在天照面前拿出一块大镜子。里面反照出了天照的脸。天照以为那就是新神仙。

"是什么样的神仙呢？看的再仔细些。"天照想着，就把身体轻微地探出了洞外。这时，大力神仙抓住天照的胳膊把她拽了出来。

世界又恢复了光明。神仙们对须佐之男说："你净干坏事。从高天原滚出去！"须佐之男不得不离开了高天原。

（四）八岐大蛇

须佐之男从高天原降落到了下面的苇原中之国（地之国）。须佐之男降落之地叫出云（现在的岛根县）。在那里有一条大河。须佐之男走在河畔，发现有筷子顺流而下。

"啊，这附近有人家。"须佐之男顺着筷子流来的方向走去。走了一会儿，听到了有人正在哭泣。须佐之男寻着哭声走去。于是，看到一位年轻美丽的姑娘和她的父母在哭泣。

"怎么了？"须佐之男一问，姑娘的父亲开始讲述："我们村里来了一条有着八个头，名叫'八岐大蛇'的巨蛇。这条蛇每天清晨都要吃一个姑娘。我们家有八个女儿，现在只剩这一个女儿了。今晚，八岐大蛇又要来这里。这个女儿，肯定会被吃掉的。所以，我们才哭泣的。"

须佐之男说："我想娶您的女儿。如果，您把女儿许配给我的话，我会帮助你们。"

姑娘的父亲说："不好意思，您是哪位？"

"我是天照的弟弟。刚刚从天上下凡到人间来。"

"是位出色的神仙啊。那么，我很荣幸将女儿许配给你。"

须佐之男对姑娘的父母说："去拿八个酒杯和烈酒来。然后，将酒斟满八个酒杯放在这里。"

夜幕降临，正如姑娘的父亲所说的一样，八岐大蛇来了。八岐大蛇发现酒后，立刻将头分别放入八个酒杯中，美滋滋地咕咚咕咚喝干了酒，就醉卧在地睡着了。须佐之男拿刀把八个头斩落。八岐大蛇的血将河都染红了。须佐之男和美丽的姑娘成亲后，在那里幸福地生活着。

（五）因幡的白兔

结婚之后的须佐之男，生育了许多孩子，孩子又生了许多孙子。其中一个孙子叫"大国主"，大国主有很多哥哥。

有一天，哥哥们听说邻国的因幡住着一位名叫八上姬的十分美丽的姑娘，就想到因幡拜访，和美丽的八上姬结婚。

在去因幡时，哥哥们说："大国主，所有的行李就交给你了。"大国主包揽了哥哥们的行李，因为太沉重了，他一直在哥哥们的最后面，慢慢地走着。

走了一会儿，他来到了海边。

有一只兔子在哭泣，那只兔子的身体上没有毛。背上和肚子上通红，"好疼，好疼。"兔子哭着。

"怎么回事啊？"大国主柔声问道。

兔子边哭边回答："我住在从那里就可以看到的隐岐岛上。经常从隐岐岛遥望因幡，总想'好想去那个因幡国啊'。可是，如果不渡海就到不了这里。因为我不会游泳，所以思量着不会来到这里。但是，有一天我想出了一个妙招。我把住在海里的鲨鱼叫来，对它这么说：'你们是大家族，家人多啊。可是，我觉得我们兔子家族更多呢。'

"于是，鲨鱼说：'没有那么回事！我们的家族比你们兔子要多！'

"我又说'那么，请让你们家人从这里开始一直排到因幡，我给你数数鲨鱼的家族到底有多少。'鲨鱼就把家人全部叫来了。然后，排列

 日文读物

到了因幡。

"'一条，两条，三条……'我边数边从鲨鱼背上开始渡海。在最后一条鲨鱼的背上，我想'到因幡国啦！我真是聪明！'

"于是，就得意忘形地这么说，'呀，傻瓜鲨鱼们，数数你们家族什么的都是骗人的。我就仅仅是想渡海来这个国家而已。'

"当我想要从鲨鱼背上跳起时，最后那条鲨鱼咬住了我的脚，把我身体上的毛全拔掉了。"

兔子继续诉说着。

"刚才，很多神仙从这里经过。一看见我，神仙们就这么说'用海水洗一洗身体'我就照做了，可是身体比以前更疼痛了。哎呀，好疼，好疼。"

听完诉说的大国主，对兔子说。

"那些神仙是我的哥哥们。为了和八上姬结婚而长于跋涉来到这里。可怜的兔子。我来帮助你。请按我说的做。首先用河水好好洗洗身体。再多摘一些蒲公英的花铺在地上，然后，在上面小睡一会儿。"

兔子按照大国主说的做了之后，身体的疼痛消失了，立刻变成了和以前一样的白毛兔子。

兔子对大国主说："太谢谢您了。您是位心地善良的人。八上姬不会和你的兄弟们结婚，肯定会和大国主您结婚的。"

正如兔子所说的，在那之后，大国主果真和八上姬结婚了。

位于岛根县出云大社的神灵，就是这个大国主神。可以说出云大社是《古事记》著成时建造的神社。

十八 魔術

　ある秋の夜のことです。その日は、雨が降っていました。私は人力に乗って、狭くて暗い道を通って、やっと小さな家の前に着きました。外国の建物のような家でした。家の周りには木がたくさんあります。玄関には表札がかかっています。よく見ると「インド人マティラム・ミスラ」と書いてあります。

　ミスラ君はインドで生まれました。まだ若いですが、有名な魔術師です。私は一か月ぐらい前に、ある友達にミスラ君を紹介されました。仕事や国のことを話したことはありましたが、ミスラ君が魔術を使うのは、まだ見たことがありませんでした。ですから、「今度、魔術を見せてください」と、何日か前に手紙を出しました。そして、今夜、家まで来たのです。

　私は玄関の呼び鈴を鳴らしました。すると、すぐにドアが開いて、背が低い日本人のおばあさんが出てきました。このおばあさんはミスラ君の食事を作ったり、家の掃除をしたりしています。

　「ミスラ君はいますか」

　「はい、さっきから、あなたを待っていますよ」

　おばあさんは、にこにこ笑いながら言いました。そして、ミスラ君の部屋に私を案内しました。

　部屋に入ると、ミスラ君はいました。ミスラ君は色が黒くて、目が大きくて、口の周りにひげがあります。

　「雨が降って大変だったでしょう」とミスラ君が元気に言いました。

　「いいえ、あなたの魔術を見ることができるなら、少しも大変じゃ

ありませんよ」
　私は椅子に座ってから、少し暗い部屋の中を見ました。真ん中にテーブルが一つ、窓の前に机が一つ、その横に本棚が一つあります。ほかには、私たちが座っている椅子があるだけです。部屋の中にある物は、どれもとても古い物でした。赤い花が描かれた布がテーブルにかかっていましたが、その布も、とても古い物でした。
　私とミスラ君はしばらく外の雨の音を聞いていました。とても寂しい音です。そこへ、おばあさんがインドのお茶を運んできました。ミスラ君は、タバコの箱を開けて、「どうですか、一本」と言いました。
　「ありがとう」私は、たばこを一本取って、火をつけながら言いました。
　「これからあなたが見せてくれる魔術は難しいものですか」
　ミスラ君もたばこに火をつけて吸いました。いい匂いがします。
　「いいえ、難しくないですよ。私の魔術は、使おうと思えば、あなたにも使うことができますよ。見てください」
　ミスラ君は手を上げて、私の目の前で、三回、字のようなものを書きました。次に、その手をテーブルの赤い花の絵の上に下しました。それから、その手を上げました。すると、その手には赤い花がありました。私はびっくりしました。それは、テーブルの布に描いてあった花です。ミスラ君がその花を私の顔の前へ持ってくると、甘い花の匂いがしました。
　「おお、すごい！どうしてそんなことができるんですか」と私が言うと、ミスラ君は、にこにこ笑ったまま、今度はその花をテーブルの上に落としました。すると、花は布の絵に変わりました。もう手で持つことはできなくなりました。

「どうですか。簡単でしょう。あなたが見たければ、もう一つ魔術を見せますよ」

　ミスラ君は椅子に座ったまま、後ろの本棚を見ました。そして、手を上げて、また三回、字のようなものを書きました。すると、今度は、本棚に並んでいた本が、一冊ずつテーブルの上まで飛んできました。その飛び方は鳥のようでした。私はびっくりして口を開けたまま、ずっと見ていました。少し暗い部屋の中をたくさんの本があっちこっちに飛んでいましたが、しばらくするとテーブルの上に下りてきました。初めに一冊。次にその上に一冊。それから、その上にもう一冊。そして、テーブルの上に本がたくさん下りてきて、山の形を作っていきました。全部テーブルの上に下りたと思ったら、すぐに一番初めに来た本から、また一冊ずつ本棚へ飛んで帰っていきます。すると、飛んでいるたくさんの本の中から一冊の薄い本が、私のほうへ下りてきました。見ると、それは私の本でした。一週間ぐらい前にミスラ君に貸した、外国の本でした。

　「長い間、本をありがとう」ミスラ君は言いました。そのときは、もうほかの本は全部本棚に入っていました。私は、すぐには何も言うことができませんでした。

　しばらくして、「私の魔術は、使うと思えば、あなたにも使うことができるのです」というミスラ君の言葉を思い出しました。私は、ミスラ君に聞きました。

　「前からあなたの魔術のことは聞いていましたが、今、目の前であなたの魔術を見て、とてもびっくりしました。こんなにすごいものだと思いませんでした。私にも使うことができるというのは本当ですか」

　「はい、もちろん、本当です。誰にでも簡単にできます。しかし

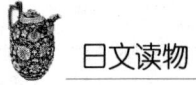
日文读物

……」

　ミスラ君はそう言いながら、私の目を見ました。そして、まじめな顔で言いました。

　「しかし、お金持ちになるために魔術を使うことができません。魔術を勉強しようと思ったら、お金がほしいという気持ちは捨てなければなりません。あなたにそれができますか」

　「できます。魔術を教えてもらうことができれば」

　ミスラ君は少し考えていましたが「では、教えてあげましょう。しかし、簡単にできると言っても、勉強するのには時間がかかりますから、今夜は私の家に泊まってください」と言いました。

　「どうも、ありがとうございます、ありがとうございます」

　私はうれしくて、ミスラ君に何度も言いました。

　ミスラ君は静かに椅子から立ち上がると、「おばあさん、おばあさん。今夜はお客様が泊まりますから、ベッドの準備をしてください」と言いました。

　私はうれしくて、吸っていたたばこを手に持ったまま、ミスラ君の顔をしばらく見上げました。

　私がミスラ君に魔術を教えてもらってから、一か月ぐらい経ちました。

　ある日、私は友達五、六人と銀座へ行きました。雨が降る夜でした。友達と、ある店に入って、暖炉の前のテーブルの周りに座りました。銀座は、東京で一番賑やかな町です。車やバスがたくさん走っています。雨の音も賑やかです。ミスラ君の家で聞いた寂しい音とは全然違います。部屋は明るくて、大きくて立派な椅子やきれいなテーブルがあります。ミスラ君の古い家とは全然違います。

私たちは、タバコを吸いながら、いろいろな話をしていました。すると、友達の一人が私のほうを見て言いました。
　「君が最近、魔術を使うと聞きましたよ。本当ですか。今夜、私たちの前で見せてくれませんか」
　すると、他の友達も「私も見たい」
　「本当にできるのですか。見せてください」と言いました。
　私は椅子に深く座ったまま、「いいですよ」と答えました。
　「では、一番すごい魔術を見せてください」と言って、友達はみんな私を見ました。
　私は立ち上がって、暖炉の前に行きました。
　「いいですか。じゃあ、私の手を見てください」
　私はこう言いながら、暖炉の中に手を入れました。そして、真っ赤な石炭を取って手の上に置きました。友達は、とてもびっくりしました。
　一人が「熱いでしょう。早く捨てて」と言いました。
　「大丈夫ですか。痛いでしょう」と言う人もいました。
　「危ないから、こっちに来るな」と言って、椅子から立ち上がる人もいました。
　次に私は手の上にある石炭の火をみんなによく見せてから、下に落としました。すると、バラバラバラッと、音がしました。雨の音でしょうか。いいえ、外で降っている雨の音とは違います。それは、金貨の音でした。真っ赤な石炭が、たくさんの金貨になって、下に落ちました。
　みんなは、もっとびっくりして何も言うことができませんでした。
　「このぐらいのことは簡単ですよ」
　私は、笑いながら椅子に座りました。それから五分ぐらい経って、

やっと友達の一人が言いました。
「これは全部本当の金貨ですか」
「本当の金貨ですよ、嘘だと思ったら持ってみてください」
そう私が答えると、「熱くないですか」と言って、もう一人の友達が金貨を手に取りました。
「ああ！これは本当の金貨だ」
その友達は店の人を呼びました。
「おーい、君、この金貨を拾ってくれ」
店の人は、すぐに金貨を拾ってテーブルの上に置きました。金貨の山ができました。
友達はみんな、その金貨の山を見て言いました。
「二千万円ぐらいはあるかもしれませんね」
「いや、もっとあるだろう。重くてテーブルが壊れそうじゃないか」
「すごい魔術を勉強しましたね。熱い石炭が、すぐに金貨になるのだから」
「この魔術を使えば、すぐに日本で一番のお金持ちになれますね」
けれども、私は椅子に座ったまま、ゆっくりタバコを吸いながら言いました。
「いいえ、お金持ちになるために魔術を使うことはできません。お金が欲しいと思ったら、魔術が使えなくなるのです。だから、この金貨も、すぐに暖炉に返すつもりです」
「ええっ、返すんですか」
「こんなにたくさんあるのに……」
「このままでいいじゃないですか」
私はミスラ君にお金のために魔術を使わないと約束しましたから、

暖炉に金貨を返さなければなりません。私は、もう一度みんなに言いました。

「いいえ、金貨は暖炉に返して、石炭にします」

すると、友達の中でも一番頭がいい男が、笑いながら言いました。

「君はこの金貨を石炭にすると言う。僕たちはしたくないと言う。それは、いつまでも話が終わらない。だから、僕は考えた。君は僕たちとトランプをするんだ。君が勝ったら、金貨を石炭にする。けれども、僕たちが勝ったら、金貨のまま僕たちに渡してくれ。いいんだろう？」

それでも、私は、いいと言いませんでした。すると、その友達は、私とテーブルの上の金貨の両方を見て、笑いながら言いました。

「君が僕たちとトランプをしないのは、金貨を取られたくないのだろう。やっぱり君もお金が欲しいんだろう」

「いいえ、私は、お金が欲しいんじゃありません」

「それなら、トランプをやろう」

何度もこんな話をしました。しかし、最後はその友達の言うとおり、トランプをしなければならなくなりました。もちろん、友達はみんな、とても喜びました。そして、すぐにトランプを始めました。

私は初め、やりたくないと思いながらトランプをしていました。しかし、いつもはトランプが下手なのに、なぜかその夜は、私がどんどん勝つのです。すると、だんだん面白くなり始めて、私はもう、トランプのことしか考えられなくなりました。

友達は、私から金貨を全部取るつもりでした。ですから、みんな私に勝とうと一生懸命、頑張ります。けれども、みんながどんなに頑張っても、私は一度も負けませんでした。すると、さっきの頭がいい友達が、私の前にトランプを出して、怒って言いました。

「最後にもう一度だけ、僕とトランプをしよう。僕が負けたら、僕の家も車も全部君にあげよう。けれども、君が負けたら、金貨は全部僕のものだ。さあ、トランプを一枚取れ！」

私はこの時、「勝ちたい。負けたくない」と思いました。もし負けたら、テーブルの上の山のような金貨を全部、この友達に取られてしまいました。しかし、もし勝ったら、私はこの友達の家も車も全部もらうことができるのです。どうしても勝ちたい。今が魔術を使う時だ。そう思うと、私はすぐに言いました。

「いいですよ。まず君から一枚取りなさい」

「九」

友達は、トランプを一枚取って言いました。私はそのトランプを見て、魔術を使いました。そして、「キング」と、ゆっくり大きな声で言ってから、友達の目の前にそのトランプを出して見せました。王様が描いてある一番強いトランプです。すると、そのトランプの王様が動いて、トランプの外へ出てきました。そして、口を少し右に上げて、笑いながら私を見て、「おばあさん、おばあさん。お客様はもう帰りますから、ベッドの準備はしなくてもいいですよ」と言いました。

―あっ、この声は、聞いたことがある……―

すると、窓の外の雨の音が変わりました。急に寂しい音になりました。

―え？どうしたんだろう―と思って、周りを見ると、私は少し暗い部屋の中で、ミスラ君と一緒に座っていました。口を少し右に上げて笑っているミスラ君の顔は、あのトランプの王様の顔に似ています。

私は、タバコを持ったままでした。私が一か月ぐらい経ったと思ったのは、二、三分の間に見た夢だったのでしょう。けれども、その二、三分の短い間に、私ははっきり分かりました。私は魔術を勉強す

ることができない人間です。ミスラ君にも、このことが分かってしまったのです。私は恥ずかしくて顔が上げられませんでした。
「魔術を勉強しようと思ったら、まず『欲しい』という気持ちを捨てなければなりません。あなたは、まだまだです」
ミスラ君は、残念そうな目で私を見ながら、静かに言いました。

芥川龍之介（一八九二～一九二七年）

芥川龍之介は東京の新原家で生まれました。生まれて八か月後に母が精神病になって、十二歳の時に亡くなりました。そして、龍之介は、親戚の芥川家の子供になりました。

小さい時から本や絵や音楽が好きでした。十四歳の頃、友達と雑誌を作って、小説を書いたり、絵を描いたりしました。昔の古い不思議な話やヨーロッパの小説に興味を持っていて、それをもとにした小説をたくさん書きました。

二十三歳の時、『羅生門』を書きました。有名な黒沢明監督の映画『羅生門』は芥川の『羅生門』と『藪の中』、この二つの小説を元にしたものです。

二十六歳で結婚し、その後も小説をたくさん書いて有名になりました。しかし、三十五歳の時、自殺してしまいました。その理由はよく分かりませんが、友人に「将来に対する不安」を伝える手紙を残しています。

一九三五年には、友人の小説家、菊池寛が芥川賞を作りました。これは、その年の優れた小説に与えられる文学賞です。

日文读物

注釈

1　魔術（まじゅつ）⓪：《魔术》是芥川龙之介的作品。芥川龙之介是日本大正时代小说家，他全力创作短篇小说《魔术》是其中一篇。

2　人力（じんりき）⓪に乗（の）る⓪：乘坐人力车

3　道（みち）⓪を通（とお）る①：穿过街道

4　表札（ひょうさつ）⓪がかかる②：挂着门牌

5　マティラム・ミスラ：马狄拉姆・密斯拉（人名）

6　書（か）いてある：写着

7　呼（よ）び鈴（りん）⓪：门铃，响铃

8　鳴（な）らす⓪：鸣，响

9　ひげ⓪：胡须，胡子

10　そこへ⓪：正在这时

11　運（はこ）ぶ⓪：搬运，运送

12　タバコ⓪の箱（はこ）⓪：烟盒

13　火（ひ）①をつける②：点火

14　匂（にお）い②がする⓪：发出味道

15　一冊（いっさつ）ずつ：每册，各册

16　飛（と）んでくる：飞来

17　長（なが）い②間（あいだ）⓪：长时间

18　教（おし）えてもらうことができれば：如果能教给我的话

19　時間（じかん）⓪がかかる②：费时

20　泊（と）まる⓪：留宿

21　ベッド①：床

22　立（た）ち上（あ）がる④：站起

23　見上（みあ）げる⓪：仰视，抬头看

24　経（た）つ①：过，流逝

25　暖炉（だんろ）①：暖炉，壁炉

26　真（ま）っ赤（か）③：通红，火红

27　手（て）①を入（い）れる⓪：手伸进，手探进

28　石炭（せきたん）③：煤，煤炭

29　バラバラバラッと：噼里啪啦

30　拾（ひろ）ってくれ：（给我）捡起来，拾起来

31　壊（こわ）れそう：像要坏了

32　返（かえ）す①：归还，返还

33　～つもりだ：准备……，打算……

34　トランプ②をする⓪：打牌

35　どんどん①：连续不断，接二连三

36　勝（か）つ①：获胜，取胜

37　～しか考（かんが）えられなくなる：变得只能考虑……

38　負（ま）ける⓪：输，失败

39　取（と）れ！："取"的命令态，取！拿！

40　似（に）る⓪：相似，相像

41　短（みじか）い間（あいだ）：短时间

42　顔（かお）⓪を上（あ）げる⓪：抬头

300

43	亡（な）くなる⓪：死亡，去世	44	ヨーロッパ：欧洲
45	羅生門（らしょうもん）：《罗生门》，小说，芥川龙之介著。	46	藪（やぶ）の中（なか）：《竹丛中》，小说，芥川龙之介著。
47	元（もと）①にする⓪：恢复原样		

十八、魔术

这是一个秋日的夜晚。那天，下着雨。我坐着人力车，穿过狭窄昏暗的道路，最终停在了一个小屋前。这是一处像外国建筑物般的房屋。洋屋四面翠衫环绕，大门外挂着门牌，定睛一看，上面写着：印度人马狄拉姆·密斯拉。

密斯拉出生在印度，虽然年纪轻轻，却已是赫赫有名的魔术师了。大约一个月前，我经朋友介绍与密斯拉相识。我们谈论过工作、国家等话题，但至于密斯拉是如何变魔术的，却从未见过。所以，几天前发出了一封信，写着"下次，请让我欣赏您的魔术"。于是，今晚登门来拜访。

我按响了门铃。于是，门很快就开了，一个矮个子的日本老婆婆走了出来，这个阿婆平时为密斯拉做饭，打扫房间等。

"密斯拉在吗？"

"在，一直在恭候您呢。"

老婆婆和蔼地笑着说道。随即，把我领到了密斯拉的房间里。

一进房间，他就已在那里了。密斯拉肤色黝黑，眼睛很大，嘴巴周围蓄有胡子。

"天还下着雨，挺辛苦的吧？"密斯拉精神饱满地寒暄道。

"哪里哪里，只要能见识阁下的魔术，一点都不嫌辛苦。"

我在椅子上坐下后，四下打量了略显昏暗的房间。正中摆放一张桌子，窗前还有一把椅子，在那旁边立有一付书架。此外，就只有我们正坐着

 日文读物

的椅子了。房间里的陈设，都是非常古朴的东西。桌子上铺着画有红花的台布，但是就连那台布也已是旧物了。

我和密斯拉倾听了一会儿窗外的淅淅沥沥的雨声，那是十分苍凉的声音。俄顷，阿婆端来了印度茶。

密斯拉打开烟盒，问道："如何，来一支？"

"谢谢。"我拿了一支，边点着火说道："接下来要让我欣赏的魔术是高难度的吗？"

密斯拉也点燃烟吸了起来。味道颇好闻。

"哪里，一点都不难哦。想要用的话，连你也可以使用我的魔术，请看。"

密斯拉举起手，像是写字一样在我面前比划了三次。然后，把那只手放在了桌面那红花的图案上。紧接着，把手一抬。然后，红花就到了那只手中。我大吃一惊。那可是画在桌布上的花啊。密斯拉把花一拿到我面前，就闻到了甘甜的花香。

"啊啊，真厉害！这是怎么做到的？"我感叹道。这次密斯拉笑盈盈地把花信手放回到桌上。于是，花又变回到了台布的图案。变得再也不能用手拿起来了。

"怎么样。简单吧。你如果想看的话，那就再展示一个。"

密斯拉坐在椅子上，望了身后的书架。然后，抬起手来又像写字一样比划了三次。于是，这次是陈列在书架上的书，像飞鸟一样，一册接一册地飞到了桌子上。我张着嘴惊讶地看着。许多书在微暗的房间里无拘无束地飞翔，不一会就落在了桌子上。最初是一册，然后在此之上又一册，接着又是一册。尔后，书纷纷落在桌子上，堆积成了像山一样的形状。刚觉得就要全部堆完时，从最初的那一本起，又一册接着一册的飞回了书架上。然而，在飞行当中的书里，有一本很薄的册子朝着我的

方向落了下来。一看，发现那是我的书。是一本一个多星期前借给密斯拉的外文书。

"承蒙你把书借给我这么久，非常感谢。"密斯拉说道。与此同时，其他的书都已经全部列入到了书架里。我突然间哑口无言。

过了一会儿，我突然想起密斯拉所说的"我的这种魔术，你要是愿意，连你这样的普通人都可以掌握的"，所以我就说："虽然我早就风闻过你的魔术本领，亲眼所见你的魔术，真的是无比震撼。这是我万万料想不到的境界。真的是我也可以掌握的魔术吗？"

"是的，那是当然了，无论是谁都可以轻而易举的学会。只不过……"

密斯拉看着我的眼睛这么说道。然后很严肃的继续说了下去。"只不过，不能为了变成富人而使用魔术，如果想学魔术，就必须要舍弃贪财的欲念，你能做得到吗？"

"能做到。只要你肯教我魔术的话"

密斯拉沉思了一下说："那么，就教给你吧。不过，虽然说是很容易学会，但毕竟还得花一些时间来学，今晚请留宿寒舍。"

我高兴地一而再地向密斯拉表示谢意道："谢谢，非常感谢！"

密斯拉平静地离开椅子站了起来，说："阿婆，阿婆，今晚会有客人留宿，请准备下床铺。"

我手里还拿着已经吸完的烟头，欢欣雀跃地仰视着密斯拉的面容好一会儿。

从密斯拉开始教我魔术起，已一个月有余。

有一天，我和五、六个朋友一起去了银座。那是一个飘雨的夜晚。和朋友进入一家小店，环坐在了火炉前的桌子上。银座是东京最繁华的地区，私家车与公交车在此川流不息。与在密斯拉家所听到的寂静之声

全然不同，这里就连雨声都很喧嚣。房间明亮而宽阔，摆放着气派的椅子和干净的桌子，与密斯拉那陈旧的住宅形成鲜明对照。

我们边抽着烟边闲聊了起来。这时一个朋友朝我的方向看来并说："听说你最近学会了变魔术，真的吗？今晚能让我们大家见识一下吗？"

于是其他的朋友也起哄道："我也想看"、"真的能成吗？让我们开开眼界！"

我坐在椅子上答道："没问题。"朋友们都注视着我说："那么，请展现你最厉害的魔术吧。"

我站起，走到火炉旁。"注意了。请注意我的手。"

我一边这么说着，一边把手伸入到了火炉中。拿起了一块烧得火红的煤块放在了手上。朋友们都吓了一跳。

一个人说："很烫吧。赶快扔掉！"

也有人说："没关系吗？很疼吧？"

还有人从椅子上站起来说："这么危险，别靠过来啊！"

接下来我让大家仔细观察好手上的煤块，然后扔了下去。于是乎，响起了噼里啪啦的声音。是雨声吗？不是，与外面下着雨的声音全然不同。这是金币的声音。火红的煤块变成了很多的金币落了下来。

大家更是震惊得一句话都说不出来了。

"这种水平的魔术是很简单的。"

我笑着坐到了座位上。就这样沉寂了五分多钟，终于又有一个人说道："这些全部都是真的金币吗？"

我回答说："是真金币啊，觉得可疑的话可以拿起来试一下。"

"不烫吧！"另一个人说完，拿起了一枚金币。

"啊啊！这是真金币！"

那个朋友叫来了店员，"喂，你把这些金币都给我捡起来！"

店员很快就把金币捡起放在了桌子上面。堆成了金山。朋友们看着金币山说道："估计能有两千万日元左右吧。"

"不对，应该有更多。桌子都快要被压坏了！"

"学到了这么厉害的魔术呢。能把煤块立刻变成金币。"

"使用了这个魔术的话，立马就能变成日本第一大富翁呢。"

即使这样，我还是坐在椅子上悠闲地抽着烟说道："不行，不能为了成为大富翁而使用魔术。如果想着贪钱的话，魔术就会失灵。所以，这些金币我也是打算立刻扔回到火炉里的。"

"嗯？扔回去啊？"

"有这么多呢……"

"就这样有什么不好的啊。"

因为我和密斯拉约定过不能为了贪欲而使用魔法，所以金币必须得扔回到火炉里。我再一次和大家说："不，金币扔回火炉，变回煤块。"

于是，朋友中头脑最灵活的男人，边笑边说："你说要把金币变回煤块。我们大家说不想这样。这样下去，怎么争论也不会有结果。所以，我想你和我们大家玩纸牌。你要是赢了，金币变回煤块。但是，如果我们赢了，金币就这样转交给我们，可以吧？"

然而，我却没有说可以。那个朋友看着我和桌子上的金币，笑着说道："你之所以不和我们玩纸牌，是因为不想金币被人夺走吧。原来你还是贪财的啊。"

"不是的，我一点都不贪财。"

"如果那样，就打牌吧。"

就这样反复说了几遍。最后，却还是按照那个朋友提议，不得不打牌了。当然，朋友们都喜出望外。于是，牌局立刻就开始了。

刚开始时，我是非常不情愿的。可是，一向牌运不佳的我，在那个

日文读物

晚上却莫名赢了很多。于是，慢慢地变得有意思起来后，我满脑子想的只有牌局的事情了。

朋友是打算把金币全部拿走的。所以，大家都在为了赢我而拼命努力着。虽然这样，不管大家多么努力，我一次也没有输过。而后，刚才那个头脑灵活的朋友，把纸牌推到我面前，生气地说："就最后一次，和我决一胜负！我要是输了，我的房子和车全部都给你。但是，你要是输了，金币就全都是我的了。来吧，摸张牌！"

我在那个时候想："要赢，不想输"。万一输了的话，桌子上的金山就全部都会被那个朋友拿走的。但是，如果能赢得话，我就能得到他的房子和车。必赢不可。正是使用魔术的时刻了。一想到这个，我马上就说："可以啊。你先摸一张。"

"九"朋友摸了张牌说。我看着扑克，使出了魔术。然后，缓慢大声地说了句"老K"，然后在朋友的面前亮出了那张牌。是画着国王的那张最大的牌。然而，那张牌上的国王动了起来，飘出了扑克牌外。然后，嘴角微微向右上扬，笑着看着我说："阿婆，阿婆。客人要回去了，床铺也不必准备了。"

"啊？这个声音在哪里听过……"

紧接着，窗外的雨声发生了变化。突然变成了凄凉的声音。我想着："嗯？这是怎么回事？"环顾了一下四周，发现自己是在间昏暗的小屋中，和密斯拉坐在一起。密斯拉那嘴角向右微微上扬的表情，和牌王的表情是何等相似。

我还保持着拿烟的姿势。我所以为的一个月时间，应该是两三分钟的梦境吧。然而，就那么短短的两三分钟里，我就已经清楚地知道自己不适合学魔法。密斯拉也知道了。我羞愧的抬不起头来了。

密斯拉很惋惜的看着我说："想要学魔术，首先必须要舍弃的就是

贪欲。你还差的很远。"

芥川龙之介（1892~1921）

芥川龙之介出生在东京的新原家。出生 8 个月后母亲患精神病，12 岁时母亲离世。之后，过继给亲戚芥川家。

芥川龙之介从小喜爱阅读、绘画和音乐。14 岁时，与友人创办杂志，从事小说、绘画的创作。对古神话和欧洲小说充满兴趣，并以此为题材创作了很多部小说。

23 岁时，著成《罗生门》一书。名导演黑泽明所导的电影《罗生门》，即是以芥川的《罗生门》和《竹丛中》为原题改编而来的。

26 岁结婚，之后也著书多部，因此而有名。35 岁时，自杀身亡。虽然自杀原因不明，但在给朋友的信中传达有对未来的不安。

1935 年时，朋友小说家菊池宽创立了芥川奖。这是每年奖赏优秀小说的文学大奖。